本书出版受以下项目支持：

教育部人文社科青年项目《宅基地有限市场化改革助推城乡融合发展的实现机制与政策研究》（23YJC790188）；

平顶山学院高层次人才启动基金、平顶山学院博士启动基金《新发展理念引领河南县域经济高质量发展及实现路径研究》（PXY-BSQD-2022011）。

城乡融合发展的
现实审思与重构思路

闫晨 著

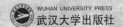

武汉大学出版社

图书在版编目(CIP)数据

城乡融合发展的现实审思与重构思路／闫晨著．-- 武汉：武汉大学出版社，2025.6. -- ISBN 978-7-307-24787-1

Ⅰ. F299.21

中国国家版本馆 CIP 数据核字第 2024QX6557 号

责任编辑:周媛媛　　　责任校对:鄢春梅　　　整体设计:韩闻锦

出版发行:**武汉大学出版社**　（430072　武昌　珞珈山）

（电子邮箱:cbs22@whu.edu.cn　网址:www.wdp.com.cn）

印刷:武汉图物印刷有限公司

开本:720×1000　1/16　印张:12.5　字数:205 千字

版次:2025 年 6 月第 1 版　　2025 年 6 月第 1 次印刷

ISBN 978-7-307-24787-1　　定价:78.00 元

前　言

　　"实施乡村振兴战略，促进城乡融合发展"是党的十九大战略部署，对我国落实乡村振兴、实现乡村现代化发展具有重要意义。基于此，本书从理论与实践两个层面着手，对城乡融合发展展开深入剖析。一方面，通过对城乡融合发展理论内涵的全面梳理，明确本次研究的逻辑框架；另一方面，立足我国城乡融合发展现状，以及国内外城乡融合发展有效经验，指明我国城乡融合发展的有效方略。具体而言，从明确城乡融合发展基本原则、完善城乡融合发展基础设施建设、激活城乡融合发展主体动能、协调城乡融合发展主体利益诉求、改进城乡融合发展制度支撑五个方面，探讨了促进城乡融合发展的有效策略。

　　城乡二元结构限制了城镇和农村的协调发展，由此引发的一系列错综复杂的社会问题也一直困扰着人们，尤其是农村地区的人们。党的十八大以来，我国城乡统筹力度不断增强，城乡融合发展步伐持续加快，城乡一体化发展水平大幅提升。虽然相应的政策在实施过程中已经取到了一些成效，但要彻底改变城乡分割的二元结构及由其引发的城乡冲突，仍需长期努力。从实质上讲，农村与城镇之间的矛盾只是特定的社会发展后的结果，随着生产力的提高，城乡将逐步走向一体化。改革开放后，我国的社会和经济都在快速发展，非农产业在三大产业中的比重不断增加，对我国的城镇化发展起到了推动作用。随着城镇化的不断发展，"三农"问题日趋凸显，影响了社会的全面协调发展。伴随我国城镇化进程的加快，城乡二元结构突出、城乡差距持续扩大、生态环境遭到严重破坏，"城市病"已逐渐成为城乡统筹发展中的突出问题，如交通拥堵、供水供电不足、能源短缺、环境污染等。长期以来，农村地区为城镇发展提供了助力，然而，城镇发展对农村资源的过度占用，使得针对"三农"问题的解决更加困难。农村发展水平与城镇相比仍有较大差距，为及时有效地解决城乡发展不平衡的问题，缓解城乡冲突，党的十九大报告提出，要建立健全城乡融合发展体制机制和政策体系，加快推进农业农村现代化，并指出，唯有构建完善的统筹城乡发展的政策制度，才能持续地推动农村和农业的工业化和现代化发展，才能让乡村的生机得以充分释放，同时也能让城乡二元关系得到突破，推进城乡一体化发展。

基于此，本书对我国城乡融合发展情况进行分析与研究，先是对相关概念和理论进行阐述和说明，然后介绍我国城乡融合发展历程，并对现状进行分析，所探讨内容包括我国城乡融合发展的历史进程、基本表征、现实问题等。之后基于现状探讨中国城乡融合发展中存在的困境，并对影响因素进行系统分析。我国城乡融合发展面临的困境包括人口双向流动面临"双梗阻"、乡村主体能动性尚未充分激发、城乡空间区域不协调与数字隔阂显著、乡村生态环境问题不容乐观等；而产业结构变革、互联网大形势、政策偏向等是本书重点探讨的几个影响因素。基于对中国城乡融合发展困境与背后影响因素的了解，借鉴国际先进经验为城乡融合发展提供助力，总结归纳国内经验教训，避免城乡融合过程重走老路和弯路。当前城乡融合发展难以获得理想效果，而完善基础设施建设、调动城乡融合发展主体能动性、协调城乡融合发展主体利益关系、完善城乡融合相关制度等是本书的重要研究路径，希望能对城乡融合实际发展发挥借鉴价值。

从理论层面分析，本书汲取国内外有关城乡融合发展已有成果与经验，能够为进一步探讨城乡融合发展路径奠定坚实理论基础，还能为我国城乡融合发展相关研究提供借鉴；从现实层面分析，本书对中国城乡融合发展现状、存在困境、影响因素、改进路径等的研究，能够为我国城乡融合发展提供参考，助力我国在城乡融合发展方面取得更显著的成效。

目　　录

第一章 城乡融合发展的理论梳理

亚里士多德的《政治学》一书中提出，"人类自然是趋向于城邦生活的动物"，从乡村走向城市便成了生产促动下人类社会向前发展的一种自然趋势。走向城市是人类追求高质量生活和生产发展专业化、市场化的必然要求。但如果仅从人口集中比例看城镇化，显然违背了城市现代化的内涵，只有体现人口聚集后的现代化生产生活方式的城镇化才是有意义的城镇化。本章基于城乡融合发展的内涵与逻辑、理论基础等对城乡融合发展进行明确。

第一节 城乡融合发展的内涵与逻辑

一、城乡融合发展的概念内涵

(一)城乡之间的功能与价值分析

基于对城市和乡村内涵与功能的界定，在新时代为更好地发挥城乡优势，需要重新厘定城乡的功能与价值。人类自然是趋向于城邦生活，从乡村走向城市便成了生产促动下人类社会的一种自然趋势。走向城市是追求高质量生活和生产发展专业化、市场化的必然要求。但如果仅从人口集中比例看城镇化，显然违背了城市现代化的内涵，只有体现人口聚集后的现代化生产生活方式的城镇化才是有意义的城镇化。在城市文明的推动下，形成了传统农业越发落后甚至不能自给的悖论。城市"潇洒"与乡村"自卑"形成了发展的分离现状。这种分离成为人类历史上"物质劳动和精神劳动的最大的一次分工"。随着城乡的多元化发展，并非以是否从事农业生产来界定城乡二者的关系。城乡二者是相辅相成、彼此促进的，在发展视角下定义城市与乡村的关系，便有了引领与被引领、带动与被带动的意蕴。

第一，用语视角下城乡融合发展的内涵。目前，在我国，从产业方面讲，"乡村是指以农业经济为主的人口聚集区，城市是指以非农经济为主的人口聚居地区"。城市与乡村简单的划分标准是以从事经济活动的聚居地为主。在这个意义上，乡村与城市的用语符合中国传统习惯。在我国，城市与城镇的内涵是基本一致的，乡村与农村的概念是相同的。然而在中国现有的四万多个乡镇中，具备现代大城市生产性功能特质的并不多见。因此，国务院2008年批复的《统计上划分城乡的规定》按行政区划分城镇和乡村。"城镇包括城区和镇区。城区是指在市辖区和不设区的市、区、市政府驻地的实际建设连接到的居民委员会和其他区域。镇区是指在城区以外的县人民政府驻地和其他镇，政府驻地的实际建设连接到的居民委员会和其他区域。""与政府驻地的实际建设不连接，且常住人口在3000人以上的独立的工矿区、开发区、科研单位、大专院校等特殊区域及农场、林场的场部驻地视为镇区，规定之外的均为乡村。"所以城镇与乡村和当下的行政用语相符合，如城镇化建设等。从现有情况来看，中国小城镇既涉及农业，也涉及非农产业。随着中国城镇化建设的加速，城市的内涵明显小于城镇，而乡村的外延显然涵盖了乡镇——这样既能转移农业人口实现城镇化又可以有效规避"大城市病"。因此，在城市与乡村的关系中，镇就显得尤为重要。诺贝尔经济学奖获得者斯蒂格利茨"把中国城镇化和美国高科技并列为影响21世纪人类发展进程的两大关键因素"。在中国独特的城镇化道路下，城镇这一重要场域能够为城市与乡村矛盾的解决起到缓冲作用。在这样一个因政策界定而形成的用语环境当中，城乡融合发展因在一个统一标准的语言环境，而便于被理解为城市和乡村以镇为纽带而密切联系相互包容的一体化发展。为此，这一视域下的城乡融合发展是指"不是要消除城乡界限以实现乡村城镇化，也不是城乡功能、景观或是城乡发展均质化，而是实现城乡等值化与空间均衡化"。

第二，目标确定是城乡融合发展的内涵。一是实现城乡产业有机结合。随着生产力的发展，出现了工业和农业的分工。乡村农业人口的分散和大城市人口的集中，仅仅适用于工农业发展水平还不够高的阶段。城市和乡村的分离，使得过去的农村居民陷于数千年的愚昧状况，而城市居民则受到各自的专门手艺的奴役。消除城乡的分离对立是一个历史过程，要"把农业和工业结合起来，促使城乡对立逐步消灭"。二是达成城乡人口均衡分布。如果没有大城市推动人类智慧的发展，工人绝不会进步到现在的水平。但为了克服城市住房紧张、疾病流行、污染严重等现代城市病，需要实现人口的均衡分布，从而减少因人口过度集中于城市所带来的各种城市病。三是促进城乡生活方式高度互补。这是马克思、恩格斯为实现城乡关系良性发展而论证的美好追求。要实现这一目标必然以城市和乡村功能、地位的适应性发展而达到一体，而城乡生活方式的高度互补不会自然地出现和形成。《中共中央 国务院关于建立健全城乡融合发展体制机制和政策体系的意见》中指出："坚决破除妨碍城乡要素自由流动和平等交换的体制机制壁垒，促进各类要素更多向乡村流动，在乡村形成人才、土地、资金、产业、信息汇聚的良性循环，为乡村振兴注入新动能。"由此可见，城乡融合是指"城乡自然要素、经济要素、空间要素和人员要素的优化组合，是城乡两种空间、业态、生态系统的相互渗透、密切联系、功能互补、利益共享的生命共同体"。通过政策引领打破城乡间要素流动的壁垒，短期内通过城市的人才优势、资金优势、技术优势等的带动与引领，实现乡村振兴。从长远来看，是发挥城市和乡村的长处与优点，使得城乡得以实现共建、共享。从行政体制上看，乡村是一个行政区划概念，是一个综合要素的集合体，是最基层的行政单位，也可以理解为当下中国省市县乡多级管理格局下的最小结构。在这一多级管理格局下，城市明显处于统领和首要位置，这就更要充分考虑乡一级包括乡下一级的村级所需，这也是行政结构体系完备规范的必然要求。目标确证下的城乡融合发展是指"把城市与乡村、三次产业以及城乡居民等，作为一个整体进行统筹规划和整体推进，通过城乡空间优化以及相关制度建设，推动城市与乡村在社会经济发展与生态环境建设等方面的全面融合，以实现城乡的多维、均衡发展，城乡居民生活品质相当"。

第三，功能实现下城乡融合发展的内涵。城乡融合发展不是单向度的城市反哺乡村或者乡村对城市发展模式的仿照，而是城市与乡村之间优势要素的自主、有机交融，是通过城乡间要素流动，实现城乡互补工农互促，改变城乡二元结构，实现城乡的等值发展。目前，各国普遍采用的是以人口规模和人口职业结构来区分城市与乡村。我国曾制定的标准是"常住人口超过2万的县政府所在地和工商业地区可列为城市，其余为镇""常住人口超过2000人，半数以上居民为非农人口为镇"，这个标准以下自然为乡村。从经济收益看，我国东部地区的一些乡镇，因其强大的财政实力，其所给予的农村居民的社会保障和收益甚至超过城市，在这些地方，市民对农民身份有着强烈的向往。而在其他地区，乡村还是普遍落后于城市，这些乡村地区的父母期待子女逃离乡村的意愿一直十分强烈。城乡融合发展要实现的就是通过政策导向实现城市的优势资本、技术、人才与乡村的土地、空间、人口的有机结合，实现相互融合，达到城乡综合发展。这就是要把城市与乡村两个板块耦合起来，也就是城市可以扮演城市的角色，也可以扮演乡村的角色，从发展的视角出发，打破基于行政区划对城乡的界定。因此，城乡融合发展不是城市对乡村的单一反哺，而是双向优势资源的有效互动，通过这种互动交融的措施，使得发展在当下体现为乡村振兴与城镇化的协同推进。

基于此，城乡融合发展可以定义为"强调城市与乡村的互动发展与共同发展，通过推动城乡之间各种生产要素的自由流动与平等交换，以实现要素回报趋同，进而形成工农互促、城乡互补、全面融合和共同繁荣的新型城乡关系"。基于以上分析可以看出，城乡从来都是相生相伴，"乡村和都市应当是相成的，但是我们的历史不幸走上了使两者相克的道路，最后竟至表现了分裂"。虽然城市与乡村属性不同、功能不一，但是要在功能上实现融合才能促进可持续发展。只有实现城乡要素流动，才能使乡村不至于成为城市的附属品，才能避免英国"羊吃人"的圈地运动这样一个使得乡村沦为城市附属、失去自我保障的城市变革乡村的模式，才能避免城市像欧洲，农村像非洲。因此乡村也成了现代化发展要着重改变的一部分。党的十九大报告明确指出乡村振兴分为两个阶段，到 2035 年，乡村振兴取得决定性进展，2050 年实现乡村全面振兴。故此，本书所论述城乡指的是城市与乡村在功能和性质上充分利用乡村具有的广阔空间、资源、劳动力与城市技术、人才、资金的互动流通，互相促进。

（二）城乡融合发展的理论内涵

1. 提升城乡要素配置效率

城乡关系的革新要从打破城乡资源分配模式入手，即实现区域间均衡，如果只从制度和要素层面入手，可能会使城乡发展不平衡的问题进一步加剧，对社会转型与社会的和谐发展产生不良影响。城乡融合是基于资源配置均衡而提出的理念，强调城乡在产业、行业等方面互通有无，并且实现均等化发展。在传统的城乡发展模式中，城乡之间的资源配置在效率和公平性等方面往往存在一定的问题。而城乡融合发展是一种新思路，是从可持续发展层面对城乡经济发展逻辑加以改造，从本质上看，该理念以摒弃经济社会发展的工具属性为出发点。自改革开放以来，城乡要素流动基本呈现单向模式，主要是乡村向城市流动，而在城乡融合发展理念下，城市要素也会向乡村流动，除了发挥政府的宏观调控作用之外，城市要素向乡村的流动还要充分借助市场的力量。然而，在城市虹吸效应和传统农村发展模式的双重作用下，城市要素向乡村流动面临着较大的市场风险，因此要想重塑城乡要素配置格局还有很长的路要走。当前，我国的要素市场化程度仍处于较低层次，这导致造成城乡要素市场化配置遇到很多阻碍，如没有完善的价格形成机制，分配层面存在效率低和不均衡问题等。城乡融合的推进必须建立在城乡要素市场化深度改革的基础上，如此才能促进城乡要素实现双向且自由流动，让城乡资源得以高效整合，为挖掘广大农村地区的市场潜能提供助力，进而推动农业经济的高质量、高效率发展。国家发展和改革委员会发布了《2020年新型城镇化建设和城乡融合发展重点任务》，对劳动力和土地要素的市场化改革展开重点论述，为城乡要素市场化改革提供了方向指导。人类社会发展的一般规律是生产力决定生产关系，经济基础决定上层建筑。劳动力与资本、土地等生产要素相互作用共同构成了生产关系，其在一定程度上能够反映生产关系的变动情况。我国是典型的农业国家，国内劳动力总量大，并且在经济改革潮流下，劳动力流动更为快速。城乡劳动力流动要遵循市场化配置要求，当劳动力能够得到均衡、有效的配置后，城乡利益分配格局将发生根本性转变。

户籍制度对城乡劳动力的流动具有较大影响，目前各级政府也在探索户籍制度的优化和改进策略，目的是尽可能降低其对城乡劳动力流动的不利影响。城镇化发展追求更高质量的公共服务，而在城市发展初期，考虑到公共服务承载能力有限，政府部门会通过户籍制度限制落户数量，但这一做法也体现出城镇化发展没有做到"以人为核心"，这种情况会在潜移默化中给城市发展埋下隐患。因此，推进城乡融合必然离不开对户籍制度的改革，并需要大力提升城乡公共服务承载力。此外，土地要素也是城乡利益博弈的重点，在城镇化发展初期，土地价格较低，只需要付出较低成本便能获得土地，但农民利益因此而受到损害，并且由于土地距离城市的远近关系容易导致非对称的市场收益，进而出现农地配置效率低的现象。政府在征地方面不断探索，行政配置和市场配置混合成为当下征地制度的一大特点，但在学者周其仁看来，目前的征地制度仍然是政府主导，而政府主导的征地制度容易造成市场配置功能难以得到充分发挥，甚至出现异化现象，致使土地价格扭曲、土地资源配置失序等问题产生。① 体制与机制层面的阻碍也需破除，才能为城乡融合发展创造良好条件。除积极改革相关体制、机制外，相关部门还要加快城乡之间信息基础设施的均衡布局，不断缩小城乡之间存在的"数字鸿沟"。

2. 以城乡产业协同发展提升城乡经济融合水平

城乡二元对立是我国社会中存在的现状，这一局面的形成与城乡产业结构失衡和产业协同发展水平较低有着紧密联系。城乡在产业发展方面如果能达到协同，城乡经济便能融为一体，二元壁垒也会逐步被打破，而这一目标的实现需要从构建三产融合产业链条入手。产业发展要依靠产业链，产业链不健全，资源流动就会"磕磕绊绊"，进而对可持续发展产生负面影响。随着经济社会的不断向前发展，产业链也在不断延伸，而产业链中的资本、技术、劳动力等要素也会"改头换面"，表现为附着在它们之上的内容如生活方式、城乡文化、价值观念等更加丰富多样。这成为城乡融合与渗透的重要支撑，如当前很多乡村在文旅融合理念下，打造出兼具观光休闲、生态涵养、文化体验等功能的乡村旅游空间，吸引了大量城市居民前往体验，同时企业投资也向这一块集聚，形成了较为完善的产业链，成为农业经济横向拓展的重要依靠。新型技术也被广泛引入农村，促使农村经济业态更为丰富，如农村电商的构建改变了传统的营销模式，在宣传、运输、存储等环节都有相应渠道，同时依托冷链物流、网络直播等形式实现了农产品更广范围的销售。从生产到销售，不仅更加快捷，还能做到跨区域互动，使得农产品具有更为广阔的潜在市场。产业链延伸和发展是第一步，接下来还要依托产业链构建现代产业体系，促进农村地区也成为相关产业的"集散地"，使得农业与工业、服务业实现更好融合，城乡产业取长补短。农业与非农业之间不再有清晰界限，城乡产业协同便能获得有力支持。学者高帆认为城乡经济融合的本质是促进农业产业链延伸，然后在这一基础上继续提升农业价值属性和功能范畴；② 学者蒋志勇认为城乡产业协同发展，关键是要从更深层次打通城乡生产消

---

①　周其仁. 城乡中国(下)[M]. 北京：中信出版社，2014：120-131.

②　高帆. 三大历史性趋势下的中国城乡融合发展路径[J]. 探索与争鸣，2022(9)：67-77，178.

费渠道，让两者高效对接。① 从目前来看，城乡产业协同要完成以下重点任务：一是改进农业产业链中的各个环节，目的是增强农产品竞争力和提供高附加值服务。传统的农业生产、加工等规模小且较为分散，加之在技术上处于较低水平，使得农产品得不到市场认可，价格上会被压低。推动农业生产、加工规模化发展后，各个方面都能得到优化配置，与市场的对接也更为稳定，进而为产业协同打下坚实基础。二是健全相关机制，如利益分配机制、风险防范机制等。农产品是产业链条的开端，在定价上往往较为被动，造成获利空间被压缩。健全相关机制后，能对农产品加工、流通等环节严格监管，避免农民利益流失于这些环节中，同时利益分配上也会更加合理，农民会更有热情参与组织协作。

3. 以加快城市文明普及提升城乡文化融合水平

在城镇化进程中，城市文明的建设是一项重要任务。城市文明既体现了国家形象，也能提升人民的生活质量。城市文明程度会随着城镇化发展而不断提升，普及率也会提高。学者周加来等基于城市文明普及率加速定律，对我国城市文明普及率作出分析。② 在城市文明普及率加速定律中，城镇化率在50%以上，城市文明普及率将会在70%以上，而我国城镇化率已超过60%，那么城市文明普及率理应在70%以上，这说明城市文明已经在向乡村渗透，然而我国目前的现状是乡村文化却没有很好地向城市传播。我国是农业大国，乡村是国家的根基，是打造人民美好生活的基础，是实现中国梦的基石，是我国五千年文明形成和发展的土壤。乡村文明和城市文明必然具有差异，这是天然存在的，其中乡村文明与大自然距离更近，表现出突出的自然底色，而城市文明是在工商业火热发展中形成的，与大自然、农业的距离渐行渐远。文明类型不同是客观存在的，不能去区分高低优劣，但很多人认为城市文明是先进的、乡村文明是落后的，因此提出消灭传统村落的错误观点。乡村文明应得到传承，以建设美好宜居环境为目标，将乡村建设成既能让人们感受自然之美，又能与现代文明接轨的现代乡村。在建设和谐社会的战略要求下，村庄会成为稀有资源，盲目地改造和翻新必然会破坏这些

---

① 蒋志勇. 城市化、城镇化和城乡一体化的演进与发展关系研究：基于新兴古典经济学分工和城市化理论的分析[J]. 城市发展研究，2015(1)：1-3, 8.

② 周加来，周慧，周泽林. 新中国 70 年城镇化发展：回顾·反思·展望[J]. 财贸研究，2019(12)：1-13.

资源，自然是不可取的。城乡文明融合要走可持续发展道路，不能以"消灭"的方式来实现共存，否则只会适得其反。

4. 以城市群一体化建设提升城乡空间融合水平

城乡空间融合是重新组织和架构原有空间，进而实现两者空间的有机结合，其中地域空间结合是重要内容，这一目标的实现离不开产业结构的转化。一方面，需要有效发挥城市群空间载体的作用。在城镇化建设中，城市群处于高级阶段。党的十九大报告指出，要重点研究和探索城市群建设，这对于经济社会转型发展而言至关重要。有空间才能谈融合，城乡融合需要空间，而这一空间并不只是地域层面的空间，还包括各类抽象空间。学者罗平指出，城市群空间形成后，能够依托强大的消费能力，促进生产要素的更高效地集散，这对于城乡产业融合发展至关重要，也是城乡融合发展过程中谋求创新的必要条件。① 另一方面，要发挥县域经济的空间衔接作用。国家发展和改革委员会印发的《2021 年新型城镇化和城乡融合发展重点任务》中指出，县城在城镇化建设中扮演着重要角色。县城是枢纽，是联结城市与乡村的纽带，在城乡要素流动、城乡产业链搭建等环节中发挥着重要作用，因此，只有县城扮演好枢纽角色，"以工补农、以城带乡"的目标才能更好实现，进而为城乡融合高质量发展打下坚实基础。我国的县城数量十分庞大，这既是优势，同时也会因为达不到某些条件而成为劣势，比如每个县城都有自身特点，如果对它们作出统一要求，势必会削弱县城个性，出现雷同现象，而如果对每一个县城作出针对性指导，所要投入的人力、物力、财力就会很大。因此，在给予县城充分自主权的同时进行宏观层面引导，是我国发挥县域力量的重要举措。

(三)城乡融合发展的相近概念辨析

1. 城乡统筹

伴随两次工业革命的发生，西方国家在工业文明发展上走在前列，清政府由于施行闭关锁国政策，被远远抛在世界强国之后，进入近代时期，我国被西方列强欺辱，政府注意到发展工业的重要性，重工轻农局面逐渐形成。在这一局面

---

① 罗平. 都市圈城乡产业融合：基本特征、实现机制及政策建议[J]. 农村经济，2021 (6)：79-86.

下，原本的城乡一体成为过往，城市开始掠夺乡村。学者梁漱溟指出，"跟着近代都市文明的路学西洋而破坏了中国乡村"，[①] 中国的近代屈辱史伴随着乡村衰败史。由于工业发展被认为是改变贫穷落后面貌的关键所在，所以城市偏向发展路径被延续下来，乡村地区则成为城市发展的资源攫取之地。城乡分治二元体制由此形成，城乡之间的差距进一步拉大。改革开放以来，城乡之间逐渐加强了联系，封闭状态有所削弱，但二元体制并没有扭转。由于我国坚持以经济建设为中心，城市成为发展经济的主战场，而乡村只是"边角料"，如此一来，城乡差距不断扩大，"三农"问题逐步显露，成为社会发展和经济建设的阻碍。党和国家对此深切关注，党的十六大上提出了统筹城乡经济社会发展的命题，党的十六届三中全会上进一步提出"五个统筹"，其中统筹城乡发展处于第一位。党的十六届四中全会上对工业和农业之间的关系进行辨析，指出农业为工业做出牺牲是为了推动工业更快发展，而随着工业化水平提高，要反哺农业，而不能将农业一脚踢开。这一论断为统筹城乡发展奠定了坚实的思想基础，是扭转长期以来重工轻农、重城轻乡局面的重要支撑。农业不能继续当"陪衬"，而是要反过来获得更高地位，从工业中汲取发展力量。工业和农业分别代表着城市和乡村，这意味着城市也要助力乡村发展。这一论断逐渐被人们认可，但在实际情况中也存在不同理解，如在探讨"如何发展乡村"这一问题时，有的人认为应继续以城市为中心，只是在发展时不能像过去那样"剥削"乡村，这样的观点忽视了乡村的主体性，仍旧是站在不平等视角下去看待城市和乡村；有的人认为城市和乡村要获得平等主体地位，提出将乡村和城市并列为发展中心的看法，即便是城市反哺乡村，也要在乡村完全不依附城市的前提下进行。人们还对"发展什么样的乡村"展开探讨，有的人提出乡村应进行城镇化改造，从乡村演变成真正的城市，这种观点的核心是消灭乡村。这类观点在实践中有所体现，比如有的乡村进行了房屋翻建，将分散房屋推倒，盖起公寓式居民楼，让村民集中住进公寓楼中。这样的做法打破了传统乡村的空间格局，使得各个方面都连带发生变化，表面看来是"新农村"，实际上却是将农村的根系连根拔起。有的人提出城乡互补模式，使城市和乡村按照各自特色进行发展，如此一来，乡村会更有乡村气息，城市也会更像城市。城乡统筹是一种规划城乡关系的理念，目前对于城乡之间应如何统筹、应设

---

① 梁漱溟. 乡村建设理论[M]. 上海：上海人民出版社，2011.

立哪些目标、达到何种状态等尚没有形成统一观点，也没有清晰的、有指导性的目标。目前的做法是围绕政策反向进行，过去是农业为工业提供资源，现在变成工业反哺农业；过去是农村支持城市，现在是城市支持农村。尽管城乡统筹存在笼统模糊现象，但实际中的举措确实能够助力城乡差距的缩小，也能为解决"三农"问题提供支撑。未来的城乡统筹应该从实际操作中不断总结经验，引入更多概念和理念来完善自身，为城乡融合发展作贡献。

2. 城乡一体化

国内有学者对城乡一体化概念进行界定，认为城乡一体化是一种立足于打破城乡不平衡发展模式的理念，其目标是实现城乡在政治、经济、文化等领域建立动态平衡关系。总之，城乡一体化能够缩小城乡差距，也能使城乡资源分配更加合理、公平。城乡一体化具体包括以下几方面的内涵：第一，城市和乡村在经济上实现产业互补，使得农村产业和城市产业能够相互扶持、相互成就；第二，城市和乡村在体制上打破二元结构；第三，观念上，城市和乡村实现革新和转变，比如同等看待两种生活方式，并且推动城乡生活方式的有效结合，这对于转变重城市、轻农村的观念具有重要意义；第四，城市和乡村在空间上实现一体化，能够以统筹发展视角去审视每一块空间，使其为城市和乡村发展同时带来利处，并且这些空间也能成为城市和乡村合作共享的载体。要想对城乡一体化概念全面深入理解，就需要立足于实际，对我国城乡实际情况和发展阶段进行严谨梳理，同时还要参考其他国家的城乡融合情况，挖掘出其中的共性和规律，这一过程中需要注意以下几个问题。

城乡一体化实现的前提是城镇化水平和生产力达到一定高度，如果城市尚不强大，就很难为城乡一体化提供充足动力。从人类社会的发展历程中人们可以了解到，城乡关系会经历三个发展阶段，分别为共生阶段、城乡分离与对立阶段、城乡平等与融合阶段。在共生阶段，乡村是城市的母体，会向城市提供各种资源来支撑城市的发展和建设；在城乡分离与对立阶段，城市对于乡村的依赖不断减弱，双方开始进入独立发展时期，城市优势进一步凸显，发展速度不断加快，与乡村的距离也不断拉大；在城乡平等与融合阶段，城市的发展程度已经达到较高层次，生产力较为先进，城市和乡村开始相互渗透、相互融合。由此可知，城乡一体化是一个循序渐进的过程。城乡一体化追求城市和乡村协调共进，以融合视角去审视每一项举措，因此城乡一体化要从整体和全局上去规划，促进城市和乡村高质量融合。无论是城市还是乡村，都有自身特点和优势，无论单独发展哪一方都是不科学、不合理的，只有综合考量并找到发挥各自优势的举措，才能实现真正的城乡一体化。在实际情况中，由于很多因素影响城市和乡村的协调发展，使得协调发展工作十分复杂和艰巨，想要在一朝一夕之间完全扭转是不现实的，只有循序渐进，在实行过程中不断改进才能离最终目标越来越近。

城乡一体化需要城市和乡村双向发力、共同成就。有人认为将乡村城镇化后便能实现城乡一体化，这种观点是片面的。如果乡村城镇化，乡村可能就不复存在了。城市和乡村各具优势，相互协调、互补才是真正的城乡一体化。因此，必须改变城乡二元体制，将城市和乡村从对立变为相融。城市和乡村共同发展需要建立在将两者看作一个整体的基础上，而要想成为一个整体，就必须对农业现代化、城镇化、工业化三者之间的关系进行调整。城乡一体化能缩小城市与乡村的差距，但并不是两者的差距完全消失，也不是将乡村变成城市，而是以更长远的视角去发展城市和乡村，让两者实现生产要素的自由流动，使两者可互为供应方和需求方，并在这一过程中实现收益最大化。城乡分割是城乡融合发展的巨大阻力之一，必须予以消除，将城市和乡村放在同一平台、同一格局中发展，这需要从体制和机制上进行创新。城市和乡村各具功能，在产业类型、景观风貌等方面也存在差异，这些差异应该保留，如此才能在实现城乡一体化后，为城乡依旧呈现出各具特色面貌打下基础。

学界对城乡发展问题十分关注，相关研究有很多，但总体来看，研究文献中经常出现把城乡发展阶段和国家城乡发展政策混淆的现象，这导致学界关于城乡发展问题的研究存在理论误区。对于城乡关系的走向，是融合还是一体化，当前学界并没有达成共识。本书将从多个维度对城乡融合和城乡一体化进行理论辨识。从时间维度看，城乡融合是以缓和城乡关系、建立更多互动、缩小彼此差距为目标，从而为城乡一体化的最终实现打下良好的基础。

时间不会倒流，时间记录下的所有内容会存在时间先后关系，能成为反映不同发展阶段特征的重要依据。从时间上可以将城乡关系演进历程分为不同的阶段。在党的十七大报告中，首次提到了城乡一体化发展格局，这也是部分学者提出城乡一体化发展阶段的依据。而城乡融合在党的十七大之前便已经提出，因而十七大提出城乡一体化并不是凭空而来，而是以城乡融合为基础。从历史角度看，城乡一体化是一种立意高远、眼光长远的理想状态，以造福广大人民群众为目标，并且它有着深厚的历史基础，而后按照城乡关系演进规律发展前进。城市和乡村无主客之分，皆为主体，它们在功能、空间、文化、利益等方面存在密切联系，这是一体化目标实现的前提和条件。从空间维度看，融合发展是以重塑城乡空间结构和要素配置格局为目标，同时也是城乡空间有机统一的重要路径。经济活动的产生和发展离不开空间载体，没有空间，"关系"将没有容身之处，经济活动便会陷入停滞。当空间载体在空间关系支撑下形成后，空间结构的规划便得以开展，这一过程十分关键，因为如果规划不合理，便会造成结构不平等，导致利益分配不合理。具体到城乡关系之中，空间载体为生产要素空间分布提供支持，当空间分布合理时，资源配置效率会更高，城乡关系也会得到优化。学者廖祖君等指出，中心-外围、循环累积、增长极等非均衡理论在空间分布实践中依然发挥着重要作用，若要实现空间分布均衡，理论层面需率先突破和创新。① 在实践层面，城乡二元壁垒是主要攻克对象，生产要素、市场网络、基础设施、生态环境等方面是重要入手点，只有遵循效率最大化和均衡配置原则去分配，城市和乡村的资源差异所带来的空间效率损耗才会最小。目前，城乡发展在空间安排上存在不合理之处，很多乡村被动参与城镇化建设，致使乡村居民空间选择权被剥夺，产生空间不平等问题，阻碍了后续公共服务的提供。城乡融合要建立在尊重彼此的基础上，要正确审视彼此空间所具有的差异性，不能盲目或者主观臆断地去处理，否则城乡空间会向单一化发展，表现在空间结构上则是"失衡"，必然会对要素配置产生不良影响。公平和效率具有紧密联系，如市场交易实现公平后，交易效率就会得到提升，在这一过程中相关收益也能实现公平分配。站在社会发展层面分析，不公平的存在可能一时之间不会产生太大影响，但随着影响力的累积和加深，最终社会福利会遭受损失。中华人民共和国成立之后，城乡发展原则经过了多次调整，先是"公平优先"，后来是"效率优先，兼顾公平"，再后来是"效率与公平均衡统一"。改革开放敲响了"以经济建设为中心"的钟声，城市作为经济建设主战场，得到国家和政府的高度重视，"城市偏向"在潜移默化中形成，此时期的经济发展呼唤平等自由，其中公平也是重要诉求，但只是处在"兼顾"地位上。城镇化进程不断推进，城市生产力不断增强，而此时城市的生产成本也在增

---

① 廖祖君，王理，杨伟. 经济集聚与区域城乡融合发展：基于空间计量模型的实证分析[J]. 软科学，2019(8)：54-60，72.

加，想要降低成本、增加收益，就要走出城市空间，推动生产要素向农村回流，通过以工促农、以城带乡实现城市和乡村皆受益的目标，并同时推动国家整体福利达到更高水平。城乡发展原则会从"效率优先"向"效率与公平均衡统一"转变。在城乡一体化阶段，城市和乡村在经济效率、空间效率、社会效益等方面会逐渐趋同，总体福利持续增加，双方都能从中受益，不会出现牺牲一方成就另一方的现象。

二、城乡融合发展的生成逻辑

当前我国城乡发展失衡，在现代化建设视野下，城乡融合成为重要应对举措，一方面该举措符合现代社会共存共生理念，另一方面城乡融合能为实现共同富裕提供支持。本书在对我国现代化进程中城乡融合发展生成逻辑进行分析时，马克思主义系统观是重要指导思想，并在其指导下从理论溯源、历史演进、中外比较、现实驱动等多个视角展开探讨，进而实现对城乡融合发展的系统认识和科学把握。

(一)理论溯源：马克思主义城乡关系理论的阐发

马克思、恩格斯立足于人类社会发展高度，对城乡关系发展趋向进行预判，他们关于城乡关系发展趋向预判的理论，因此具有更长远、更科学的指导价值。马克思、恩格斯在很多著作中谈到了城乡关系，并且进行了深刻反思与本质追问。这些著作能够成为梳理和系统阐释城乡关系的重要理论依据，进而帮助我们更深入地把握城乡关系发展趋向。

1. 马克思主义城乡关系理论的思想回溯

马克思、恩格斯在研究城乡关系时从两个方面入手，一方面对资本主义社会中的城乡关系进行梳理后发现"城乡对立"的存在，而后进行科学审视；另一方面对空想社会主义相关思想观念进行了研究分析，从中吸收了相关内容来辨析城乡关系。工业革命发生后，工业发展速度不断加快，手工工场成为历史，机器大工业强势兴起。在这样的局势下，生产、市场、资本等要素如潮水般向城市聚集，推动城市生产力达到了新高度，同时也使得城乡结构重新塑造。城市的中心地位已经不可撼动，而乡村不断被边缘化，沦为城市的附庸。从理论研究层面分析，很多学者对城乡格局的演变产生了浓厚兴趣。其中，古典经济学家亚当·斯密就对城乡关系有着深入理解。亚当·斯密认为，乡村会向城市提供相关原材料，而城市会将一部分制造品供给乡村居民，依据这一观点，城乡应是分工与协作关系，彼此之间相互联系和相互影响。李嘉图将亚当·斯密的研究进一步深化，他在《政治经济学及赋税原理》一书中提到，工业化发展是造成城乡关系断裂的重要原因，而这种现象是不可避免的，想要应对城乡关系断裂这一问题，形成城乡之间的产业协同才是关键。16世纪初期，空想社会主义者托马斯·莫尔在《乌托邦》一书中勾勒出了美好社会的光景，其中城市是主导，所有人会居住在城市中，而乡村成为工作区域，人们工作时会到乡村从事生产，进而创造价值。在这样的美好生活中，剥削与压迫是不存在的，和谐共处是主题，并且整个社会井然有序地运行。之后的空想社会主义者继承了莫尔的思想观念，仍旧将城乡一体、城乡平等思想作为追求，并基于这一思想观点对资本主义社会中存在的城乡对立现象进行批判。傅立叶认为，工业生产不只是为城市服务，也会向乡村进发，带给乡村发展机遇；欧文在面对城乡对立现状时，提出建立"新和谐村"，在他的思想中，"新和谐村"具备诸多优点，能够避免不利因素的出现。总体来看，空想社会主义者对城乡关系的思考停留在空想层面，而没有从本质上进行认识。

2. 马克思主义城乡关系理论的文本证成

资本主义社会出现了越来越严重的城乡对立现象，马克思、恩格斯深入研究后作出"城乡之间的对立只有在私有制的范围内才能存在"的论断。[①] 在这一论断的基础上，马克思、恩格斯深入分析城乡发展演进历程。一方面是对城乡发展演进趋向的预判。马克思、恩格斯基于唯物史观立场，预判未来城乡关系会经历混沌一体、对立分离、融合发展三个阶段。在混沌一体阶段，城乡之间没有区别，城乡关系在落后的生产力之下缓慢运行，没有形成明确的社会分工；在对立分离阶段，社会分工促使城乡关系形成，两者出现了利益对立，进而在关系层面走向对立；由于城乡对立产生了一系列不良影响，城市运转不畅，环境不断恶化，而乡村生产力停滞不前，乡村人口不断流失，因此只有城乡融合发展才能有效解决以上问题。

另一方面是对城乡融合发展举措的分析。马克思、恩格斯认为城乡融合是一项大工程，仅仅提升主观认识是不够的，还要将大力发展生产力、革新制度、完

---

① 马克思. 德意志意识形态[M]. 北京：人民出版社，1961：47.

善模式等路径作为重点，逐步走出失衡局面，为城乡融合发展打下基础。第一，大力发展生产力，为城乡关系发展夯实物质基础。马克思认为，城乡对立的解决需要建立在充足物质的基础上，而充足物质基础的实现要依靠生产力的不断提升。第二，废除资本主义私有制，建立共产主义公有制。马克思、恩格斯认为共产主义社会的生产力高度发达，城乡对立不会存在，融合发展成为主流。共产主义社会实行的是公有制，对于城市和乡村的优势都会予以重视，避免相互对抗所造成的内耗，使得城乡融合进一步加深。第三，构建工农结合的发展模式，为城乡关系发展提供机制创新。马克思指出，构建共同体至关重要，这是个人获得全面发展的重要前提。城乡对立是一种破坏共同体的现象，造成城乡之间要素流通被阻隔，城乡居民只能各干各事，相互之间没有联系。马克思、恩格斯提出的"工农结合"，是以推动城乡居民加强联系、互动为目标，而在具体操作中，"工农结合"可通过城乡产业合作、做好协同分工等来实现，进而为城乡融合提供机制支撑。

(二)思想之基：我国城乡发展的实践感悟

从历史发展来看，每个国家的发展环境不同，相关条件也会存在差异，这使得每个国家的城乡关系演进路径不同，但深入挖掘后可以发现，不同国家的城乡关系演进脉络会遵循普遍规律，即总体发展趋势是基本一致的。一是都会经历工业化和城镇化历程，这是城乡关系演进的重要驱动因素；二是农业是国民经济的重要基础，即便农业产值所占比例不断下降，也会始终保持基础地位，因此要想实现城乡和谐发展目标，仍然离不开农业劳动生产率的提升；三是城乡和谐发展以促进城乡要素双向流动为重要入手点。中华人民共和国成立之后，我国城乡关系体现了生产力发展的水平，这种关系是生产力和生产关系相适应的产物。改革开放之前，农业是基础，工业是大力发展对象，农业要为工业助力。生产力和生产关系不匹配是城乡关系走向失衡的本质原因，城乡发展受到了严重阻碍，工业化水平并没有体现在城镇化层面。改革开放之后，党中央将发展农村生产力作为重中之重，并出台多项政策予以支持，其中提高国家对粮食统购价格是重要举措，目的是让乡村居民获益。为切实做到这一点，农用工业品价格不断下调，一定程度上缓解了当时城乡之间的矛盾。21世纪后，我国对农业的支持和保护政策进一步优化，建设新农村成为一项战略，城乡关系得到很大改善。从中华人民共和国成立到如今，中国城乡发展经历了波折，也在多项举措下逐步走向融合，从中能够总结出以下要旨。

第一，不断向农民赋权。改革开放前，逐步建立城乡二元分割体制的过程实质上就是不断剥夺农民权利的过程，随着农民权利的丧失，其生产和创新活力也被一并扼杀，农业农村发展陷入停滞是必然结果。改革开放后，政府不断向农民赋权，使得农民的生产积极性和创新潜力再次得到释放，农民通过不断改善自身以及农业农村的状况，推动城乡关系向前发展。改革之初，家庭联产承包责任制赋予了农民自主经营土地的权利，迅速解决了农民自身的温饱问题，实现了收入增长，显著缩小了城乡收入差距。20世纪80年代中期，取消统购统销和发展乡镇工业赋予了农民自由选择职业的权利，不但增加了农民的非农就业机会，延续了城乡差距缩小的趋势，而且农民培育出了具有竞争力的农产品市场，削弱了城乡二元经济结构。20世纪90年代，允许农民进城赋予了农民自由迁移的权利，推动了城镇化率的快速提升，并最终发育出一个统一的劳动力市场。未来政府还需要继续向农民赋权，不断激发农民的积极性，使他们在不断改善自身境遇的同时，推动社会经济的快速发展。

第二，坚持改革的渐进性。对城乡关系的演进过程进行考察可以发现，新的政策或改革都以渐进方式出现，而且表现出非常好的效果。渐进式改革之所以会被选择，大致有三层逻辑：一是由改革实践的推动需求所决定的。从打破城乡经济二元结构，到消除社会二元分割，再到实现社会融合是一个由易到难的过程，也是一个逐渐积累经验的过程。二是能够降低改革的风险。历史的经验教训表明，脱离现实的盲目冒进式改革不但不会加快改革的进程，反而会导致改革进程的停滞乃至倒退。因此，改革必须与经济发展相适应，特定阶段只能解决当时最紧迫而且能够解决的问题，期望毕其功于一役是不现实的，也是不负责任的。三是渐进式改革受到的阻力最小。从城乡关系调整的历程可以看出，大部分改革是在不损害城市居民利益的情况下开展的，表现出非常典型的帕累托改进特征，极大地减小了改革阻力。

第三，坚持市场化改革取向。坚持市场化改革取向，充分发挥市场在资源配置中的决定性作用，是我国改革成功的核心经验之一。政府在城乡关系的变革中发挥着至关重要的作用，政府既是过去城乡二元结构的塑造者，也是推动城乡关系良性发展的关键性力量，因此要继续发挥好政府在调整城乡关系中的积极作用。与此同时，更要高度重视市场在破解城乡二元结构、实现城乡融合发展中的作用。建立统一农产品市场、大力发展乡镇企业、允许劳动力自由流动等，这些在促进城乡关系良性发展中发挥关键性作用的改革，本质上就是在不断强化市场机制的作用。时至今日，市场化取向的改革依然不够，在未来发展中还要不断深化。

第四，坚持尊重基层创新和转换思想观念相结合。在城乡关系演进过程中，来自基层的各种创新实践发挥了极其重要的作用，既为全国性的制度设计提供了经验，也通过实践自身所迸发出来的热情和冲动为改革继续前行提供了推动力量。同时，从"放权、让利"改革，到开放农产品流通市场、放开农产品市场价格，再到允许农民开办乡镇企业、农民进城务工以及推进城乡基本公共服务均等化等一系列改革历程可以看出，如果决策者没有不断打破意识形态和自身经验的束缚，不断转换自身的思想观念，很难想象这些改革能够顺利进行。城乡关系调整的过程实质上就是基层创新和决策层观念转变相互配合、相互作用的结果。因此，在顶层设计的作用日益受到重视的情况下，更多实际问题的解决还要依赖这些基层创新。与此同时，还必须摒弃各种陈腐的观念和教条的思想，以务实的态度不断解放思想，从而寻求促进城乡关系发展的新思路和新方案。

第五，为改革和改革者留出足够的空间。改革本身就是一个不断试错的过程，一条成功经验往往是成百上千的改革者经过若干次失败的改革实践总结出来的，虽然这些失败的改革实践在当时看似乎没有发挥积极作用，但却是改革成功必须付出的代价。只有容许改革，容许改革失败，才能为改革者创造良好的环境，才能真正探索出有价值的改革方案。时至今日，需要改革的领域和内容已经大大缩小但深度不断加大，而且改革必须在法治框架下进行，这为改革和改革者提出了新要求，但是这不能成为阻止改革、约束改革者的理由，必须强调，在未来健全城乡关系发展的过程中要留给改革和改革者足够的空间。[①]

第二节 城乡融合发展研究综述

一、国内相关研究综述

在现代化建设进程中，我国要将城乡融合发展放在重要位置，这是关系党和

---

① 张海鹏. 中国城乡关系演变 70 年：从分割到融合 [J]. 中国农村经济，2019(3)：2-18.

国家发展的重要事项。新的时代会有新的要求，城乡融合发展也不例外，我国需要立足于现代化建设视角，全面深入地审视城乡融合发展相关内容。目前来看，我国学界对于新时代城乡融合发展进行了广泛研究，取得了丰富的研究成果，主要体现在以下几个方面。

第一，从必然选择角度论证中国式现代化进程中的城乡融合发展。学界围绕这一向度提出以下论点：学者刘彦随认为城乡融合要建立在构建完善发展体系的基础上，只有如此，城镇化才能达到更高水平，乡村建设才能稳步推进，国家现代化才能不断向前；① 学者文丰安、王星认为我国经济发展从"高速"向"高质"转变的一项重要工作便是缩小城乡差距，而想要实现这一目标，就要不断加强城乡之间生产要素的双向流通，促进彼此之间的协同分工更为高效；② 学者高增安、何兴隆认为城市和乡村各具特色，都能为人们提供生活与生产空间，二者融合后，农村农业可逐步走向现代化，高质量生产指日可待。③ 总体上看，城乡融合发展是我国经济高质量发展的重要前提，因此城乡融合的必然性与合理性是重中之重。

第二，从目标方向角度阐述中国式现代化进程中的城乡融合发展。学界围绕这一向度提出以下论点：学者刘合光认为城乡融合能够使"共同富裕"成为现实，同时"共同富裕"也能反过来指导城乡融合；④ 学者陈志钢、茅锐、张云飞认为共同富裕的实现要建立在切实解决城乡失衡问题的基础上，只有城乡融合，城乡失衡才能不复存在；⑤ 学者张明皓、叶敬忠认为城乡融合是驶向共同富裕的"列车"；⑥ 学者文丰安认为共同富裕的实现要建立在缩小城乡之间发展差距的基

① 刘彦随. 中国新时代城乡融合与乡村振兴[J]. 地理学报，2018(4)：637-650.

② 文丰安，王星. 新时代城乡融合高质量发展：科学内涵、理论基础与推动路径[J]. 新视野，2020(3)：39-44.

③ 高增安，何兴隆. 习近平关于新时代城乡融合发展的重要论述研究[J]. 经济学家，2023(6)：5-14.

④ 刘合光. 以共同富裕为目标推进城乡融合发展的逻辑与路径[J]. 社会科学辑刊，2022(1)：149-157.

⑤ 陈志钢，茅锐，张云飞. 城乡融合发展与共同富裕：内涵、国际经验与实现路径[J]. 浙江大学学报(人文社会科学版)，2022(7)：68-78.

⑥ 张明皓，叶敬忠. 城乡融合发展推动共同富裕的内在机理与实现路径[J]. 农村经济，2022(11)：1-10.

础上；① 学者孙绍勇认为统筹推进城乡融合发展是新时代实现共同富裕的必然要求。② 总体来看，新的时代呼唤城乡融合，这是城乡之间不平衡发展得到解决的关键所在，也是切实实现共同富裕的重要推手。

第三，从科学内涵角度解读中国式现代化进程中的城乡融合发展。学界围绕这一向度提出以下论点：学者许彩玲、李建建认为城乡不能分割，而是一个整体，并且只有城乡形成共同体，城乡之间要素流通、产业协同、功能互补才能推动城乡的融合发展③；学者张洪新认为城乡融合有利于缩小城乡差距，推动城乡协同发展；④ 学者高帆认为从城乡对立到城乡融合是城乡关系演进的必然过程，我国要在现代化建设中通过实践举措加快演进速度。⑤ 由此可知，城乡融合发展关系重大，城乡失衡问题的解决、中国式现代化建设都离不开城乡融合发展。

第四，从问题研究角度回应中国式现代化进程中的城乡融合发展。学者李爱民认为城乡融合会受到相关问题影响，如城乡之间存在差距、城乡公共服务达不到均等化、乡村整体居住环境较差、城乡之间要素流动阻碍甚多等；⑥ 学者徐宏潇认为我国要想实现城乡融合将会面对很多挑战，在国内层面，要素流动失衡、产业单一化、城乡融合方式缺乏创新等是重要问题，在国际层面，存在全球化、逆全球化对城乡关系转型的限制；⑦ 学者王绍琛、周飞舟认为城乡之间的关系出现失调，与"小城镇模式"衰落息息相关，而衰落原因主要是城乡二元结构对

①　文丰安. 新时代城乡共同富裕融合发展论：基于对党的二十大精神的学习与研究［J］. 重庆大学学报（社会科学版），2022（6）：272-285.

②　孙绍勇. 新时代全面推进城乡融合发展的共同富裕逻辑旨要［J］. 福建论坛（人文社会科学版），2023（3）：5-16.

③　许彩玲，李建建. 城乡融合发展的科学内涵与实现路径：基于马克思主义城乡关系理论的思考［J］. 经济学家，2019（1）：96-103.

④　张洪新. 城乡融合发展图景：一种恰亚诺夫主义的分析［J］. 学习与实践，2021（10）：37-47.

⑤　高帆. 三大历史性趋势下的中国城乡融合发展路径［J］. 探索与争鸣，2022（9）：67-77，178.

⑥　李爱民. 我国城乡融合发展的进程、问题与路径［J］. 宏观经济管理，2019（2）：35-42.

⑦　徐宏潇. 城乡融合发展：理论依据、现实动因与实现条件［J］. 南京农业大学学报（社会科学版），2020（5）：94-101.

立;① 学者冯永泰认为我国城乡融合会受到制度层面的区隔、要素流动的单向、资源配置的失衡等多种因素的制约。② 总体来看,我国城乡发展遇到的难题有很多,要素流动不顺畅、城乡结构对立、资源配置失衡等是重要类型。

第五,从发展路径角度解答中国式现代化进程中的城乡融合发展。围绕这一向度学界提出以下论点:学者韩文龙、吴丰华认为城乡融合要在党的统一领导下进行,将提升农村生产力作为重要入手点,从思想、方法论、制度等方面予以支持,推动城乡融合程度不断加深;③ 学者姚毓春、梁梦宇认为国家要出台政策推动城乡融合,并且政策力度要大、要强,将城乡要素流通渠道彻底打通,实现两者在要素流通上的双向性,为资源合理配置打下基础;④ 学者杨骞、金华丽认为城乡融合要在党的全面领导下深化推进,融合机制建设、基础设施健全完善、公共服务优化共享等是重要途径;⑤ 学者文丰安认为城乡之间的融合发展要从制度、经济、文化、社会等多方面入手,并且要相互融合。⑥

综上所述,我国学界在研究城乡融合方面获得的丰硕成果,为实践中的融合路径构建提供了支持。回归现实之中,我国城乡发展差距较大,如果不能深入研究进而提出行之有效的举措,城乡差距只会越拉越大,但差距的缩小不是一朝一夕之事,并且实际情况中的影响因素也是多种多样的,仅仅从某一方面入手是远远不够的,因此从不同角度进行研究十分必要。

二、国外相关研究综述

城乡融合在我国乡村振兴战略中处于重要地位,是应对当前严峻城乡关系的

① 王绍琛、周飞舟.困局与突破:城乡融合发展中小城镇问题再探究[J].学习与实践,2022(5):107-116.

② 冯永泰.新时代城乡融合发展的依据、问题与路向:基于马克思恩格斯城乡关系理论视角[J].当代经济研究,2023(8):23-31.

③ 韩文龙、吴丰华.新时代城乡融合发展的理论内涵与实现路径[J].马克思主义与现实,2020(2):166-173.

④ 姚毓春、梁梦宇.我国城乡融合发展问题及政策选择[J].经济纵横,2021(1):46-53.

⑤ 杨骞、金华丽.新时代十年中国的城乡融合发展之路[J].华南农业大学学报(社会科学版),2022(3):127-140.

⑥ 文丰安.中国式现代化视域下城乡融合发展的逻辑演进与实践路径[J].学习与探索,2023(7):70-79.

重要举措。国外研究城乡融合的文献较少，但对城乡关系的研究较多，并且研究时间较早。

(一)关于城乡关系发展理论的研究

本小节对国外相关研究的总结主要围绕城乡发展这一主题，并且以辨析城乡发展思想演变进程作为重点。Perroux(1950)认为城市发达之后，能通过扩散效应带动乡村发展，进而实现城乡协调。[①] Hirschman(1958)提出了不平衡增长理论，认为应该优先发展某些地区，而后以优带劣。[②] Myrdal(1973)认为政府要在缩小城乡差距之中发挥重要作用，出台政策是干预手段之一。[③] Friedman(1975)对城乡关系深入研究后，提出了新的理论，将城乡区域划分为核心区和外围区，处于核心区的是城市，表现为制度完善、经济领先且创新力更强；处于外围区的是乡村，主要依附核心区进行发展。[④] 该理论对城乡关系演变过程进行揭示，阐述了城乡之间从共存到对立再到均衡发展的过程。Lipton(1983)对以上城乡接合思想进行批判，提出城乡一体化理论，并认为城市之所以能获得快速发展，与政府政策偏向紧密相关，在政策支持下，城市占有大部分社会资源，而乡村只占有小部分社会资源，使得自身发展受阻。他认为政策重点放在城市发展上并没有问题，但要控制在一定限度，如果超出太多，农村资源与要素只会单向流入城市，城市的主导地位会进一步加强，久而久之便会导致社会严重失衡。[⑤] Friedman(1966)认为，城市和乡村可以通过扩散效应与极化效应达到空间经济上的一体化发展。[⑥] 除此之外，Jarden K. M. 等(2016)对城乡关系发展演进中的不

① PERROUX F. Economic space: Theory and applications [J]. Quarterly Journal of Economics, 1950, 64(1): 89-104.

② HIRSCHMAN A. The strategy of economic development [M]. New Haven: Yale University Press, 1958.

③ MYRDAL G. Growth and social justice [J]. World Development, 1973, Vol. 1: 119-120.

④ FRIEDMANN J, Douglass M. Agropolitan development: Towards a new strategy for regional planning in Asia [M]. Los Angeles: University of California, 1975.

⑤ LIPTON D. Accumulation and growth in a two-country model: A simulation approach [J]. Journal of International Economics, 1983(15): 135-159.

⑥ FRIDEMAN. Regional development policy [M]. Los Angeles: University of California, 1966: 100-136.

同阶段展开了理论研究，认为城乡关系初期阶段，城市对于乡村的带动作用十分明显，两者均能获得快速发展。① Soltani A. 等（2016）认为城乡关系中间阶段，国家可以通过大力扶持乡村缩小城乡差距。② Xu LJ 与 Economics（2016）对城乡融合发展相关理论综合研究后指出，城乡融合不只是一个方向和目标，也是经济社会发展中的一种状态，本质上看，是城乡之间向一体化靠拢的过程。③ 在经济学视角中，城乡融合要经过壁垒打破过程，目的是促进生产要素优化，使得较为落后的乡村地区能与生产力发达的城市之间实现资源的自由合理流动，逐步使城市优势在乡村地区有所体现，进而缩小城乡差异，最终消除城乡差异。

（二）关于城乡土地利用问题的探索

19 世纪后期，西方学者基于土地利用问题对城乡一体化建设展开探索。英国学者 Ebenezer Howard（1898）在他的著作《明日的田园城市》中指出，农村应得到重点发展，这是城乡一体化得以实现的重要基础，他还提出了"田园城市"概念，将乡村与城市集合到了一起。④ Rondineli（1983）认为发展中国家要对城市和乡村进行统筹规划，合理投资，驱动小城镇体系逐步成形，而在这一体系中，小城镇之间的关系是独立的、分散的，但与整体完整性不冲突，这样一来，城乡的均衡发展便能实现。⑤ Jules Pretty（1998）对新西兰北部城乡发展情况进行调研，指出"乡村可持续发展"应成为乡村发展的重要理念，但这一理念的落实离不开

　　① JARDEN K M, JEFFERSON A J, GRIESER J M. Assessing the effects of catchment-scale urban green infrastructure retrofits on hydrograph characteristics［J］. Hydrological Processes，2016，30（10）：1536-1550.

　　② SOLTANI A, SANKHAYAN P L, HOFSTAD O, et al. Consequences of an Improved Road Network in Rural Iran：Does it Lead to Better Livelihoods and Forest Protection？［J］. Small-scale Forestry，2016（11）：11-13.

　　③ XU LJ，ECONOMICS S O. New Strategy of Promoting the Development of Integration of Urban and Rural Areas under the Background of Economic New Normal in China［J］. Taxation & Economy，2016.

　　④ HOWARD Ebenezer. Garden Cities of Tomorrow［M］. LaVergne：Nabu Press，2010.

　　⑤ RONDINELI D A. Applied methods of regional analysis：The spatial dimensions of development policy［M］. Boulder，Colo：Westview Press，1985.

城市的支持,乡村居民也要不断提升自身文化素质。① Svein T(2005)认为发展中国家的城乡关系十分复杂,如果要建立新型城乡关系,就要从关系国计民生的就业、劳动力流动等方面入手,尤其是为乡村居民提供更多工作岗位。Imai K. S.等(2014)认为城市建设离不开土地利用,而乡村建设同样要依靠土地,这样一来便会产生冲突。在这样的局面下,城市用地应有所收缩,不能为了扩建而占用乡村建设用地,否则势必会阻碍农业发展。② 但是 Sadegh P. 等(2014)对此提出了不同看法,他认为农村发展不能阻碍城市发展,不能因为要保护农村而刻意削弱城市发展,还应遵循自然而然原则,即城市建设逐步渗入农村,而农村则是逐步消失,这样一来城市规模会不断扩大,农村也成了城市。③ Chukwuemeka E. 等(2016)认为农业对于一个国家、一个民族的发展至关重要,要以更长远、更全面的视角去审视农业发展,进而加大农业投资力度。④

(三)关于城乡发展模式的探索

国外对城乡发展模式的研究由来已久,主要提出了三种发展模式,分别为以乡促城发展模式、以城带乡发展模式、城乡融合发展模式。前两种发展模式是建立在二元经济理论基础上的。刘易斯在《劳动力无限供给条件下的经济发展》中指出,发展中国家为了提升工业化水平,会将本属于农业的资源转移到工业上,其中劳动力资源是转移的重点。这样一来农村用于农业生产的劳动力会大幅减少,城乡二元结构也在这一过程中逐步形成。⑤ 美国学者 W. Arthur Lewis(1954)

①　JULES Pretty. The Living Land:Agriculture Food and Community Regenration in Rural Europe[M]. London:Earthscan Publications Ltd,1998:88-97.

②　IMAI K S, GAIHA R, GARBERO A. Poverty Reduction during the Rural-Urban Transformation:Rural Development is still more important than Urbanisation? [J]. Global Development Institute Working Paper Series,2014(10):1425-1426.

③　SADEGH P, CONCHA J, STRICEVIC S, et al. On the Relation between Overall Urban and Rural Development and Urbanization and Rural Inhabitant Consumption[J]. West Forum,2014,28(3):271-277.

④　CHUKWUEMEKA E, NZEWI H N. An Empirical Study of World Bank Agricultural Development Programme In Nigeria[J]. Social Science Electronic Publishing,2016,2(1):176-187.

⑤　常铁威,郭春丽. 加快我国二元经济结构转换的思考[J]. 宏观经济管理,2002(3):13-19.

推崇以城带乡发展模式，他主要从经济学视角分析研究，认为劳动力也是现代部门与传统部门的分水岭，当劳动力更多分配在现代部门中时，传统部门就会没落，这成为"二元经济"模型建立的基础。① Gustav Ranis 和 John C. H. Fei（1961）对"二元经济"模型进一步研究，并提出改进和完善意见，认为农业领域之所以会有剩余劳动力产生，原因在于农业生产率不断提升，此时农业剩余劳动力便有了向工业部门流入的机会。② Jorgenson D. W.（1961）认为农村劳动力转移会受到技术、市场等因素的影响，发展技术、调整市场机制等有助于农村劳动力更快转移。二元结构转换是多因素共同作用下的结果。③ Harris J. 和 Todaro M.（1970）认为二元结构转换过程中会产生诸多结果，如城市人口失业便是其中之一，而想要解决和应对诸多问题就需要了解其内部原因。④ 他们通过模型计算方式证明了农村居民向城市流动的一个重要动机是预期收入差异，而城市居民预期收入水平本就处于较高层次，他们的向上需求会在农村居民的冲击下难以实现。社会不断发展进步，人们对于城乡关系的认识和理解也在不断深化，城乡一体化概念逐步被提出。T. G. McGee（1989，1991）基于城乡一体化对亚洲一些发展中国家进行调研，指出发展中国家要想改善城乡关系，实现资源和生产要素在城乡之间双向流动是重要途径，这样既能够促进非农业更好发展，也能推动农业"改头换面"，同时城市和农村居民的生活方式、思想观念等也会不断更新。⑤

（四）关于城乡关系制度的探索

在学术界关于城乡关系的研究中，二元经济论占据重要地位。荷兰学者

---

① LEWIS. Economic Development with Unlimited Supplies of Labor[J]. Manchester School Studies，1954，22(2)：23-34.

② RANIS G，FEI J C H. A Theory of Economic Development[J]. American Economic Review，1961，51(4)：533-565.

③ JORGENSON D W. The Development of a Dual Economy[J]. Economic Journal，1961(11)：309-334.

④ HARRIS J，TODARO M. Migration，Unemployment and Development：A Two-Sector Analysis[J]. American Economic Review，1970，60(1)：126-142.

⑤ MCGEE T G. The Emergence of Desakota Regions in Asia：Expanding A hypothesis[A]. // NGINSBURG B，KOPPEL，TMCGEE. The Extended Metropolis：Settlement Transition in Asia[C]. University of Hawaii Press，Honolulu，1991：145-165.

Boeke(1953)是提出"城乡二元经济"的第一人。他将印度尼西亚的社会经济制度作为重要研究对象，并且从二元结构视角深入分析社会结构，将该国的社会和经济划分为现代部门和传统部门。[①] 国外发达国家建立了完善的福利制度，Pijpers R. 等(2016)对此进行研究后发现了共同点，如国外发达国家的福利制度主要集中于乡村文化教育、医疗保障、基础设施等方面，这对于缩小城乡差距有着重要作用。[②] Marcela(2019)比较了城乡之间在政策和制度方面的差异，尤其将对创业活动的影响作为重点分析对象，他认为农村地区的经济发展会受到更多因素的影响，较之城市更为显著，农村的创业活动更是十分稀少。

第三节　城乡融合发展的理论基础

一、马克思恩格斯关于城乡关系的理论

马克思和恩格斯深入研究了如何消除城乡对立这一问题，并从中总结出了城乡关系发展规律，为学术界广大学者研究城乡关系奠定了坚实基础。城乡关系从共存走向矛盾对立时，以城市反哺乡村应成为应对理念，这样能够促进城乡相互促进、相互补充，进而融合。马克思和恩格斯关于城乡关系的理论在新的时代会得到发展创新，列宁针对俄国当时的现状提出了建立城乡联盟的思想，在一定程度上促进了城乡的协调发展。

(一) 从城乡分离到城乡对立，再到城乡融合

在人类文明早期发展阶段，经济落后，社会分工并未出现，乡村和城市的说法也不存在。随着社会不断进步，精神劳动和物质劳动的差异开始显现，那些善于学习的人会走在时代前列，他们不会机械盲目地去劳动，而是不断研发新的生产工具来革新劳动方式，与此同时，生产力也获得提升，这成为城市诞生的必要

---

① BOEKE J H. Economies and Economic Policy of Dual Societies as Exemplified by Indonesia [M]. New York：Institute of Pacifier Relation，1953：24-39.

② PIJPERS R，KAM G D，DORLAND L. Integrating Services for Older People in Aging Communities in The Netherlands：A Comparison of Urban and Rural Approaches [J]. Journal of Housing for the Elderly，2016，30(4)：430-449.

条件，驱动社会发展进入新的历史阶段。马克思和恩格斯曾说过，物质劳动和精神劳动分离后会驱动分工，其中城市与乡村的分离是重要体现。手工业时期，社会分工尚处于初级阶段，此时城市的生产力较为落后，到了 18 世纪后期，机器大工业强势来袭，手工业模式被逐渐取代，人类文明进入机器生产时代。此时期社会分工进一步增强，城市存在感进一步提升，并且在社会发展中的地位日渐提升。大量农村人口开始向城市转移，为城市注入了发展动力。城乡关系由此发生巨大变化，城市主导、乡村附庸逐渐成为常态，进而对社会进步和发展产生阻碍。马克思、恩格斯认为城乡从分离到对立是必然的，要想消除对立，只有人类社会真正实现共产主义才能切实实现，具体到城乡关系之中，着力塑造相互促进、协调发展的新格局应是奋斗方向，同时也要大力发展生产力。

(二) 均衡城乡之间资源要素配置

恩格斯于 1847 年在其著作《共产主义原理》中对城乡融合条件进行分析，认为其包括消除城乡人口分布不均、减少农民和工人阶级的差异等。城乡对立现象被马克思、恩格斯高度关注，马克思和恩格斯立足于生产关系和生产力视角，提出了具体解决方法。第一，促进城乡人口合理分布。资本主义制度之下，大量农村人进入城市，农村出现劳动力缺失情况，农业生产效率受到影响，进而造成农村地区经济发展处于弱势地位，城乡之间出现了很多问题。城乡之间人口合理分布后，能够保证农村经济发展处于正轨，与城市关系逐步缓和。第二，农业和工业要遵循"兼容协调"原则发展。马克思、恩格斯认为农业和工业对于社会生产都有着重要作用，两者不可缺其一，只有共存合作才能为社会生产作贡献，同时两者也能充分受益，进而为破解城乡对立矛盾作贡献。农业和工业存在一定的差异，在实际发展过程中会出现不协调的问题，马克思和恩格斯针对这一问题提出"工业反哺农业"的观点，在协调或缩小城乡差距方面发挥了重要作用。第三，摒弃资本主义生产方式。在资本主义制度下，劳动生产率的提升是建立在剥削工人的基础上，而不是依靠社会生产力的提升。工人付出的劳动与收获并不对等，久而久之便会产生矛盾，而很多工人又是由农村劳动力转化而来，这一矛盾会间接体现在城乡关系之中，使得城乡对立程度更为剧烈。因此要从根本上消除城乡对立，必须从根本上废除私有制。第四，大力发展交通运输业。交通运输业在人们的生产生活中发挥着重要作用，是社会发展的重要支撑。马克思和恩格斯指出交通运输工具得到创新后，农业和工业之间的联系会更加紧密，因此提升社会生产力、促进工业和农业协调发展，国家需要不断革新交通运输技术，并采取国有化方式进行管理，使其切实为整个社会贡献力量。

(三) 以城哺乡促进城乡关系协调发展

马克思和恩格斯对资本主义时期的城乡关系进行了深入分析和研究，他们一方面对城乡对立现象进行深刻批判，另一方面也对城乡分离所具有的积极影响进行肯定。城市和工业想要更好发展，资源供应必须充足，且资源供应必须源源不断，此时农村地区的各种资源和要素向城市集聚能够满足这一条件，但农村本身会因为资源不断减少而致使发展受限。城市强大之后，所具有的先进技术、生产生活方式等会向农村流入，进而带动农村发展，城乡呈现出平衡协调趋势。在资本主义社会，资本家是国民经济的操纵者，这使得城乡分离和对立局面不可能从根本上消除，在以广大人民利益为中心的社会主义制度下，城乡关系可以从根本上产生变化。社会主义制度也要经历从不完善到完善的过程，等到足够完善后，城乡之间的差距就会逐渐缩小。共产主义社会是社会主义社会的终极阶段，在这一社会中城市反哺农村会成为自觉过程，农村的发展始终跟得上城市的脚步，分离与对立便会真正消除。

(四) 先进技术促进城乡协调

城乡之间差异的产生与技术发展不均衡紧密相关，城乡差距也会导致劳动分工不合理。资本主义国家内部矛盾会呈现增大之势，资本家为了自身利益会更加无节制，使得城乡之间的对立更为突出。尤其是资本垄断时期，依托于先进技术的支持，资本家的掠夺会更为迅猛，使得资本高度集中成为常态，这样一来，城市和农村之间的发展会更为割裂，更严重的是，农村经济可能迎来崩盘。资本主义国家城乡分离问题的出现，与上述几种情况直接相关。马克思曾说，发展科学技术才能提升社会生产力，才能推动城乡之间从对立走向融合。只有科学技术的不断提升，才能带动农民生产效率的大幅提升，为农民提供足够的物质保障，农民的精神生活质量才能不断增强。马克思自始至终认为提升农民生产效率是社会发展的重要一环，将先进科技引入农村，才能推动农业现代化成为现实。先进的科学技术还能改善农村的生活方式，同样在消除城乡对立方面有着重要作用。

二、刘易斯等人的二元结构理论

刘易斯(Lewis)是最先提出完整二元结构理论的学者，他认为经济发展会存在近代工业部门和传统农业部门二元结构，其中传统农业部门的劳动力供给具有无限性，当农业部门的劳动力源源不断向工业部门转移时，工业发展将进一步加快，而农业则会走向衰落，这样一来，二元经济会向一元经济转变。[①] 拉尼斯(Ranis)和费景汉(Fei J.C.)认为刘易斯的二元结构性理论存在不足之处，主要体现在没有考虑农业在经济发展中的作用，基于此他们提出工农业的平衡增长观点，认为工业和农业均会对经济发展产生影响。[②] 在这一观点下，城乡结构协调发展有了更多依据，对应模型被称为"刘易斯-拉尼斯-费景汉"模型。戴尔乔·根森采用新古典主义分析法构建了二元经济发展模式，这与上述模式具有一定的差异。该模式中，工业部门的发展与增长要依赖于农业部门，农业剩余劳动力向工业部门转移时，会受到工业部门增长速度和农业剩余劳动力增长速度的影响，农业剩余劳动力增长速度越快时，经济增长也会越快，进而实现一元经济目标。基于此，特鲁因(Terluin)提出更多观点，他认为二元结构是城乡差距产生的重要原因，想要缩小差距，就需要增加农村人力资本投资。[③] 冈纳·缪尔达尔(Gunnar Myrdal)从地理和经济空间视角分析城乡空间二元结构，提出了"循环累积因果理论"，认为某一区域经济发展较快时，发展优势会进一步积淀，而落后地区也会积淀落后因素，出现恶性循环，政府干预能够有效打破这一恶性循环。[④] 约翰·弗里德曼(John Friedman)提出核心外围理论，认为制度和技术对于区域发展而言至关重要，当两者在创新驱动下不断革新时，除了本地区

---

① LEWIS. Economic Development with Unlimited Supplies of Labor[J]. Manchester School, 1954, 22(2): 139-191.

② RANIS G, FEI J C H. A Theory of Economic Development [J]. American Economic Review, 1961, 51(4): 533-565.

③ TERLUIN I. Differences in Economic Development in Rural Regions of Advanced Countries: An Overview and Critical Analysis of Theories[J]. Journal of Rural Studies, 2003(9): 327-344.

④ MYRDAL G. Economic Theory and Under-developed Regions [M]. London: Duckworth, 1957.

得到发展外，周围地区也能被带动起来。① 阿尔伯特·赫希曼（Albert Hirschman）提出"不平衡发展战略"，认为当主导产业足够强大时，能通过关联效应带动其他产业的发展，这样的观点也同样适用于城乡融合中，表现为城市高度发展后，开始带动乡村发展提升。② 弗朗索瓦·佩鲁（Francois Perroux）提出增长极理论，认为区域经济增长会呈现出不平衡状态，增长快的往往是少数，随着规模效应和集聚效应的产生，该区域内的其他经济体也会增长，而新增长起来的经济体会在区域内处于支配地位。③

三、我国关于城乡关系的思想

我党对城乡关系的认识逐步深入，应对之策也在逐步完善。在不同时期，党和政府对城乡关系适用的政策存在一定的差异，通过梳理分析后，能够了解其中的逻辑演进主线，为新时代城乡融合发展提供有效借鉴、参考。

（一）工农并举、城乡兼顾的城乡关系思想

中华人民共和国成立时一穷二白，党和国家面对这一局面，将解决人民温饱问题和工业化建设作为重要入手点。我国是农业大国，在近代时期饱受帝国主义欺凌，农业体系被摧残，国民经济处于崩溃边缘。要想将国民经济从崩溃边缘之处拉回来，解决农业问题是首要任务。农业生产正常后，粮食产量就会增加，民心才能稳定。当时我国工业产值在国民经济中的占比极低，国家要想变强，要想摘掉贫穷落后的帽子，就要大力发展工业，将我国从农业国家转变为工业化国家。苏联作为社会主义带头大哥，其工业化水平在当时位于领先地位。我国便将苏联作为借鉴对象，制定了一系列发展重工业的战略规划。当时我国发展重工业所需要的资源很大一部分由农村供应，将农业剩余劳动力转移到工业建设中便是其中的重要途径，这为重工业建设不断推进提供了有力支撑。当时党和国家制定

① FRIEDMAN J. Regional Development Policy：A Case Study of Venezuela[M]. Cambridge：MIT Press，1966.

② 阿尔伯特·赫希曼. 经济发展战略[M]. 曹征海，潘照东，译. 北京：经济科学出版社，1991.

③ Perroux F. Economic space：Theory and applications[J]. The Quarterly Journal of Economic，1950（1）：89-104.

的相关政策大多是从工业和城市发展角度提出，但也没有粮食生产重要，国家领导人深刻意识到粮食生产是国家稳定的重要前提，如果粮食生产不能保证，其他领域的发展都会受到严重影响。因此工业与农业并举的理念被提出。在这一理念指导下，城市和农村发展得到统筹兼顾。农业是基础，是经济发展的血液，农业需要农民，而农民是中国革命的主力军。正是基于这样的认识，在中华人民共和国成立初期的建设中我国才能做到工业和农业、城市和农村的统筹兼顾。遗憾的是，当时党和国家对社会主义建设缺少经验，客观上存在急于求成的心态，未能彻底贯彻"工农并举、城乡兼顾"理念，造成工业和农业、重工业和轻工业发展之中出现较严重的比例失衡问题。即便如此，工农并举、城乡兼顾的思想理念对此后一段时间的国家建设发挥了重要指导作用。

（二）工农互支、城乡互动的城乡关系思想

安徽省凤阳县小岗村最早实行家庭联产承包责任制，成为改革开放的先行者。农村地区是我国对内改革的重要入手点，新中国成立以来以城市为中心的政策趋向导致农村发展受到极大阻滞，农民迫切需要改革来谋生存、谋发展。国家领导人对家庭联产承包责任制十分支持，并对当时社会上存在的质疑声进行了回应，认为这种做法并不会冲击集体经济，因为该做法仍然遵循社会主义相关原则，依然是为社会主义经济发展作贡献。农民生产自主权得到强化后，生产积极性大幅提升，农村面貌焕然一新。农产品流通关系农业生产状况，国家领导人认为统销统购已经过时，因为农产品在农民火热的生产热情下更加丰富。之后统销统购政策便被取消，接着在1985年又将统购、派购制度完全废止，开始推行合同定购、市场收购等方式。农业所能获得的支持更加多样，技术、资金应有尽有，这样一来，农业现代化水平不断提升，所带来的经济效益也达到更高层次。此时，农业对于工业的推力更为巨大。工业与农业相互支援，比例协调、均衡发展逐步成为现实，使得国民经济增长处于良性模式下。工业发展是城市发展的基础，农业发展是农村发展的动力，工业和农业相互支持，城市与农村都能从中获益，城乡差距必然会不断缩小。工业与农业是两大支柱产业，城市和农村是两大社会主体，彼此之间融合共进后，将能够演绎出更精彩、更和谐的发展画面，进而为我国城乡发展关系优化提供有效支撑。

（三）统筹城乡发展的城乡关系思想

21世纪的国际社会焕然一新，不断有新情况涌现出来。我国没有闭门造车，而是勇于面向世界，这为社会主义市场经济体制的建立和完善提供了有力支撑。同时，我国也对自身实际情况高度关注，当前我国是农业国家、人口大国的现状依旧没变，农业作为我国基础产业的事实也不会变化，加大对农业的支持、巩固农业的地位极为必要，这是应对与农业相关一系列问题的重要基础。抓农业是必需的，全面发展与腾飞也是重要使命，而城市与工业作为全面发展与腾飞的重要入手点，必然也要得到大力支持，因此工业与农业、城市与农村必须得到统筹规划。城乡统筹并不是简单做出统筹规划，还要国家从长远发展层面进行审视，将城市和乡村放在更长远层面进行探讨，其中明确城市和乡村存在的问题和矛盾是极为必要的，只有这样，城乡统筹才能更具针对性，才能切实推进城市和乡村的共同发展和进步。农业的基础性定位不能有一丝一毫的动摇。农村远离市场，发展速度较慢，同时政府扶持也存在不到位的情况，这造成农民收入处于较低水平，增收难度较大。据统计，我国农民从1997年开始便出现收入严重不足问题，并且连续6年没有实现增长，使得城乡居民收入差距不断拉大。[1] 农民要增收，但如何做还需要细细思考。我国政府在重要会议上多次强调应把农业放在经济工作首位，以此带动农村深化改革，实现农村经济发展和农民收入增加的目标，此时帮扶农业是重要举措，帮扶的目的不仅是引导相关生产要素向农业流动，更重要的是促进农业经营模式转变，能够以自主之姿去谋发展、谋未来，只有这样农村的落后面貌才能彻底改变，城乡差距才能一步步缩小。

（四）以工促农、以城带乡的城乡一体化发展思想

党的十六大上首次提出"统筹城乡经济社会发展"理念，之后该理念随着实际情况变化得到丰富和发展。2004年，国家以"多予、少取、放活"为方针指导"三农"工作，目的是帮助农民快速增加收入，不断缩小与城市居民的差距。"多予"指的是向农业、农村投入更多，其中政策针对性倾斜是重要手段；"少取"指

---

① 江泽民.高举邓小平理论伟大旗帜把建设有中国特色社会主义事业全面推向二十一世纪——在中国共产党第十五次全国代表大会上的报告[M].北京：人民出版社，1997：28.

的是减小索取力度，尽可能降低农民负担；"放活"是指党中央出台更多激发农民活力的政策，让农民在农村建设中更有动力，同时也能更好地增收创收。2006年1月1日，《中华人民共和国农业税条例》被废止，标志着我国两千多年的种田纳税制度成为历史，也标志着社会主义新农村以新的面貌出现。2006年，和谐社会建设目标被提出，具体到农业农村发展中，通过完善体制改变二元结构成为重要做法，其中社会保障体制发挥关键作用。社会保障体制能够充分保护农民利益，同时城乡人力资源劳动力市场也以公平、公正为追求，确保农民能够获得公正对待。2007年，党的十七大进一步深入阐释以工促农、以城带乡的深刻内涵，并基于此提出要建立行之有效的长效机制，促成城乡一体化的新发展格局得以形成。2008年，党中央对农村问题应对工作中做出的成绩给予了肯定，并进一步重申以工促农、以城带乡的指导思想，指出城乡一体是根本目标。2011年，党中央将强农惠农富农支持政策融入"十二五"规划，成为建设新农村的指导理念。2012年，党的十八大报告指出城乡一体化是解决"三农"问题的根本途径，必须加大力度完善城乡一体化相关体制机制。

（五）工农互促、城乡互补的城乡融合发展思想

党的十八大以来，我国在城乡一体化发展方面投入更多精力，并且基于出现的新情况和新要求，构建了新的体制机制，以及进一步完善政治体系，从工业为主导转型为工农互促，以城带乡也转型为城乡互补。首先，城乡资源要素融合是城乡融合的重要前提。长期以来，我国城市和乡村在二元体制下分离，乡村长时间处于弱势和被动地位，而城市则占据绝对优势地位，各种要素从乡村流出，而很少有要素回流至乡村。这样一来，乡村发展脚步受到阻碍，城乡不平衡成为必然。新时代，城乡融合之路被提出，该路径将打通资源要素流动渠道作为重点，目的是促进资源要素双向自由流动，进而扭转城乡之间的不平等关系，以平等之姿去发展。资本、人力资源、劳动力等生产要素在城市和乡村之间可以畅通流动时，发展阻碍才会消除，与此同时，这些要素也要得到宏观调控，确保其在市场规律下实现良性运转。人才十分重要，没有优秀的人才队伍，工作效果就会大打折扣。除了优化人才培养模式外，还要在人才引流方面进行革新，为农村获得更多优秀人才提供支持。2019年召开的中央全面深化改革委员会第6次会议上，《关于鼓励引导人才向艰苦边远地区和基层一线流动的意见》审议通过，文件号

召人才到艰苦地区和基层一线去锻炼，同时提出要不断完善激励保障机制为人才成长提供支持。资本、技术、财政等方面要发挥带动作用，如在乡村地区引入金融资本、社会资本等，为乡村创新创业活动注入资金和其他资源，同时也要针对农村去构建和完善金融服务制度，让农村地区可以获得资金支持。

其次，产业融合是城乡融合的重要支撑。经济发展归根结底要依靠产业，城乡产业如果能得到合理布局，城乡经济之间也能建立密切联系，为更好地融合打下基础。恩格斯认为城乡产业存在差异是由社会分工造成的，并且还会因此分离和对立，面对这种情况，产业布局既要考虑工业发展需求，也要将农业作为规划入手点，统筹规划下使得工业生产和农业生产各自发展，并且互有支撑。在2017年党的十九大报告和2018年中央一号文件中，均有城乡融合的内容，其中重点强调要将农村产业作为融合发展对象，并将其置于融合发展体系之中。

再次，空间融合是城乡融合的重要基础。空间融合内涵深刻，并不是将农村直接变成城市，而是要以城市和农村发展诉求与发展情况为依据，构思空间融合策略，包括重新布局城乡空间，以及通过完善基础设施建设来扩大农村享受更高质量的公共服务空间。2018年党中央提出乡村振兴战略，其中提到要统筹城乡发展空间，以重塑城乡布局结构为目标，充分体现了党和国家对于城乡关系的高度重视。

最后，体制机制融合是城乡融合的重要保障。城乡二元制度导致城乡对立情况愈发严峻，农村与农民的利益受到很大伤害，城镇化进程也受到阻碍，因此相关机制体制必须革新。在土地方面，农村土地制度要改革完善，保障农村农民合法权益不受损害；在户籍方面，城乡二元户籍制度要逐步取消，以城乡统一户籍制度去管理人口，使得城乡人口流动更为自由。体制机制的融合能为城乡融合起到引导和保障作用，并且也能为具体制度安排打下基础，相关工作更好围绕体制机制去开展。

第四节 我国城乡融合发展进程

一、党百年探索城乡融合发展的实践进程

中国共产党对于城乡关系的探索已有百年历史，在这一过程中，中国社会形

态不断变化，探索结果也会随之而变，目的是为中国式现代化发展提供更强助力。从历史发展层面分析，中国共产党对于城乡融合发展的探索分为四个阶段，分别是以农村为依托的救国阶段、从农村到城市的兴国阶段、城乡统筹发展的富国阶段、城乡融合发展的强国阶段。

（一）以农村为依托的救国阶段：新民主主义革命时期党探索城乡关系的实践（1921—1949）

1921 年到 1949 年，中国人民经历了太多苦难，有封建主义的剥削，有帝国主义的压迫，这一时期的城乡关系总体呈现出对立特征。一方面，苏联爆发十月革命后，我国以陈独秀、李大钊为代表的仁人志士深受影响，创立中国共产党。刚创立时，苏联是榜样，中国共产党的很多做法效仿苏联，如发动城市工人搞工人运动便是其中的典型，此时我国的工人其实并不多，农民人口占据更大比例，因此这一时期的中国共产党总体而言忽视了农民这一重要群体，对城乡发展模式并不了解。另一方面，帝国主义妄图占领和统治中国的大城市。当时残存的封建势力与买办资产阶级甘当帝国主义的帮凶，对城市居民、农村居民进行残酷剥削。这一时期，城市吸血乡村、城市居民压榨农村居民也是一种常态，城乡矛盾极为尖锐，城乡之间的分离与对立是必然的。由于城市中的反革命力量十分强大，初创时期的中国共产党很难与之对抗，于是不得不重新思考革命道路。1927年，国共第一次合作彻底失败，以毛泽东为代表的中国共产党人从中吸收失败教训，认为在半殖民地半封建的社会现状下，革命的阻力异常巨大，此时我国的经济依然以自然经济为基本经济形式，因此农村力量开始被发掘。事实证明，正是由于农民力量得到调动，革命之火才能不熄灭，"农村包围城市、武装夺取政权"的道路才最终走通。1949 年，以毛泽东为主要代表的中国共产党人在党的七届二中全会上提出党的工作重心转移的方针，并将改变城乡对立关系作为重要工作，开始探索社会主义发展要求下的城乡融合发展道路。

城乡关系作为影响团结和稳定的重要因素，成为我党不断深入探讨的重要内容，目的是正确对待和处理城乡关系。党对城乡关系的探索，促使我党认识到农民群众在中国革命中的重要地位。毛泽东指出，在半殖民地半封建社会中，乡村会被外国帝国主义和本国买办大资产阶级掠夺。国民大革命失败之后，我党确定了城乡工作方略，将建立农村根据地作为重要任务，目的是为后续实现"农村包围城市"这一目标打下基础，最终夺取城市的领导权。瞿秋白在对苏联考察之后指出，社会主义社会的创建离不开财政、技术等因素支持，而乡村对于这些因素的需求较低，能够率先稳固并发展。土地革命时期，我党意识到城市虽然繁华，但占地面积却不如乡村，如果能在广大乡村扎根立足，所获得的资源会超过城市，正是这样的思想为后续"农村包围城市"革命道路的确立打下了基础；抗日战争时期，毛泽东曾经提出"节制资本"和"平均地权"的经济纲领，目的是让每个农民都有土地可耕，这样便能极大激发农民的积极性，激发农村经济的内在发展活力；解放战争时期，我党已经占领部分城市，此时毛泽东指出"城乡必须兼顾"，要求管理城市和管理乡村同时进行，缺一不可。

(二) 从农村到城市的兴国阶段：社会主义革命和建设时期党探索城乡关系的实践(1949—1978)

中华人民共和国成立后，我党在借鉴苏联发展经验的同时，也持续研究和探讨城乡关系，认为城市和乡村要紧密联系起来，通过统筹兼顾使双方均获得良好发展，而不能只着眼于城市建设。这样的思想认知为土地制度改革提供了有力支持，也推动了农业、手工业、资本主义工商业等的更好改造，使得我国原有的农村土地制度得到革新，内部弊端被破除，城乡关系对立程度大幅减轻，为我国工业化发展打下了良好的基础。社会主义改造完成后，国家领导人对农业、轻工业、重工业三者的关系重新定义，确定工业化建设处于中心地位，其他产业则要提供支持，即农业为工业充当后盾。农业发展并没有落下，此时期我国兼顾工业和农业的共同发展，城乡发展也在协同道路上不断推进。党的八大之后，忽略实际一味求快的做法使得社会主义建设偏离正轨，城市和乡村也受其影响，由兼顾发展变成分治发展，成为城乡二元结构形成的推手。户籍制度建立后，城乡二元结构进一步稳固。在这一时期，农村与城市不再平等，农村成为城市工业建设的附属，大量农村资源流入城市。城市获得迅速发展，农村却停滞不前，两者差距逐步拉大。总而言之，我国城乡关系经历了由对立到兼顾再到分治三个阶段，一方面体现出我党对城乡融合有着较深认识；另一方面我国在社会主义建设初期由于缺乏经验，城乡融合方面并没有获得良好成绩，造成"城乡分治"成为主流。但不可否认的是，虽然城乡关系在这一过程中被推向对立，但为社会主义现代化建设作出的贡献也是不能忽略的。

中华人民共和国成立之后，我党对城乡关系的探索没有停止，只是工作重心发生变化，过去围绕农村去建设和发展，而现在则以城市为中心。在这一阶段，国家领导人多次强调要处理好重工业、轻工业、农业三者之间的关系。1958年，《中华人民共和国户口登记条例》正式颁布，这成为城乡之间劳动力流通的阻碍，尤其是农村劳动力向城市流动时会遇到很多阻力。户籍制度的制定对于公民管理而言十分有利，但的确在一定程度上使得城乡二元结构进一步加剧。社会主义革命和建设时期，我党对城乡关系的探索主要围绕两个目标，一个是从政治层面寻找维护社会稳定的路径，另一个是从国家工业化建设层面寻找建设路径。在这两个目标的引领下，城乡建设发生很大变化，失衡现象开始出现。城市建设如火如荼，据统计，当时我国城镇化率从1949年的10.64%增长到了1960年的19.75%，① 而乡村建设却鲜有成绩，户籍制度、统购统销政策等均为其原因构成。

（三）城市统筹发展的富国阶段：改革开放和社会主义现代化建设时期党探索城乡关系的实践（1978—2012）

1978年，党的十一届三中全会召开，彻底否定"两个凡是"的错误方针，重新确立了党的实事求是的思想路线，决定将全党的工作重点和全国人民的注意力转移到社会主义现代化建设上，提出了改革开放的任务。在这一阶段，我国城乡关系发生巨大变化，随着农村家庭联产承包责任制推向全国，农民与农村的活力被大大激发；农民进城务工渠道也更加顺畅，农村剩余劳动力开始向城镇转移，这不仅促进了城乡之间劳动力要素的流动，还为城乡居民就业问题的解决提供了支撑。城乡关系趋向于稳定，这对于我国现代化建设有着重要意义。实践是检验真理的唯一标准，单一的计划经济体制的弊端阻碍了我国经济建设进程，在实事求是的思想引领下，我国开始试行市场经济体制。这一体制更为灵活，市场调节作用更为客观，一时间激发了各类主体的发展热情和创造活力。城乡要素流动变得更为频繁，城乡关系进一步优化。但与此同时，城乡差距也在不知不觉中被拉大，城市和乡村之间存在的不平衡矛盾逐步积淀。此时期城乡差距拉大主要是因

① 张露，罗必良. 中国工农城乡关系：历史演进、基本经验与调整策略［J］. 中国农村经济，2023（6）：2-21.

为工业和农业所展现出的生产力水平有着较大差距，加之工业化助推我国不断向现代化方向发展，而农业却还以传统模式为主，这样一来两者的巨大差距便切实形成。不过这也符合"让一部分地区一部分人先富起来"的战略要求。进入21世纪后，社会生产力在新型科学技术的推动下大幅提升，人们的物质生活水平水涨船高，小康生活在向我国广大人民招手。但城乡之间存在的巨大差距却逐渐显露出来，造成"三农"问题更加严峻，城乡二元结构矛盾进一步凸显。面对诸多问题和矛盾，我党将应对"三农"问题放在重要位置，并积极探索行之有效的应对策略。在党的十六大报告中，"统筹城乡发展"概念得到提出；党的十六届三中全会上，"五个统筹"战略构思被提出，其中城乡统筹处于首位，由此我国城乡关系从城乡兼顾转变为城乡统筹。科学发展观成为我国发展大计的战略思想，具体到城乡统筹大计中，农村税制改革、农村社会保障体系建立等措施为乡村人民切实减轻了负担，城乡差距也逐步缩小，在一些领域，城乡基本实现协调发展，城乡关系有所缓和，并且二元结构弊端被有效破解。西方发达国家走的是大城市建设策略，我国目前仍处于社会主义初级阶段，全面建设大城市的条件尚不成熟，因此建设小城镇发展理念得到提出。小城镇是乡村和城市之间的连接带，能够为两者关系的发展与转变提供缓冲空间，也能充当中间转换者，如农村剩余劳动力能进入小城镇，这既能满足农民进城务工的要求，也能缓解大城市社会治理和公共服务的压力，有利于调和城乡关系，也为两者更好地互动提供有力支持。

1978年是改革开放帷幕拉开的起点，也是社会主义现代化建设的关键节点。在这一阶段，我国城乡关系不断变化，1978年到1984年，城乡对立关系有所缓和，好转趋向明显；1984年到2003年，由于城乡差距不断扩大，城乡关系又开始冲突不断；2003年到2012年之间，城乡统筹发展被提上战略日程，成为调整城乡关系的重要抓手。1978年党的十一届三中全会后，党和国家将农村作为重要的改革场所，如安徽省凤阳县小岗村是第一个试行家庭联产承包责任制的乡村，在实行家庭联产承包责任制之后，农村居民获得土地经营权，生产积极性空前提升，由此带来了土地更好管理、农产品质量更高等效果。试行成功后，该制度开始在全国推行。到了1983年，人民公社走到了尽头，乡村经济活力被进一步释放，农村要素向城市流动更加合理。这一时期的乡村改革如火如荼，且成效十分显著，城乡二元结构的封闭限制作用弱化，使得城乡关系趋于好转。1984年，《中共中央关于经济体制改革的决定》于党的十二届三中全会上通过，标志着党和国家的工作重心由乡村向城市转移，工业化和城镇化建设成为主要任务。在国家政策引领以及市场机制影响下，城乡关系好转趋势戛然而止，具体到要素流动方面，呈现出显著的单向度特征，据统计，在 1978 年到 2012 年之间，我国城镇常住人口由 1.72 亿增加至 7.12 亿，说明生产资源、劳动力、市场等要素大幅向城市转移，而乡村地区则一直处于亏损状态。城乡差距不断扩大，城乡关系开始出现恶化。在党的十六大上，"统筹城乡经济社会发展"得到提出，目的是建立统筹一体的城乡关系，避免出现城乡过于对立的情况，对经济社会发展产生不利影响。

（四）城乡融合发展的强国阶段：中国特色社会主义新时代党探索城乡关系的实践（2012 年以来）

党的十八大召开之后，以习近平同志为核心的党中央更加重视农村建设和发展，并且将城乡发展一体化作为重要战略。城乡发展一体化是"三农"问题得到解决的根本途径，也是工业化、城镇化、农业现代化发展到一定阶段的必然要求。党的十九大上，乡村振兴战略被提出，其中重点强调构建城乡融合发展体制机制，为更好地实施乡村振兴战略创造良好条件。党的二十大确定了中国共产党新时代的新任务，包括建设社会主义现代化强国、全面推进中华民族伟大复兴等，其中重点指出当前城市与乡村之间存在的发展不平衡问题会成为完成任务的重大阻碍，因此必须解决城乡发展不平衡的问题才能切实完成任务。城乡融合发展举措的提出标志着我国城乡关系进入融合发展阶段。

城乡融合发展是探索城乡关系的新方向，也是中国式现代化建设的重要推动力量，更是城市和乡村获得高质量发展的重要举措。党的十八大以来，关于城乡关系的探索便不断深化。党的十八大召开时，党和国家将城乡发展一体化作为"解决'三农'问题的根本途径"；党的十九大召开时，党和国家提出"建立健全城乡融合发展机制体制和政策体系"的要求；2021 年，《中华人民共和国国民经济和社会发展第十四个五年规划和 2035 年远景目标纲要》中，对城乡融合发展机制体制做出更深入规划和部署，旨在驱动城乡融合向更深更实方向行进；党的二十大报告中，城乡融合被系统阐述，其中畅通城乡要素流动成为促进城乡融合的重要要求。在这一要求下，城乡关系得到重新审视，功能互补、协调发展、共同富裕成为关键词。

我党对城乡关系的探索从来没有止步，到今天认识愈加深刻，同时行动上也做到了统筹兼顾，并且立足于国际视野，我国城乡关系所取得的成就极具中国特色与中国风格，突出表现在规划布局、要素配置、产业发展、公共服务、生态保护等方面融合共进。

二、中国城乡融合的运行机理

(一) 中国式现代化进程中城乡融合发展的系统设计

在城乡融合发展的系统设计过程中，应将城市和乡村两大空间场域充分融入，这样有利于全面、系统地研究和规划相关要素，对于模拟出要素流通场景具有重要意义，除了要素流通外，结构交互、功能互补等也能通过同样的过程得到构建，进而全面呈现城乡之间的循环运行态势。系统设计要遵循主线要求，城乡之间的联动与传导会受到要素、结构、功能等因素的影响，而这些因素又会以某种联系关联到一起，从而形成城乡关系运行主线。当系统设计在主线要求下进行时，城乡之间要素流通、结构交融、功能互补等方面存在的问题和壁垒就会被充分揭示，为后续针对性解决问题提供依据，进而促进城乡融合发展系统稳定运行和达到良性循环效果。城乡融合发展系统也会经历演进过程，这意味着不同阶段的城乡融合发展系统所具有的合理性和适应力存在差异，因而在进行系统设计时，要清晰界定具体处于哪个阶段，才能支撑实际行动更加规范化，促进城乡融合走深走实。

(二) 中国式现代化进程中城乡融合发展的运行模型

在系统论分析框架下，城乡融合发展要想达到良性运行水平，如城乡发展步调统一、发展效果转换效率高等，必须通过内部多个环节实现良性协同和配合。按照系统论的说法，则是系统输入、平台整合、系统输出等多个环节要良好耦合和联动。为此，城乡融合发展过程中，深化认知十分重要，只有如此才能对整个运行过程进行科学解构，进而对融合发展运行机理切实掌握。运行模型在进行系统分析时，目标、主体、过程是三个重要的分析维度。第一，明确城乡融合发展运行模型的输出目标。该运行模型要以城乡融合发展、城乡共同富裕等为输出目标，并且围绕目标设计运行系统时要形成闭环，这样才能保障运行的稳定性，避免出现随机输出和程序混乱等问题，进而确保输入指令与输出成效达到一致。第二，充分发挥城乡融合发展运行模型执行主体的作用。党和国家、人民群众是运行模式的执行主体，在系统运行与系统优化中发挥重要作用。执行主体需要选择相对应平台然后进行输入，如果输出成效不符合预期，则要对系统设计进行重新反思和研究，直到执行主体指令输入与输出成效达到一致。第三，明确城乡融合发展运行模式的推进策略。城乡融合发展要经过层次衔接过程，具体到运行模型中，系统输入、系统输出、进行反馈等是重要层次类型，它们之间应该按照相应框架联动运行，同时为了提升运行效率，还要设计相关程序来保障运行过程以减少隐性和显性障碍，进而避免不同要素之间产生冲突而造成效能内耗，促使城乡融合发展获得更优成效。

三、新时期我国城乡融合发展的关键任务

(一)优化县域城乡空间融合地域系统

城市占据中心地位并不是当下之事，而是过去一段时期长期如此，归根结底是二元发展战略所造成。乡村作为城市的附庸，弱势地位昭然若揭，这形成了城乡之间的巨大鸿沟，使得城乡空间关系出现不平等、不均衡现象，进而对要素资源流动效率产生不良影响，体现为城乡发展不能同步、空间结构分化明显等。城乡融合系统在空间层面包括地域、市域、县域三个层次，不同层次之间是动态联动关系，如果能立足于此搭建行之有效的城乡要素流动和互通空间，则有利于找到城乡发展效率和公平之间的平衡点，有利于城乡均衡性发展成为现实。县域处于"承上启下"位置，一方面与广大乡村地区相连接，另一方面与城市相连接，因此县域天然具有沟通优势，比如在要素流动中，县域发挥着中间要素转移作用，城市和乡村也能借助县域在要素流动中更好地处理相关问题，促进交融结果更加深入有效。从宏观上看，县域是政策制定场域，从微观上看，县域是政策实施场域，发挥着整合资源和稳定秩序的重要作用，因此县域在国家治理中处于重要位置。如果能进一步优化县域空间系统，它的作用将得到更充分发挥。城乡融合要建立在要素双向流动的基础上，这是良性循环的基本要求，而具体到县域空间系统应用中，要素流动需要以县域单元为枢纽，县域单元是现实中构建行之有效空间节点的关键，能够为广大农村输送要素提供便利，同时也能向城市有效输

出。在空间节点规划中，建立多层次组织体系十分必要，原因在于多层次组织体系能塑造具有不同分工的空间布局，要素流动会更有针对性，配置效率能达到更高层次。

(二)推进农业转移人口梯度市民化

2022年，我国常住人口城镇化率达到65.2%，同比增长速率出现放缓态势，这说明我国城镇化建设进入减速阶段。[①] 基于人口迁移理论，这一阶段中，乡村迁移至城市的人口基本上会稳定存在于城镇系统中，不会再发生逆向迁移。城镇人口不断增多，人口质量会成为城镇化发展质量的重要影响因子。在2020年召开的中央农村工作会议上，习近平总书记强调要不断健全城乡融合发展机制体制，其中促进农业转移人口市民化是重中之重。人口是重要生产要素，人口质量越高，所能提供的生产动力也会越强。我国是人口大国，在现代化建设视野下，不仅要追求农业、工业、服务业等产业达到更高现代化水平，人口素质也要符合现代化要求。这也是中华民族伟大复兴的必然要求。人是核心，城镇化战略要始终围绕人进行规划和开展，农业转移人口要想达到更高素质，需要做好有序融入工作以及转型工作，这是当今时代我国推动城乡关系转型升华的重要路径，也是城乡融合发展的必经之路。人口质量会决定劳动力质量，劳动力质量越高，在劳动力配置时就越顺利，城乡发展也能获得更快、更有效的支持。劳动力人口由农村向城市迁移是推动城镇化进程的动因，而伴随劳动力一起而来的还有其他要素，并且相互之间交织融合，使得劳动力的影响力更为突出。在"十四五"时期，构建以国内大循环为主体、国内国际双循环相互促进的新发展格局是重要目标，而在国内大循环之中，县域农民逐步实现市民化、农村人员实现城镇化等，对于释放内需、提升县域消费能力具有重要意义，有利于国内市场良性运转，而具体到乡村振兴战略中，新的动能从市场中而来，城乡融合和城镇化建设将得到更有力支持。

当前城镇化发展仍然面临二元结构所造成的诸多问题，如城乡之间、不同群体之间存在发展不平衡现象，农业转移人口市民化由于机制壁垒而受到阻碍，发

---

① 王萍萍.人口总量略有下降　城镇化水平继续提高[EB/OL].(2023-01-18)[2024-08-23].中国经济网.http://www.ce.cn/xwzx/gnsz/gdxw/202301/18/t20230118_38353400.shtml.

展成果做不到全面共享、农村土地三权退出效率较低等。面对这些情况，农业转移人口往往只是在户籍上得到改变，却没有真正实现市民身份转换，并且由于农业转移人口自我发展能力存在不足，依旧在身份藩篱中挣扎徘徊，进退两难。要想推动农业转移人口身份层次的彻底转变，需要做好质的提升工作，如对当前机制体制进行革新和调整，将其中的弊端充分破除，确保农业转移人口市民化有着配套政策的全程指导和服务，尤其是土地三权（所有权、资格权、使用权）分置和土地流转机制全面到位，这样才能促进城乡人口更为自由畅通地流动。

市民化进程是缓慢的，不能太过功利化，否则会引发不稳定因素。农业转移人口市民化要分阶段、分类型逐步推进，连根拔起的做法并不合理，过于急促的市民化进程容易在短时间内改变农业转移人口与农村的关系，让他们向前不能与城市良好融合，向后不能回到农村重操旧业，这样一来，农业衰退、农村空心等问题便会接踵而至。在县域范围内，划分出城区、特大镇、特色小镇等更细致的目标区域，然后向目标区域转移人口，转移并不是简单的空间转换，还要做好转移人口的市民化工作，为后续转移人口进入更大城市打下基础，同时县域内的乡村振兴和城镇化衔接也会获得有力支持。户籍制度和福利制度也要得到改革，并且结合实际情况推出多元化配套策略，切实推动户籍制度与福利制度完成剥离，这样既能够推动县域城乡融合发展，也能为城镇化人口获得更充分发展空间提供支持。

（三）统筹乡村振兴与县域城镇化

乡村振兴战略以乡村为建设对象，在具体实行中，要基于实际情况设定具体目标、实施策略等，进而切实推动农村农业可持续发展。乡村振兴战略与城乡融合有紧密联系，城乡融合是乡村振兴战略的重要目标之一。目前，我国城乡经济社会正处于转型时期，很多方面不够成熟，问题不断出现，如生产要素流动效率低、公共资源配置不到位等。面对问题，构思解决之法是应有之义，但在构思过程中，城乡融合应成为指导思想，目的是推动城乡经济发展向着更大规模、更深层次、更高水平进发。县域是城市与乡村的衔接地带，在推动工业化和城镇化方面作用巨大，同时也是城乡融合的重要纽带和载体。党的十九届五中全会上，县域被重点点名，强调要将县域作为城镇化建设的重要载体。2021 年中央发布的"一号文件"中也着重强调县域要在内部不断寻求城乡融合发展的有效路径，积累经验，为县域在更广范围的城乡融合中发挥更大作用打下基础。2022年5月，中办、国办印发的《关于推进以县城为重要载体的城镇化建设的意见》中也对县域的连接城市、服务乡村的作用进一步点明，希望县域能在推进城乡融合发展中贡献力量。由此可见，县域是乡村振兴战略实施的重要载体，也是城乡融合发展的动力来源。县域是乡村的上一级，立足于城乡融合要求，乡村振兴作用对象、目标、内容等要与县域城镇化实现契合，这样能进一步拉近县域与乡村的联系。县域内乡村振兴与城镇化协同发展，这是中国式现代化建设中的亮丽风景，也是打造新型城乡关系，推动城乡地域功能整体优化的重要切入点。但当前我国中西部大部分地区仍然处于欠发达状态，县域经济相对滞后，空心化问题较为突出，这使得县域城镇化与乡村振兴基础薄弱。产业发展是城乡发展转型的重要动力，并且是关键的内生动力，因此乡村振兴与县域城镇化相统筹，需要将产业发展放在重要位置，相关工作都要围绕产业以及与产业相融合来开展，如乡村振兴中所建立的产业体系要做到以农民为主体、以农村资源为依托，只有这样产业发展才能真正让农村与农民受益。县域发挥带动作用，要善于整合内在生产要素，并通过合理途径实现生产要素的良好流动，促进生产要素由城市向农村流动时达到高品质标准，而不是一些"边角料"，那样才能切实为农村发展注入动力，使得乡村产业做到与时俱进，与城市产业建立交叉、融合、渗透的关系，进而推动乡村产业融入城镇化进程中。要素流动机制要及时更新，做到与时代发展同步，同时也要足够明晰，能够为城乡要素整合和双向流动提供明确指导。

（四）推进农业农村现代化

"三农"问题不容忽视，如果不能切实解决"三农"问题，就会对社会稳定产生不利影响，因此党和国家时刻保持着关切，并不断出台政策文件来为"三农"问题的解决提供政策支持。进入21世纪之后，农业农村进行了多次改革，如农业税减免、推行新农村建设、城乡统筹、城乡一体化、城乡融合发展等，这些改革都是立足于建设现代化农业强国，以彻底改变农业农村面貌为目标。近几年来，脱贫攻坚战持续推进，乡村振兴战略不断部署，农业方面取得了令人瞩目的成绩，如农业科技水平达到更高层次，所带来的是农业产值的巨大飞跃，也让农民的生活水平大幅提升，同时乡村发展环境更加优良，这都标志着中国特色农业农村现代化逐步成形。有成绩同时有不足，比如农业整体水平仍旧与国际先进水平存在差距，有学者总结为"大而不强"；农村基础设施与公共服务需要进一步夯实，才能让农民获得更高品质的服务；城乡差距依旧较大，距离共同富裕仍旧较远；农村生态环境遭到破坏，变得较为脆弱。这些不足会带来诸多挑战，只有继续应对才有出路。当前我国正处于向"第二个百年奋斗目标"奋进之际，努力实现中华民族伟大复兴是重要任务，而国际局势却是复杂多变，面对这样的局势，农业农村现代化要切实夯实基础，只有这样才能将基础打牢，才能动力十足，中国特色社会主义现代化建设才更有活力。目前城乡发展不平衡是客观事实，要想打破这一局面，农业农村现代化是重要途径。在这一过程中，农业和农村不仅能够焕然一新，城市也能从中受益，而最终城乡关系也会得到改善，贫富差距也将进一步缩小，共同富裕的实现便会在不远之处。农业农村现代化要全面着手，而不是只重视农业现代化，人的现代化要成为重中之重，因为人是乡村治理和发展的执行主体，只有人的意识到位、能力到位后，物的现代化便是水到渠成。具体到农业农村现代化中，产业融合、基础设施建设、公共服务打造、人居环境塑造、农民生活方式更新、乡村治理模式革新、城乡要素市场创新等是重要事项，不同事项需要专业人才去开展推动，才能获得更好效果，才能为实现农业现代化、农村现代化、农民现代化打下坚实的基础。

第二章　我国城乡融合发展的现实状况

城乡融合要走综合化道路，精神建设和物质建设缺一不可。本章对我国城乡融合发展现状加以分析，阐明我国城乡融合发展的基本特征，探析我国城乡融合发展的现实问题，分析影响我国城乡融合发展的多元因素。

第一节　我国城乡融合发展的现状分析

一、我国城乡融合发展的现状

(一) 人口流动现状

据统计，2023 年末，我国人口将达 14.1 亿人，如此大的人口规模在城乡融合发展中会产生巨大影响，想要做好融合工作，必须精准把握人口要素流动特征。根据我国第七次人口普查数据，我国人户分离量高达 49276.25 万人，流动人口为 37581.68 万人，与第六次人口普查相比，分别增长了 88.52% 和 69.73%。为了解人口流动情况，本小节从东部、中部、西部、东北四个区域进行研究分析。以下数据以第七次人口普查为源头。据统计，东部地区的流动人口为 17611.99 万人，占全国总流动人口的 47.80%，在这些流动人口中，来自省外的达到 9181.23 万人，可知东部地区省外流动人口超过了本省流动人口；东部地区和西部地区的流动人口相差无几，而西部地区省外流动人口是中部地区的 2 倍，因此西部地区对人口的吸引力强于中部地区；东北地区的人口流动较少，省外流动人口仅为 467.80 万人。基于以上数据能了解到，东部地区对于人口的吸引力依旧很强，西部则是后起之秀，而东北地区的人口吸引力却不容乐观。

(二)公共服务现状

1. 城乡教育现状

城乡融合要走综合化道路,精神建设和物质建设缺一不可,而要想在这两个方面作出成就,教育必不可少。了解教育水平现状能够为教育发展提供支持,为城乡物质文明和精神文明协调发展打下坚实基础。目前来看,全国范围内城乡教育资源不均衡问题十分突出。城乡教育的投入存在较大差距,部分城市有充足资金去修建教学楼,购买先进教学器材,增加教师收入,而农村地区却因资金不足,基础设施落后,教师待遇也与城市教师天差地别。广东和江苏是我国两个发达省份,两者在教育投入上处于全国前列,近 4 年教育投入超过了 2000 亿元。与之形成鲜明对比的是青海省和宁夏回族自治区,两者的教育投入都没有超过200 亿元,差距达到 10 倍之多。① 教育投入程度会影响教育发展进程,也会潜移默化地影响教育理念。城市家庭对孩子的教育更为重视,资金投入也更多,据统计,2019 年农村每个家庭的教育支出为 2577 元,这还是义务教育阶段的支出,而城镇家庭达到了 6934 元,从占比来看,前者占家庭总支出的 5.0%,后者占家庭总支出的 5.7%。② 城乡在教育内容上也有差异。城市教育内容更与时俱进,并且注重培养孩子的创新能力,因此课程会更加丰富多样,而农村教育内容长期维持不变,为孩子们提供的课程较为陈旧。

2. 医疗与养老现状

医疗保障越到位,人们的幸福感便会越高。我国对于医疗保障建设十分重视,将构建多层次医疗保障体系作为重要工作。城乡在医疗保障上存在明显差距,无论是床位数、医疗人员数量,城镇都远远超过乡村。乡村医疗较为落后,主要是资源匮乏,医疗保障所能提供的保障层次较低。据相关统计,截至 2020年末,我国老龄化率达到了 13.5%,这说明我国老龄化现象较为明显,并且凸显

---

① 国家统计局. 关于 2021 年全国教育经费执行情况统计公告[EB/OL]. (2022-12-29) [2024-05-26]. http://www. moe. gov. cn/srcsite/A05/s3040/202212/t20221230 _ 1037263. html? from = timeline&isappinstalled = 0.

② 魏易. 中国教育财政家庭调查报告(2019)[M]. 北京:社会科学文献出版社,2019.

出越来越严重的趋势。① 养老保障处于社会保障中的核心地位，多年来我国不断优化养老建设，并且取得了一系列成绩，如养老保险待遇不断提高，并且养老保险基本覆盖全国。

(三)生态环境现状

推动城乡融合发展要有理有据，应当遵循可持续发展原则。城乡之间的生态环境具有差异性，在推动城乡融合发展时不能以牺牲生态环境为代价，而是要真正做到人与自然的和谐共生。生态环境差异会造成城乡之间在土地利用、生物多样性、自然资源使用等方面存在差异。首先是土地利用。城市将土地主要用于修建住宅区、开发商业区等城市建设当中，目的是追求社会效益最大化。这一过程是复杂的，土地利用方式也会多种多样。农村土地主要是为农业服务，如种植农作物、种植树木等，利用方式简单明了，并且很难实现规模化发展，土地利用率偏低，所带来的经济效益也较低。其次是生物多样性。城市中人口密集，留给自然生态的空间十分有限，加之受多种发展活动影响，自然生态遭受严重破坏，如排出的污染物和废弃物会直接污染自然生态空间，城市中的生物多样性必然下降。农村地区以农业为主要产业，农业生产方式较为传统，不会对自然生态系统造成较强的冲击，动植物都能获得较好的生存，因此生物种类更加多样。最后是自然资源使用。工业化发展使得城市中的水源、空气等被污染，人们的生活环境会不断恶化，致使生命健康受到威胁。而农村的水源和空气质量更为优良，偏远地区几乎保持原生态，生活在这里的人们会更加健康。

二、我国城乡融合发展的成效

(一)农业转移人口市民化取得重大进展

农业人口的转移，就是指农业人口向农业内部各系统的转移，同时也指向农业系统外的其他部门和行业的转移。目前，我国的农业转移人口数量不断增加，我国立足于城乡融合，着力推动农业人口的市民化转变，所出台的相关政策中皆

---

① 国家统计局. 第七次全国人口普查公报(第五号)[EB/OL]. (2021-05-11)[2024-05-10]. https://www.stats.gov.cn/sj/zxfb/202302/t20230203_1901085.html.

把这一工作作为重点。户籍制度改革是一项重要举措，当前，我国的户口迁移呈现出放开趋势，农民到城市落户更加容易。2014 年以来，全国有 1.3 亿农业转移人口落户为城镇居民，从城镇化率上分析，2012 年我国城镇化率为 53.10%，到了 2022 年达到了 65.22%。① 城镇人口大幅增加，乡村人口则不断减少，说明城镇化发展获得了显著成果。落户城镇这是市民化的第一步，后续还需要配套政策加以引导和支持。党和国家出台了一系列配套优惠政策来支持农业转移人口市民化，如财政部向地方下拨农业转移人口市民化奖励资金不断增加，由 2016 年的 100 亿元增长到 2021 年的 350 亿元。② 城镇人口增加，城镇规模也会扩大，据统计，2012 年城市新增建设用地为 4.58 万平方千米，到 2021 年增长到 6.24 万平方千米。③ 对于城乡融合发展来说，由于管理部门对农业转移人口难以在时间和空间上实现精准掌控，因此部分农业转移人口不能及时纳入新的公共服务保障范围之内，造成农业转移人口不能及时享受公共服务。

（二）农村土地制度改革取得新突破

农村土地制度改革也在不断深入，产权制度、承包经营制度、征地制度进一步完善，为更好地管理农村土地提供了支持。在产权制度方面，中央全面深化改革委员会第十五次会议强调，要坚决守住土地公有制性质不改变、耕地红线不突破、农民利益不受损这三条底线。"三权分置"制度的出台改变了过去农村土地单一产权的状态。农民闲置宅基地和闲置农房可以应用于其他方面，如承包出去用于经营，这样一来，农民也能从中获得收益，而不是长期闲置，从而造成资源浪费，但宅基地的所有权仍旧归集体所有。土地制度改革对于资源有效利用具有重要作用，土地利用效率得到很大提升。农村土地也能进入市场，通过市场化运作来创造价值。据统计，家庭承包耕地流转总面积由 2012 年的 2.78 亿亩增长到了 2020 年的 5.65 亿亩，家庭承包经营耕地面积由 2012 年的 13.10 亿亩增长到 2020 年的 15.62 亿亩。④ 农村土地的市场化趋势有着诸多利好，提升农地要素配置

---

① 数据来源于国家统计局、财政部《中央财政农业转移人口市民化奖励资金管理办法》。
② 数据来源于国家统计局、财政部《中央财政农业转移人口市民化奖励资金管理办法》。
③ 数据来源于国家统计局、财政部《中央财政农业转移人口市民化奖励资金管理办法》。
④ 数据来源于《中国农村经营管理统计年报（2012—2018）》《中国农村合作经济统计年报（2019—2020）》。

效率是突出体现,让农民从中真正受益,进而积极参与其中。然而,目前我国农村土地制度仍旧多在保障性方面发挥作用,经营性和生产要素性还需要进一步加强。

(三)农业产业化水平不断提升

农业以县为单位、以县为载体。乡村振兴战略提出后,各地区以县域为基础布局农产品加工业和农村电商等第二、第三产业,切实延长产业链,优化供应链,升级价值链。根据农业农村部的数据,2022 年我国粮食生产连续十九年丰收,我国粮食产量连续 8 年稳定在 1.3 万亿斤以上,口粮自给率突破 100%,"油瓶子""菜篮子""果盘子"供给充足。[①] 例如,云南省腾冲市大力发展大健康产业,打造集药材种植、加工、销售为一体的产业链,全县中药材种植面积达 20 平方千米,生物制药企业 20 余家,农业产值 13.8 亿元、加工产值 27.7 亿元。河北省正定县塔元庄村通过村企结合的形式,打造国家级五星级休闲农业观光园,2021 年农业观光园迎来 180 万人次的游客。[②] 安徽省庐江县推动"自然山水游,民俗风情游,乡村体验游"等建设,走出了一条城乡统筹和农旅融合发展的新路子,长冲村云里安凹民宿入选国家首批甲级旅游民宿。[③]

(四)城乡一体化的基础设施建设成效显著

基础设施建设是城乡一体化发展的重要环节,目前该环节取得了较优秀的成绩。一是供水基础设施加快推进。水是生命之源,长期以来,乡村供水较为匮乏,造成农民吃水、用水不够便捷。经过多年的基础设施改造后,现在的乡村供水与城镇的差距显著缩小,很多乡村实现了集中供水,所占比重从 2012 年的76.40%增长到 2021 年的 89.40%。[④] 二是交通设施建设显著改善。"要想富,先修路",交通是否顺畅和高效率会对乡村发展产生极大影响。近年来城乡交通设施差距不断缩小,交通设施不断完善,农村群众可以更为便捷地出行,同时也方便了外来企业到农村进行投资。三是电网升级改造力度加大。农民的生活水平不

---

① 沈靖然. 云南腾冲:发展新业态保持好生态[N]. 人民日报,2022-08-02(4).
② 史自强. 河北省正定县古城保护开发利用并举:宜居宜业宜游为民便民富民[N]. 人民日报,2022-06-09(2).
③ 徐靖. 安徽省庐江县:城乡统筹农旅融合[N]. 人民日报,2022-06-20(4).
④ 数据来源于《中国农村统计年鉴》和国家统计局官网。

断提升，家用电器数量也在不断增加，因此对电会有更大的需求。据统计，农村发电设备容量由 2012 年的 656.861 亿千瓦时逐步增长到 2020 年的 813.38 亿千瓦时，① 使得农村地区在用电方面更为充足。四是互联网基础设施建设全面强化。随着互联网时代的到来，人们对于网络的应用需求不断增加。城乡网络基础设施建设成为重点，目的是进一步提升网络覆盖率，偏远乡村的移动网络信号大幅改善，通信更为及时，而这也带动了智能手机在乡村的普及化。据统计，2012 年到 2021 年农村宽带接入用户年均增长 16.22%，到今天农村宽带几乎实现了全部覆盖。② 需要注意的是，基础设施建设是好事，而建设之后还要做好后续的维护和保养工作。

(五) 城乡一体化基本公共服务提供机制逐步建立

公共服务均等化步伐加快，我国农村基本公共服务提标扩面，城乡义务教育保障机制和城乡居民养老医疗保险制度逐步确立。全国基本养老保险参保率稳居 95% 以上，全县就诊率达 94%，农村养老床位达 178 万余张。③ 江苏省溧阳市促进优质医疗资源下沉和紧密型县域医共体建设，全县就诊率达到 90%。广东省博罗县百年名校博罗中学和石湾镇中学成立教联体，让村民的孩子在家门口便可享受高水平教育。新时代，我国基本公共服务提供机制正逐步朝着制度接轨、质量均衡的方向发展。在基本公共服务规划不断推出的背景下，财政资源不断投向民生发展领域，我国财政民生支出不断攀升，民生事业呈现出稳定发展的局面。财政教育支出从 2012 年 20140.64 亿元上升到 2021 年 35778.50 亿元，累计上升 77.64%，卫生健康支出从 2012 年 7170.82 亿元上升到 2021 年 18919.17 亿元，累计上升 163.84%，社会保障和就业支出从 2012 年 11999.85 亿元上升到 2021 年 32900.97 亿元，累计上升 174.18%，文化体育和传媒支出从 2012 年 2074.79 亿元上升到 2021 年 3774.10 亿元，累计上升 81.90%。④ 随着我国基本公共服务制度体系的完善，以及财政投入的持续增加，公共服务已逐步延伸到农村，社会

---

① 数据来源于《中国农村统计年鉴》和国家统计局官网。

② 数据来源于《中国财政统计年鉴》和国家统计局官网。

③ 数据来源于《中国财政统计年鉴》和国家统计局官网。

④ 数据来源于《中国财政统计年鉴》和国家统计局官网，国务院《中国儿童发展纲要 (2011—2020 年)》终期统计监测报告。

事业也逐步覆盖到农村。九年义务教育巩固率从 2012 年 91.80% 提高到 2021 年 95.40%，城乡卫生技术人员数比从 2012 年 2.50 下降到 2021 年 1.57，城市居民最低生活保障覆盖率从 2012 年的 0.35 降至 2021 年的 0.12。

基本公共服务始终保持稳中向好势头，具有普惠性、基础性、兜底性等特性的基本公共服务事业取得了明显成效，城乡之间基本公共服务的差距日益缩小。目前，虽然城乡一体化基本公共服务提供机制成效显著，但广大农村基本公共服务还存在薄弱环节，基础教育、医疗和社会保障供给水平还有待提升，还没有覆盖到全体居民。

（六）县域经济繁荣和就业吸纳能力提高

县域经济在国家经济中的地位犹如局部于整体、细胞在组织中的地位一样。我国县域行政区划正在精简，县和县级市数量在减少，而县域经济却由弱变强，发展质量在不断提升。据《中国县域统计年鉴 2023》，2000 年全国县、县级市分别为 1503 个、400 个，共 1903 个，而一般公共预算收入超过 2 亿元的县市只有 174 个，多数县市公共预算收入低于 1 亿元。2019 年，全国县、县级市分别为 1494 个、387 个，共 1881 个，一般公共预算收入 5 亿~10 亿元的有 462 个、10 亿元以上的有 893 个。2019 年，县、县级市数量较 2000 年减少，但县、县级市地区生产总值增长近 7 倍，县域经济实力持续提升。[①] 2000 年全国共有贫困县 592 个，2012 年按国家标准调整后扩增到 832 个，到 2020 年全国贫困县已全部摆脱贫困。[②] 县域经济的发展壮大，为农村劳动力就业问题的解决提供了支持。据国家统计局统计，2022 年我国农民工总人数为 29562 万，其中当地就业农民工 12372 万，比例为 41.85%，[③] 已成为县域产业发展中的一支重要力量。

---

① 国家统计局农村社会经济调查司. 中国县域统计年鉴 2019［M］. 北京：中国统计出版社，2020.

② 国家统计局农村社会经济调查司. 中国县域统计年鉴 2019［M］. 北京：中国统计出版社，2020.

③ 国家统计局. 国家数据［R/OL］. https：//data. stats. gov. cn/search. htm？s = 2022%E5%B9%B4%E5%86%9C%E6%B0%91%E5%B7%A5.

(七)脱贫攻坚战取得全面胜利

我国如期打赢脱贫攻坚战，完成了消除绝对贫困的艰巨任务。第一，农村减贫成效实现了从量变到质变的飞跃。伴随扶贫开发事业和近年来脱贫攻坚力度的不断增强，我国减贫事业取得了令人瞩目的伟大成就。2020 年 11 月 23 日，国务院扶贫办确定的全国 832 个贫困县全部脱贫摘帽，全国脱贫目标任务完成。二是实现区域性脱贫突破。我国贫困人口集中分布在西部地区，且贫困问题区域性特征显著，东西部协作、对口支援和社会帮扶的健全体制使得区域性脱贫效果明显。三是农村居民收入与消费能力有较大提升。国家统计局发布数据，2024 年一季度农村居民人均消费支出 5050 元，同比增长 9.1%；包含镇区和乡村地区的县乡消费品零售额同比增长 5.3%，占社会消费品零售总额的 40.1%，占比较上年同期提高 0.2 个百分点。[①] 农业农村部大数据发展中心发布数据，2024 年前两个月，全国农产品网络零售额 1653.95 亿元，同比增长 10.59%。[②]

全面打赢脱贫攻坚战，使贫困地区落后面貌发生深刻变化，农村地区经济社会发展阔步走在前面。尽管我国已在预定期限内消灭了农村绝对贫困，但由于一些脱贫人口收入水平偏低，收入上高度依赖政策性补助，容易受到外部冲击和其他因素的影响，脱贫质量不稳定，极少数脱贫人口还有返贫的危险。

第二节　我国城乡融合发展的基本表征

一、我国城乡融合发展的基本标准

(一)空间融合

城市和乡村在空间位置上存在显著差异，这成为资源要素流动趋向各具特征的重要原因，也是城市和乡村产生差别的重要源头。第一，地理空间融合更加直观可

---

① 数据来源于《中国农村统计年鉴》《农村住户调查和住户收支与生活状况调查》和国家统计局《农村贫困监测调查》。

② 数据来源于《中国农村统计年鉴》《农村住户调查和住户收支与生活状况调查》和国家统计局《农村贫困监测调查》。

见，是城乡融合的显著标志。在城市区域内融入乡土气息，并逐渐被市民接受，这一过程能够成为空间融合的重要考量指标。城市与乡村的分离，被突出表现在空间上的隔离。一般来说，城市空间中，人们住得好、吃得好，并能享受全面到位的公共服务，如社会保障、教育服务等，而乡村在这些方面显然存在劣势。城乡之间本是一体，并没有天然的隔绝带，城市应该从乡村中吸收质朴的乡村气息，而乡村应该从城市中感受现代风貌，并且双方能够良好交流。我国的东部、西部地区在城乡融合方面具有差异，如融合方式、融合标准会各有倾向，但最终所要达到的融合境界是一致的，表现为无差别的一体化。在这一融合境界中，城乡地理空间能够良好衔接，空间广度大幅提升，田园城市与现代乡镇共存发展，城市中有乡村风景，乡村中也有城市风貌，如此局面下城乡发展就会达到均衡。

第二，生活空间与居民密切相关，在城乡空间融合中具有显著的人文趋向。城市居民被称为市民，乡村居民被称为农民，这样的身份差异长期存在。而到了今天，城市与乡村依托各自优势蓬勃发展，有的市民走出城市来到农村过起了从事农业生产的生活，有的农民走出农村到城市购房务工体验城市居民的点点滴滴。这样便出现了市民乡居化和农民市民化的现象，两者交叉存在。随着撤村并乡、城中村改造等工作的不断推进，这两种现象更为普遍。市民与农民之所以会反向选择，与各自需求密切相关，市民希望到乡下接触田园风光，使得长期快节奏生活带来的压力得以消解，农民进入城市往往是为了获得更高的收入和改善生活质量。这样的交叉促成了城乡融合活跃因子，拉近了市民与农民的距离，两者之间的差距在无形之中得到弥合，城乡关系也会得到良性发展。

第三，良好生态空间是当今环境不断恶化局势下人们所追求的内容，尤其是城市居民更向往良好生态空间，因此生态空间融合渗透着城市居民的理想和愿景。城镇化依托工业化得到发展，而工业化会带来严重的环境问题，使得城市人们收入颇丰，可是生活环境却在恶化，生活质量下降。人始终处于核心地位，城市发展最终要落实到满足人的物质和精神双重需求上，自然生态建设成为城市建设的重中之重。但城市环境已经饱受摧残，天不再蓝，水不再清，人们在快节奏的生活下压力倍增，各种烦恼如影随形，焦虑之感言之不尽。城市要尽可能增加绿色景观，也就是自然生态空间，可是城市绿色景观建设往往"可远观而不可亵玩"，对于人的减压作用十分有限，加之建设过程较为缓慢，很难满足人们的绿色诉求。因而向乡村进发是有效途径，乡村可以提供多功能绿色景观，包括可食用景观、生产性景观等。基于此，城市建设要与乡村对接，尤其是距离城市较近的乡村可以发展成为大型公园，在这里，人们能尽情欣赏绿色景观，尽情呼吸新鲜空气，尽情释放心中压力，与此同时，乡村也能将这些资源转化为财富。

第四，生产空间融合可突破传统的社会分工体系。长期以来，乡村承担着农业生产任务，城市则进行非农业生产，不同的分工形成不同的生产劳动模式，这成为城乡隔离的一大因素。随着生产力的不断发展，社会分工由此形成，城乡关系又在社会分工中发生变化，城乡二元对立就此出现。农业生产也在不断发展，农产品加工、农业人口转移、农民增收是发展动力来源，在这些动力的作用下，乡村产业开始多元化演进。城市工业开始远离城市中心地带，土地成本、劳动力成本等是重要因素。这样一来，无论是乡村还是城市都会呼唤产业更新和升级，原有城乡间生产空间泾渭分明的现象逐渐弱化，乡村中也会出现工业产业，工农产业在空间上并存，城市会依托技术优势遥控工业产业，同时工业产业成为城市与乡村生产空间融合的载体。

城乡空间融合形成的内在机理是乡村的绿水青山能够融入城市之中，城市的工业化与现代化元素能改善乡村发展面貌，进而塑造出淳朴乡村与现代城市相融合的格局。有学者说，农村和城市应该是互为创造关系，也是互为统治关系，只有双方承认并在实际发展中落实这种关系，才能达到更好地融合共处的境界。城乡空间融合对以下三个机制有着较强依赖：一是城乡功能区合理定位机制。城乡空间融合不能随机而行，而要进行科学合理定位，其中优劣互补是重要原则，如城市生态环境脆弱区可以与乡村生态环境优势区相融合，通过互补实现双方协同发展。二是健全城乡交通畅通机制。在城乡空间融合实践过程中，交通体系要得到进一步完善，并且要从机制层面支撑交通体系切实服务于城乡融合。如城市与乡村的交通干线要得到科学布局，为相关要素更高效率的互联互通创造条件，从而有利于乡村基础设施建设逐步跟上城市脚步，并且资源要素也能得到高效利用，从而带来可观收益。三是空间科学规划机制。城乡空间融合要遵循科学规律，不能主观臆断、盲目入手，如融合布局要与基础设施配套，只有这样才能提高融合效率，减少无效投入，在经济效益、社会效益和生态效益方面均获得良好成果。

（二）心理融合

城乡融合的核心是人的融合，只有实现这一目标，城乡融合才能持续推进，而不是一锤子买卖。在融合时不能只讲形式，如让农民进城、让市民下乡往往只是表面形式，城乡融合的关键是要让他们完成身份上的转变，进而在生活习惯上完成转变。

第一，城乡居民生活习惯心理定式的转变。工业化和城镇化带来了巨大产值，提升了城市的整体形象，但同时也存在一定的负面影响，如生态环境在这一过程中被破坏。城市中竞争激烈，生活节奏和工作节奏快，人们所处的空间往往十分拥挤，并且喧嚣无比，乡村中却是另一派景象，即空气清新、环境清幽、空间广阔。很多城市居民会选择到乡村放松精神，获得心灵上的纾解。农民向往城市，对城市生活方式十分渴望，也对城市生活理念充满热情。不同的心理渴望能够拉近城市居民和乡村居民的距离。但并不是所有的农民都向往城市，世代乡居的农民进入城市生活后，会在多个方面感到不适。这样的心理状态是城乡融合中必然会出现的现象，当他们逐步适应城市生活后，心态就会逐渐趋于平稳。

第二，城乡居民生产习惯的心理暗示逐渐消弭。生活离不开生产，而生产过程中会形成生产习惯，并逐渐在心灵深处扎根，成为产生强烈心理暗示的源头。乡村居民的生产活动主要是农业生产活动，在长期的农业生产活动中，他们早已习惯与土地打交道，并在内心深处形成浓厚的乡土情结，对土地的认识达到更深程度。近年来国家出台了一系列惠农政策，提升了农业生产机械化水平，以此使农民的生产所得有了保障，更多农民选择留在乡村继续从事农业生产工作，选择到城里务工的农民多是一些向往新事物并且对时代发展适应能力更强的人。城市居民对乡村也有向往之意，他们向往的是乡村的慢节奏生活，也有一些人是想回到乡村重拾过往记忆，但乡村能否满足他们的诉求还未可知，这在一定程度上阻碍了相关资本对乡村的投资。城乡居民在心理层面的融合离不开心理暗示的推动，但心理暗示是把双刃剑，有推动作用也有阻碍作用，因此在城乡融合的实际场景中要不断提升融合要求，尽量消除负面的心理暗示。

第三，城乡居民文化背景的心理落差慢慢弥平。在以经济建设为中心的战略规划下，城市偏向成为必然，这在一定程度上会造成城乡文化认知出现巨大偏差。发达的城市、落后的乡村成为大多数人心中的刻板印象，人们一提到城市，浮现出的是便捷高效的生活图景，一提到乡村，浮现出的则是不便利的场面。同时城市永远是在快节奏运行，而乡村的慢节奏渗透出散漫气息；城市市场竞争激烈，只要提升竞争实力便能收获可观回报，而乡村却笼罩在人情社会之中，不重视人情往往寸步难行。而且城乡社会保障不在同一层次，生产方式的差异会造成收入差距，因而在乡村投资往往难以在短时间内获得回报，这样便将投资者与乡村长期绑定在一起，投资者需要持续经受生活方式不同带来的不适感，还要经受教育层面的落伍带来的心理失衡，这样就容易汇聚成文化心理感官上的巨大落差。城乡融合不断发展之下，城市居民的心理落差会随着他们热切向往乡村生活而慢慢弥平。一些市民回到乡村只是为了体验乡村的生活方式，而没有参与农业生产的意愿，因此他们便开启了工作于城市、生活于乡村的生活模式。乡村经济实力的增强，乡村产业与城市产业在多向度上的靠拢，也会逐步改变城乡居民之间存在的心理落差。

（三）产业融合

"三农"问题长期困扰着乡村，阻碍着乡村发展，而想要彻底解决"三农"问题，不能只从某一方面入手，而是要构建立体化的应对之策，从多个角度破解难题。产业发展是重要应对之策，也是根本之策。产业发展需要多方面的支持，要素资源、政策体系等缺一不可，当这些条件全面具备后，政府与农民、政府与市场之间能形成良性互动关系。城乡融合离不开对传统乡村自然资源与文化资源的开发和利用，并且要提升乡村为城市供养资源的质量，只有如此城市才会更加认可乡村。第一，农业不断变强是城乡产业融合的目标之一。我国将城乡融合作为乡村振兴的重要途径，而乡村振兴的关键是要振兴乡村产业。乡村产业不发达是客观现状，很多乡村因产业不发达而走向衰落，很多农民离开乡村前往城市谋生。农业是乡村产业的核心，也是我国最基础的产业，对国家建设和发展至关重要。农业衰败，衣食供应就会断层，生存之基础就会坍塌，国家安全便会受到威胁，因此农业发展刻不容缓，其他乡村产业也应围绕农业去发展。然而目前很多乡村出现了不重视农业的情况，突出表现为农业成为附属产业。城乡融合发展过程中，只有调动农民的积极性，才能为后续的农民学习和接受现代农业生产技术打下基础，让他们成为新型农业的经营者，不仅要扩大农业规模和农产品种类，还要促进产业链延伸，让农民成为产业链条上更高层级的获益者。第二，工业发展是城乡产业融合发展的动力。农业发展要依靠先进技术，只有这样才能从手工生产走向机械化生产，进而扩大经营规模。依托先进农业技术，现代大农业模式被提出。现代大农业模式改变了过去一家一户分散生产的模式，而是集中起来干大事。当然这一模式的实行需要建立在做好土地流转工作的基础之上。农业离不开工业的反哺，同时农业生产也是工业发展的重要保障。随着工业化水平的提升，农业产值不断冲向新高度，而在工业产值中，农业附加值所占比例不断提升，这从侧面说明了农业技术在工业的支持下实现了换代升级。工业发展可以为农业带来新设备、新技术等，使得农业机械化、科技化、信息化等成为现实。站在城乡融合视角，乡村能够成为城市潜在的消费市场，同时乡村也能为工业发展提供庞大的劳动力，随着环保要求愈加严格，工业也要不断转型升级，落后产能必须被淘汰，因产能淘汰而失业的劳动者得以进入乡村，在乡村产业发展中贡献力量。第三，服务业持续发展是城乡产业融合中活跃乡村的必备条件。乡村走向衰落，表面上是农业发展滞后所致，而向内深挖后发现，乡村居民缺乏建设乡村的活力才是主要原因。之所以会缺乏建设活力，收入低是首要原因，因此很多乡村居民便会离开家乡。这便会形成恶性循环，使得乡村不断走向衰落。解决农民在乡村的就业问题是重要策略，需要提高其收入，让他们逐渐认可乡村，愿意为乡村建设贡献力量。从当下情况来看，解决农民的就业问题主要依靠服务业，因为服务业所能提供的就业岗位更多。很多乡村便在这条道路上辛勤耕耘，有的乡村大力发展乡村游，构建起极具乡村风格的景观项目，吸引了大量城市居民前往观赏和体验。但总体来看，乡村在引入现代气息方面有所不足，主要体现在缺少对现代宣传媒介、物流产业等方面的应用。因此城乡融合发展一方面要充分挖掘本土资源，另一方面要将城市发达的电商、物流等引入乡村，与本土资源有机融合后提升乡村产业品质，进而激发乡村更强活力，让乡村居民实现增收，反过来又能让乡村居民为乡村产业发展作出自己的贡献。

(四) 要素融合

生产要发展，生产要素合理利用是基础，其中人的因素与物的因素良好结合是关键所在。城市在资金、人才、科技等方面的优势明显，乡村则拥有土地、资源、劳动力等要素。在虹吸效应下，乡村大量要素流向城市，而城市要素却没有很好地流向乡村，由此造成了不平衡现状。面对这一现状，以工促农、以城带乡应成为城乡融合指导思想，引领城市为乡村发展助力，如城市资金、人才、科技等要素要通过更多渠道流入乡村。第一，城市资金下乡是推动城乡融合发展的首要前提。近代以来，当资本力量充足时，城市的交通运输、通信、工厂、商场等能得到有效建设，建设成果又会反过来为资本集中创造良好条件。社会资金是有限的，其中一部分属于乡村，但城市具备的资金吸引能力让这一部分资金也从乡村流出，造成乡村发展缺乏资金支撑。乡村振兴离不开物质支持，其中资金是关键。过去城市抢占了部分乡村资源，现在城市要回报乡村，向乡村提供资源和资金。而提供方式不能是计划经济下的直接拨款，而应通过市场途径向乡村间接提供资源，这样能够构建更具持续性的投资体系。社会发展过程中，会因资本的逐利性而出现资本集中，相对来说，在城市的投资回报会超过乡村，因此资本流入乡村就较为困难。因此在解决资金问题时，不仅要拓展资金的来源渠道，还要对资金流向密切关注，确保其切实应用到乡村发展中，但宏观干预手段效果是有限的，市场规律才是最终的决定力量，所以城市要将市场转向乡村，帮助乡村吸引资金，并留住资金。第二，人才回流乡村是推进城乡融合发展的关键因子。人是最为活跃的生产要素。改革开放之后，人们的心思开始活泛，而随着高等教育的大众化发展，这一趋势进一步加强，如乡村地区很多青年深刻认识到读书能够改变命运，通过读书成为城市居民，而没有读书的农民有很多成为进城务工人员，也在城市中定居下来，并带动家人逐步在城市定居。户籍政策革新也发挥了助力作用。很多地方为吸引人才，不断降低入户条件，促成了大量人口进入城市。据统计，从 1996 年到 2018 年，我国城镇人口增长了 4.9 亿。[①] 城镇化发展是人口流向城镇的重要推力，与此同时，乡村地区却因人口持续流出导致衰落。针对这一问题，强制性地要求人口回流不可取，只有人口主动回流才能真正解决这一问题。在人口回流方面，政策层面的引导和鼓励至关重要，如回乡创业、回家参与农业现代化建设等的各类人才，可以享受相应的福利待遇。随着更多人才在乡村集聚，乡村综合实力也会不断增强，逐步具备更强的人才吸引力，这样便能与城市平分秋色，成为人才流动的重要选择。第三，现代科技融入乡村是推进城乡融合的重要条件。科技是第一生产力，发展科技才能提升生产力水平。当前，乡村产业走向兴旺离不开科学技术的支撑，随着"互联网+"的广泛应用，乡村业态焕然一新。乡村有着较好的生态环境，乡村居民可以与大自然亲密接触，而在现代科技的支撑下，乡村还能进一步优化基础设施，并且在生态环境建设这一方面获

---

① 数据来源：国家统计局 . https：//data. stats. gov. cn/search. htm？ s = 2018% E5% B9% B4%E5%85%A8%E5%9B%BD%E5%9F%8E%E9%95%87%E4%BA%BA%E5%8F%A3.

得更好的效果。医疗和教育是当今时代人们最关注的两个领域，而乡村在这两个领域的建设和发展较为薄弱，想要弥补不足，现代科学技术是重要依靠，但科学技术的融入和应用不能对文明乡风产生冲击，只有两者融合在一起，文明乡风才会更具吸引力，也能在更广范围内产生影响。乡村治理手段也要更新，这对于提升治理效率至关重要。城市中的科学技术更先进，消费市场也多集中于此，乡村想要在这一市场中获得一席之地，也要不断提高科学技术应用水平。城市可为乡村助力，因为城市在科技创新上更具优势，能够基于乡村特点开发出更适合乡村发展的科学技术，进而推动技术落地生根，成为助推乡村振兴的重要力量。

(五)制度融合

城乡制度融合有利于保障资源要素在城乡之间更好地流通和配置，会对城乡社会发展共同体构建产生直接影响。城乡制度融合主要通过以下四个方面来实现：一是城乡要素双向流通制度。资源要素主要通过流通来发挥作用，单向流通往往是一方受益，双向流通才能共同受益，并且双向流通也能体现各自的平等地位。人口、资本、土地等方面的管理制度都能为双向流通提供支持，乡村有了这些制度的支持后就能够获得发展，农民也能获得公平的发展机会。二是城乡环境协同共治制度。保护生态环境是当下人们的共识，城市和乡村在融合时可以将其作为契机，通过合作，一方面形成更强的生态环境保护合力，另一方面能够形成利益共同体，为城乡融合提供支撑。三是城乡公共服务均等制度。城市居民和乡村居民都有享受基本公共服务的权利，从实际来看，城市的公共服务水平超过了乡村。构建城乡公共服务均等制度，能推动城乡在规划公共服务方面共同研究和设计，使得城乡居民接受基本平等的公共服务。四是城乡收入分配公平制度。在共同富裕的目标下，城乡居民应平等地享受社会经济发展成果，而收入便是最直观的体现。城乡收入分配公平制度能够发挥调整居民收入的作用，使得城乡居民收入水平与付出基本对等，进而实现公平目标。制度融合能有效激活城乡社会系统中制度建设子系统的自组织性，对于共同富裕目标的达成具有重要的推动作用。社会的稳定运行离不开制度体系的保障，制度融合能实现城乡资源的科学调节，实现社会福利和公共服务均等化目标，这对于稳定民心、保持社会和谐稳定具有重要意义。资本能成为塑造社会经济空间的主要力量，而制度主要发挥维持和调节作用，并且会对生产关系产生影响，成为重塑社会秩序的关键所在。我国在城乡制度融合方面做了很多工作，尤其是围绕城乡二元结构构思应对制度，目的是推动城乡之间减少对立，各类资源、资金、公共服务等能够向农村延伸，并能实现均衡化配置。

二、我国城乡融合发展的主要模式

（一）产业融合型城乡融合发展模式

产业融合型城乡融合发展模式是依托产业融合完成城乡融合的模式。在产业融合过程中，农业与工业是融合主体，应基于此延长产业链，为更多新兴产业的发展创造条件；农业与服务业也能进行融合，对于农业来说，服务业可以拓宽农业的范围。产业融合之下，城市资源可更好地回流至农村，乡村经济发展便能获得更多助力，经济结构整合也能获得有力支持。一般来说，农产品经过加工之后，其附加值会获得提升，而加工有程度深浅之分，深度加工之下的附加值更加突出，如果同时能挖掘民族特色和乡村自然景观为农产品增光添彩，附加值将进一步提升，如将农业与旅游业结合后，就可以开发出休闲农业项目，吸引城市居民前来参观体验，相关投资也能慕名而来。云南省在城乡产业融合方面做出了突出成绩。云南省地处我国西南部，靠近边境地区，这里生活着多个民族，文化更为多元，为旅游业发展注入了多元活力。云南省在将旅游业与农业结合时，建立示范基地、开设特色园区等方式得到应用，并且还利用互联网进行宣传扩散，吸引了大量游客前往体验，投资者也是接踵而来，投资者对当地农产品特色进行充分调研，并与消费市场对比后，发现其优点和不足，进而有针对性地引入农业技术，一方面改进农产品，另一方面则推动农产品与休闲农业结合，使其在更多场合中得到人们的认可。数据显示，2014 年，云南省接待乡村旅游者达到 7889.64 万人次，云南省达到国家级的休闲农业与乡村旅游示范县有 6 个、示范点 16 个、特色景观旅游名镇 8 个、名村 4 个，省级休闲农业与乡村旅游示范企业 91 家、旅游特色村 200 个、民族特色旅游村寨 150 个、度假村 712 家、规模以上乡村旅游接待点 4887 处、农家乐 1 万多家、特色民居客栈 4000 余家。①

---

①　白靖利. 云南通过发展乡村旅游 5 年脱贫 38 万人［EB/OL］.（2015-09-18）［2023-09-28］. http：//www. rmzxb. com. cn/c/2015-09-18/583701. shtml.

(二)辐射带动型城乡融合发展模式

辐射带动型城乡融合发展模式是以区域内大中型城市为中心进行发展,周边的小城镇和村镇是带动对象,大中型城市处于中心位置,是辐射带动的源头。产生辐射效应需要具备一定条件,经济水平和各方实力都要达到较高层次,才能对周边产生辐射,进而带动周边发展。辐射带动下,周边小城镇和村镇与城市的差距会逐渐缩小,有的会划入中心城市,成为城市的一部分;有的则在带动之下获得高速发展,逐步演变成新的具有辐射效应的中心城市。江苏省在实行这一模式中取得了良好成绩。苏州、无锡、常州是苏南地区的中心城市,它们的辐射范围不仅在苏南地区,苏中和苏北地区也受到影响,因此在这些中心城市的带动之下,江苏省内的城乡差距不断缩小。苏州工业园国家开放综合试验区建立后,苏南中心城市迎来了经济的强劲增长,中心城市充分受益,外围地区也得到拉动,从而整个江苏省在经济增长上达到基本同步,不同区域的差距逐渐缩小,更为重要的是,江苏省内不同区域还形成了互联互通关系,这为江苏省的一体化建设打下了坚实的基础,城乡融合程度不断提升。2010 年到 2017 年,苏南地区经济总量在江苏省的占比有所降低,而苏中地区和苏北地区则实现了较大增长。苏南地区的经济总量占比虽然有所下降,但在它的带动下,苏中和苏北两个地区实现了缩小地区差距的目标,也体现出辐射效应的重要价值。

(三)互动型城乡融合发展模式

互动型城乡融合发展模式主要是立足于邻近区域之间生产要素双向互动进行。互动型城乡融合发展模式有利于重塑城乡要素流动体系,打破长期存在的壁垒,其中交通条件改善是重要入手点,能极大地提升城乡互联互通程度,为地域发展一体化打下基础。工业和农业现代化建设同步进行,城乡之间通过合理分工为两者注入更优的资源支持,进而实现良好互动,达到城乡融合目标。珠江三角洲应用了这一模式。公共交通网络完善是珠江三角洲城乡管理部门始终关注的重要工作,目的是打破城乡互动壁垒,确保城乡之间拥有良好的互动空间。城镇群在此助力下进一步集中,并且有序发展,形成了更有特色的经济增长区,不仅为自身发展助力,还为新型社区培育打下了坚实的基础,以及在社区中推动社区服务中心建设,目的是优化社区服务质量,并且积累建设经验,为建设美丽乡村作贡献。小城镇和乡村在生态环境方面具有优势，这成为生态建设的基础，村容村貌得到整治，不仅有令人心旷神怡的自然风光，文明之风也在乡村盛行。区域间轨道交通进一步完善，其协调功能更加突出，城镇和乡村的空间布局拥有更大的操作空间，使得城市在带动乡村发展时更为便捷。2017 年，珠江三角洲有 6 个城市进入我国城镇化率最高的 10 个城市之列，并且名列前茅。珠江三角洲的城际轨道交通不断完善，连接能力进一步增强，加快了不同地区之间的互联互通速度，城乡融合发展获得巨大助力。

（四）区域集聚型城乡融合发展模式

区域集聚性城乡融合发展模式的主要特征是区域内的相关产业集聚，但集聚并不是毫无标准，而是立足于地理位置和资源禀赋进行分类，确保产业集聚后能满足分工要求，进而形成更大规模的集聚区域。小城镇与乡村的产业要向城市靠拢，形成经济开发区、高新区，这对于农业发展具有推动作用，因为农业实现大规模生产后，生产条件能得到有效优化，生产技术也能充分发挥作用，进而推动农业创造出更大产值。农村脱贫攻坚工作会从中受益，农村与城镇的发展差距也会不断缩小。农民的思维观念也会逐渐转变，不再拘泥于传统的生产模式，同时能接受新模式，自身也能成为城镇化建设的一分子，在实现城乡一体化目标上贡献力量。成都地区是典型的区域集聚型城乡融合发展模式的例子。成都地区建立了工业集中发展区，通过严格的建设标准驱动内部工业向集约化、集聚化方向发展，这一模式也为农业转型提供了助力，如土地利用呈现规模化特征，农民不再是传统耕种者，而是成为股东或者产业工人，收入水平得到大幅提升。农民的居住地也向城镇靠拢，所形成的聚居态势为整治村容村貌提供了便利，同时农村基础服务也能更好地为农民提供服务。成都气候温和、土地肥沃，适于作物耕种，据统计，成都市的平均土地垦殖指数达到 38.22%，远远超过全国 10.4% 的平均水平和四川省 11.5% 的水平①。成都市的农业资源得到良好整合后，所创造的效益总量十分可观，为缩小城乡差距和推动城乡融合发展提供了有力支持。

---

① 地理国情监测云平台．成都市土地利用数据［EB/OL］．http：//www.dsac.cn/DataProduct/Detail/20091624998302218.

第三节 我国城乡融合发展的现实问题

一、人口双向流动面临"双梗阻"

(一)农村人口市民化的阻力

当前农村人口市民化具有一些阻碍因素,其中之一便是户籍制度。很多农业转移人口进入城镇后,有住房、有工作,也能有户口,但所享受的公共服务却不完整,重点表现在子女上学、医疗保障等方面。正因为如此,农业转移人口在心理上很难认可自己的城镇居民身份。城镇化速度和人口市民化速度并不同步,这在一定程度上体现了城乡资源配置方面不够平衡和充分的问题,进而对人口资源利用产生不利影响。户籍制度与农村集体产权制度在某些方面不能良好过渡,造成农村转移人口进入城镇时需要投入更多成本;而在进入城镇后,城市户籍制度是公共服务的"准入证",由于农村转移人口在户籍上尚没有完全更新信息,造成他们不能充分享受公共服务。而且城市公共服务需要得到地方财政支持,随着农村转移人口不断进入城市,地方财政压力必然会不断增大,如此一来,地方政府就会对农业转移人口表现出排斥态度,不愿意接收。

(二)城市人才村民化的障碍

城镇人口向乡村流动得到了国家的大力支持,但城镇人口进入农村后,很难在农村入户。造成来自城市的人才即便想要为农村建设贡献力量,也会因为入户问题改变自己的选择,这样一来,流入农村的城市人才凤毛麟角,人口流动依然是农村向城镇流动。农村的生活条件、就业条件、医疗条件等也不如城市,这样就难以为城市人才提供全面服务,再加上工资待遇也会与城市有较大差距,想要到农村工作和就业创业的城市人才会少之又少。近年来,乡村振兴战略如火如荼推进,农村各方面的情况都得到了改善,但从整体上看,无论是基础设施建设规模还是建设水平都与城市存在较大差距。这与政府在配置公共资源时仍旧偏向城镇有着很大关系,这不仅阻碍了城市人才前往农村的脚步,就连农村本土人才也很少选择留在农村。

（三）城乡角色转变的制约

城镇化建设过程中，土地要素是重要利用对象，很多农村土地被征用，由服务农业转变为服务工业或商业，这是农村为城镇化建设作贡献的一部分。随着城镇规模的逐渐扩大，产业越来越丰富，所需要的劳动力也越来越多，此时农村居民尤其是青壮年会产生进入城镇工作的想法，农村人口便不断减少。年龄较大的农村人才会选择返回农村，但其消费能力有限，难以有效地扩大农村消费市场。具有较强消费能力的人群却因为户籍制度限制而无法在农村入户扎根，让农村错失了扩大消费市场的机会。

（四）城乡文化的较大差异

乡村是根，是国家的根、民族的根，也是城市的根。城镇化进程的加快，造成城乡之间出现显著文化差异，乡村文化的地位一降再降，难以得到社会的关注，导致乡村的很多传统文化渐渐消亡。第一，城镇化建设对乡村文化造成冲击。城镇化建设会倾向于吸收新元素与改进旧事物，很多存在成千上百年的乡村文化成为改造对象，部分乡村文化变得面目全非，甚至走向消亡。第二，城市文化对乡村文化造成冲击。改革开放以来，我国以开放态度与世界交流，这为外来思想进入我国创造了有利条件，而城市作为对外开放的重要载体，所受到的影响更为剧烈，因此城市文化更加多元，原来的文化底蕴被逐渐侵蚀。城乡融合视角下，城市与乡村更紧密接触，城市文化必然对乡村文化造成冲击，使其逐渐失去自身特点，被城市文化同化。第三，乡村人口不断外流造成乡村文化内生动力不足。农民进城务工成为常态，城市建设获得了生力军，而乡村地区却面临"空心化"困境。乡村的优秀文化没有人传承，也没有新人去创造新文化。

（五）城乡二元户籍制度的阻碍

户籍制度的实施是为了管理部门更好地掌握人口数量和结构，进而为人口管理提供依据。随着现实情况的演变，户籍制度已成为制约人口流动的阻碍。在新中国成立初期，我国农业迅猛发展，粮食产量持续增加，当时国家为了推动城市建设，开始有目的性地引导农民进入城市，可随着城市人口不断增多，所提供的建设助力与城市所要承担的管理压力和服务压力相比出现严重不对等，此时《公安部关于处理户口迁移的规定》出台，目的正是限制城乡人口流动。但当时所进行的户籍管理并不是太严格，城乡人口流动虽有所制约，但程度较浅，依然有大量农村人口向城市涌入，一时间城市在交通、粮食供应、住房等方面"压力山大"。到了1958年，《中华人民共和国户口登记条例》得到制定和实施，这标志着我国户籍制度正式形成。受当时大环境的影响，该条例并没有得到严格贯彻执行，农村人口涌入城市的现象仍旧在继续，这对当时的社会经济发展产生了极大的负面影响。面对这种情况，1963年，公安部将居民户口划分成农业户口和非农业户口，其中非农业户口只能食用国家供应的商品粮，至此城乡二元户籍制度正式形成。改革开放以来，一些有利于城乡人口流动的政策出台，但这些政策难以改变我国城乡二元户籍制度的现状。直到现在，农村人口进城务工畅通无阻，但想要在城市落户却有一系列条件限制，没有城市户口，便不能享受城市的社会福利。

二、乡村主体能动性尚未充分激发

(一)农村人力资本匮乏

社会生产中起决定性作用的是劳动者。只有依靠乡村高素质人力资本作后盾，才能推动乡村生产力的提升。目前我国农村人力资本面临存量流失严重与增量引进难两大困境。

农村人力资本存量流失严重。农村存量人力资本流失以农村青壮年人口流出为主，具有非户籍迁移性质。改革开放以来，由于城镇化的迅速发展和对大批劳动力的迫切需求，每年有大批青壮年农民进城打工。此外，外出的新产业工人文化素质不断提升，五年(2017—2021年)来，外出新产业工人大专及以上学历占比稳步上升，分别达到13.5%、13.8%、14.8%、16.5%、17.1%。[1] 新产业工人向外流动还有一个特征，就是非户籍迁移性质。农村户籍为农民的各种权利分配提供了基础条件，进城务工新产业工人因没有迁出户口使他们在农村仍拥有各种权利。然而，受农村存量利益单薄的影响，外出的新产业工人更多地关注务工

---

① 2020年农民工监测调查报告［R/OL］.（2021-04-30）［2024-08-20］. https：//www. stats. gov. cn/sj/zxfb/202302/t20230203_1901074. html.

地和务工行业的收益，对于户籍地所处乡村事务的重视程度降低，缺乏参与热情。另外，农村中高素质青壮年农民的大量流出，使得村庄失去了有活力、有本领的中坚农民，大大限制了村庄主体性作用的发挥。

农村人力资本增量导入难度大。农村中高素质青壮年农民多选择进城务工，导致农村存量人力资本流失严重，而且农村人力资本增量引进难，更突出地表现出农村人力资本引入的紧迫性。

近年来，国家推出了一系列人才政策来扶持农村人力资本的引进工作，如大学生村官工作、"三支一扶"计划、公费师范生计划、公费农科生计划、第一书记计划和干部包村计划等。即便如此，农村的人才引进工作依然受一系列不利条件的影响，如农村区位劣势、公共服务配套水平低、经济发展较为滞后、提供优惠政策有限等。此外，最近几年一些城市还通过给予户籍补贴、就业支持、购房补贴和直接补贴等形式引进农村人才，进一步增加了农村人才引进工作的困难程度。整体上看，近几年我国农村人力资本增量的引入效果有限，没有从根本上破解我国农村发展过程中所遭遇的人才紧缺困境。乡村青壮年中坚农民流出与乡村增量人力资本难以引入的双重因素相互叠加，使得乡村人力资本短缺困境进一步加剧。乡村主体性活化缺乏最主要的人力资本支撑，在很大程度上限制了乡村主体性活化在城乡融合发展过程中充分发挥作用。

(二)农村土地分散经营

土地是农村发展和农民繁衍生息的基础，没有土地，农民将无法谋生。随着时代发展，农村土地不再只是农业的载体，还能应用于其他方面，而且所带来的收益会大大超过农业生产，能够为乡村经济发展提供有力支撑。目前农村土地实行"三权分置"制度，每个家庭所承包的土地是固定的，不会因增人和减人而发生变化。而随着大量青壮年农民外流，土地的耕种者越来越少，此时城市对农产品的需求量却在扩大，因此农村土地集约化经营成为必然趋势。近年来的农村土地制度改革主要从提升农村土地流动性方面入手，并希望通过土地经营权流转来促进农村土地集约化和规模化利用水平。实践证明，经济发达地区的农村土地流转率较高，比如浙江省宁波市2021年的土地流转率超过了70%，江苏省昆山市2022年的土地流转率达到了96.4%。在发达地区的带动下，全国各地也对土地流转展开了深入研究，并积极通过改革来提升土地流转率。从流转土地流向来看，农户、家庭农场、农民专业合作社、相关企业等是主要流向主体；从集约化规模化利用层面分析，家庭农场、农民专业合作社、有关企业等能在获得土地经营权后，实现土地的集约化规模化利用。通过实际调研发现，流入农户这一渠道中的土地主要是农民外出务工后将土地留给亲朋好友种植，而亲朋好友往往也是普通农户，并不具备实现土地集约化规模化利用的能力。但这一渠道所占比例很高，几乎占到所有流转土地的一半，这说明大部分流转土地仍旧是分散经营，这既对农业产业化发展产生制约，也对城乡融合产生不利影响。

(三) 农村集体经济薄弱

农村集体经济是集体成员利用集体所有的资源要素，通过合作与联合实现共同发展的一种经济形态，是社会主义公有制经济的重要形式。中华人民共和国成立之初，通过农业改革和人民公社化，推动了农村集体经济的发展，但是随后出现的太多的"统"的问题，限制了农户个人的生产热情，同时也极大地阻碍了乡村经济发展。改革开放以来，我国乡村实行统分结合的两级管理制度，突出"分"字，除了极少数地区，绝大多数乡村将集体财产分给农户进行管理，导致了乡村的长期发展被边缘化。总体来说，我国的村级集体经济比较薄弱。近几年，随着我国扶贫开发政策的出台，村级集体经济得到了迅速发展。截至 2020 年末，全国共有 53.99 万个村级集体经济组织，其中 12.13 万个未获得集体经营性收入，在整个村级组织中占比 22.4%。集体性经营收入处于 10 万元以下的村级组织共有 36.15 万个，占总数的 66.9%。[①] 总体来看，农村集体经济仍然薄弱，而经济力量的薄弱造成农村集体难以凝聚民心，很多农民选择离开农村，使得农村集体经济的整体实力进一步受损，难以在城乡融合中承担起主体使命。

(四) 农民专业合作社发展滞后

农民专业合作社主要发挥"平台"角色，如充当组织平台，将农产品生产、经营、销售等人员组织起来，一同研究如何开拓市场和应对市场竞争；充当培训平台，为农民提供培训服务，提升他们的综合素质。2006 年，《中华人民共和国

---

① 李小红，段雪辉. 城乡融合发展中乡村主体性激活路径研究[J]. 理论探讨，2023 (4)：89-94.

农民专业合作社法》正式颁布，提升了农民专业合作社的发展速度。据统计，截至 2022 年 3 月底，全国依法登记的农民合作社达 222.2 万家，辐射带动近一半农户，其中种粮合作社达 48.3 万家。国外发达国家的农民专业合作社已经十分成熟，如法国 90% 以上的农民加入了合作社；美国的合作社数量很多，合作社数量与农户的比例达到 13 : 5；新西兰、澳大利亚、日本、韩国等国家 90% 以上的农民参与了农业合作社。根据这些国家的经验，农业合作社的作用已经被印证，我国应加大发展力度，但不能盲目扩张，还是要实现规范化发展。

（五）乡村的相对封闭性

城乡融合是要将城市和乡村融合到一起，在融合过程中，保持开放十分关键，只有如此城乡多种要素才能实现良性流动和共享。目前，城市的开放程度较高，乡村较为封闭。在城市，生产要素可以自由流动，城市居民也能自由迁徙并同时享受公共服务，这意味着城市治理得到优化，很多壁垒被打破；反观乡村，虽封闭性有所减弱，但距离开放还有较大距离。在经济层面，乡村依旧以小农户经营为主要发展方式，即便已经组建了集体组织，所开展的经营活动仍旧局限于较窄空间内。在治理层面，乡村主要通过户籍来进行管理，户籍之外的人员不在管理之列。城市开放，故吸引人才和引进资源方面便会十分顺畅；乡村封闭，故人才和资源引进便会遇到阻碍，造成城市一直在加速发展，而乡村却进步有限，有些乡村的发展甚至出现倒退。近年来，党和国家大力推动乡村改革，如在经济领域推行了土地制度改革，使得农村土地资源变得"活泛"，通过流动转化促进农村经济发展，但是治理层面改进速度不尽如人意，外来力量很难渗入治理体系。推动城乡融合，城市可为乡村带来诸多外部力量，可如果此种局面不能扭转，外来力量的作用便会受限，城乡共建格局也难以形成。

三、城乡空间区域不协调与数字隔阂显著

（一）实际空间的不协调使城乡差异产生

农村以农业为主要产业，城市以工业和服务业为主要产业，生产空间融合是以农业与工业、服务业融合为目的。融合要建立在农业和工业、服务业基本对等的前提下，目前看来，农业的发展水平与工业和服务业的发展水平存在差距，如

生产配套设施较为落后、应急管理措施不够完善等，造成农业抗风险能力较弱，在与其他产业融合时，可能会出现转移风险。农村的基础设施建设滞后，农民难以享受到高品质的公共服务，乡村教育质量不高、医疗保障作用不强、精神娱乐匮乏，这与城市有着较大差距。农村在生态空间上具有一定的优势，表现为生态资源丰富，但资源只有得到利用才能发挥其最大价值，因此农村要在生态资源利用上下功夫，如当下火热的乡村生态旅游便是重要的利用方式。有利用就要有监管，否则便会出现无序利用问题，而这又是农村的短板，因此部分农村出现了因生态资源无序利用而遭受破坏的现象。综上所述，城乡在生产空间、生活空间、生态空间上存在差异，使得城乡融合视野下的产业链条难以得到构建。

经济融合是城乡融合发展的基础，而目前的现状是经济融合在一些问题的冲击下难以进一步深化。主要表现在：第一，城乡之间产业融合不到位。农村地区基础设施落后，交通条件也较差，产业布局会偏向城市方向，如在距离城市较近的地区建设产业园区，而农村地区往往安置的是资源消耗型产业，这种布局会对农村生态环境产生严重冲击，导致人们对乡村的认可度不断降低，积极参与产业互动的热情也会减弱。第二，城乡之间信息融合较差。很多学者谈到农村经济时，认为小农经济依然占据主导地位，农村产业具有产业低端、产品附加值低等特点。随着数字经济的逐步崛起，乡村地区也深受影响，农村电商火热发展，但深入调研后会发现，农村电商存在很多不足，除数字化基础设施建设不到位外，农民的学习能力与应用能力较弱也是重要原因。很多农村电商在遇到市场变化时不能及时调整经营策略，遭遇损失甚至破产者不在少数。第三，城乡之间的产业体系不相融。人们普遍向往高品质生活，可现实却是残酷的，比如很多农产品在农药和化肥的影响下不再是绿色食品，可是没有两者助力，农产品的生产效率和产量又会大打折扣。人们呼唤原生态的农产品，但现实情况中原生态却难以有立足之地；随着新能源汽车的不断发展，人们找到了既能享受通行便利，又能降低环境污染的有效途径，但现实生活中，新能源汽车却因诸多阻碍而难以全面推广，如乡村地区没有足够资金去修建充电桩，从而降低了乡村居民购买新能源汽车的欲望，使得这一市场难以在乡村得到进一步开发。

（二）数字空间的两面性会影响城乡融合的整体效能

数字经济时代，智能、精准、高效、低碳成为发展方向，城市在利用数字技术上具有独特优势，能够在建设智慧城市方面做出成绩，不仅如此，城市中的数字产业也在不断深入推进，并且与实体经济融合程度越来越紧密。农村在数字化应用方面较为落后，基础数据资源体系刚刚起步，尚不具备带动能力，同时关键核心技术没有得到深入研发，造成乡村数字化治理浮于表面，而没有"真才实学"。总体来看，农村的数字经济占比较低。数据是一种新的生产要素，其功能强大，除具备常规生产要素拥有的功能外，还具备整合其他要素的能力，如果数据能得到合理应用，社会资源要素的交互融合将会上一个台阶。发展数字生产力已然成为必然趋势，集知识更新、技术创新、数据驱动为一体的局面需要得到数字生产力的支撑，当数字生产力真正实现后，乡村社会治理将更加灵敏高效，为乡村现代化建设和城乡更好融合提供助力。云计算、大数据、物联网、人工智能是当下新型技术的代表，当这些新技术应用于数字乡村建设后，可有力推动乡村数字经济发展，如农业也能实现智慧转型，高效管理、高效生产、高效进入市场将成为现实。乡村治理实现数字化，能够深度改变乡村发展模式，使乡村与时俱进，与城市的距离进一步缩小。从实质上分析，将数字技术引入乡村正是以提升乡村生产力为目标，当生产力达到更高层次后，其他方面的改革才能得到更有力的支持。

大力推动乡村数字化建设，是乡村振兴和农村现代化的必经之路，同时在数字化视野下，传统地理空间所形成的隔阂会被打破，城乡之间的距离会进一步拉近。学者王春光认为，数字技术应用于乡村基础设施建设、农业发展、不同产业融合等场景后，农产品销售模式将得到革新，农民就业也会更加灵活、多样，农村治理会更加重视服务方面的优化。[①] 目前来看，乡村数字建设情况并不乐观，比如有的乡村数字基础设施不到位，有的乡村应用数字技术方面的能力不足，无法充分发挥数字技术的应有功能，反而可能产生一定的不利影响，使得农村居民对数字技术表现出排斥心理。数字技术发展迅猛，但目前并不完全成熟，在应用时会存在一定的不确定性，而在一些特殊场景中，尤其是在农村多方面因素不到位的情况下，这种不确定性可能被大幅放大。城乡之间数字发展并不同步，呈现出两极分化现象，而一旦在乡村强行推行数字化建设，基层负担将会加重，也会

---

① 王春光. 新科技背景下城乡融合发展的风险及对策[J]. 人民论坛·学术前沿，2021（2）：36-42.

更加排斥数字技术。这就要求城乡融合中一定要立足于实际情况去引入数字技术和加强数字建设，在尽可能抓住机遇的同时，将挑战和风险降至最低。

四、乡村生态环境问题不容乐观

生态文明建设是新时代的主题之一。农村在生态环境方面具有一定的优势，但实际情况却并不令人乐观，主要表现在以下三个方面：一是农村居民的生态保护意识较为薄弱。农村居民对环境保护认识不足，认为环境保护是环保部门和政府的职责，与自身并没有太大关系，因而在现实生活中只是一味注重提升自身生活水平，而对于自身所作所为是否会对环境产生危害并不关心。出现这样的问题与农村教育水平不高有关。很多农民对垃圾分类认识不深，在投放垃圾时往往混合投放，同时也存在将一些含有有害物质的垃圾随意堆放的情况，造成水质、土壤、空气等被污染，使得农村人居环境不断恶化。除教育不足之外，生态政策宣传不到位也是重要原因。一些乡村只是采用广播、张贴告示等方式展开宣传，很少入门入户宣传或者开宣传大会，造成人们对生态政策的认知浮于表面。二是农村环境治理能力有待提升。环境治理需要基础设施支持，而农村在基础设施建设这一方面较为不足，很多环境治理工作开展不到位。基础设施建设需要资金支持，而农村资金有限，加之环境治理工作繁杂多样，划入环境治理的资金更是少之又少。农村环境治理还面临多元协同困境。农村生态环境包含范围较广，林业、水利等多个部门会参与管理和治理，但不同部门存在理解与认知差异，致使具体治理工作中经常出现冲突，或互相推诿和扯皮。环境治理一味依靠相关部门远远不够，企业和农村居民等也应参与其中，但实际情况却是鲜有居民和企业主动参与，究其原因与治理主体范围和边界模糊不清有着紧密关系。三是农村环境治理机制不健全。首先是补偿机制不健全。农村的生态补偿金并不充足，并且来源分散，难以保证及时到位，这必然会削弱补偿机制的作用。其次是沟通机制不健全。环境治理需要依靠群众，但由于缺乏沟通平台、沟通手段等，造成农村居民与环境治理机构没有太多交集，当出现环境污染问题时，治理机构不能及时获知情况和采取应对之策，从而出现污染进一步扩大的情况。最后是监督与问责机制不健全。农村环境治理工作相当复杂，相关机构在治理过程中容易松懈，如果能得到及时监督和问责，就可以督促这些机构及时改正错误行为。但实际情况却是，由于缺乏专业环境监管人员，以及相应监管装备陈旧落后，造成监管工作收效甚微。

第四节 我国城乡融合发展的影响因素

一、产业结构变革对城乡融合发展的影响

(一)产业结构高级化对城乡融合发展的影响机理分析

产业结构高级化是一个由低端向高端发展的过程,在外在表现上,产业结构高级化意味着产业类型更加丰富,产业结构更为合理,总产值持续增加的同时,内部产业产值相对增加;在投入方面,那些对劳动力等资源有大量需求的产业会转型,技术和资本会成为主要投入对象;从产出方面来看,初级产品总量不断减少,非初级产品成为主流。产业结构高级化能从多个方面作用于城乡融合,推动城乡融合发展取得更好效果。

1. 通过经济发展作用于城乡融合发展

基于大多数国家的发展经验可知,农业的边际生产率在三个产业中最低,因而工业和服务业会得到国家的高度重视,国家寄希望于工业和服务业来带动经济发展。随着经济发展的不断推进,边际生产率最高的服务业将成为主导,当前很多发达国家中就可见这种现象。经济发展初期,城市是众多资源的集聚地,城乡差距由此拉开,当城市发展到一定阶段后,会进行产业结构调整,进而继续吸引丰富的人力资源前往城市。这一阶段的乡村仍旧处在产业结构较为单一的状态中,农业与其他产业没有实现紧密结合,因此,城市会在产业结构调整后继续稳步发展,而乡村依旧原地踏步,两者的差距必然进一步拉大。在经济社会实现进一步发展后,二元经济结构才被逐渐打破,产业分工也才能重新布局。而在实际情况中,城市发展出现了"城市病",表现为边际生产率并没有随着资源投入的增多而增加,这样一来,城市需要调整发展方向,其中推动人才、资本等资源向农村回流是重要策略,一方面是支持农村发展,另一方面是通过产业融合革新产业结构。当前第三产业火热发展,三次产业的界限变得模糊,为城乡产业融合创造了条件,同时政府也更加重视农村发展,这些都是农村产业结构高级化的重要推力。经济格局转变最终会推动城乡格局的重塑,有利于城乡融合发展,也能更快实现城乡共同富裕的目标。经济发展水平与居民生活水平直接相关,当经济发

展越好时，居民的可支配收入会增加，消费能力也会增强，居民的幸福度会得到提升，更重要的是能缩小城市居民和乡村居民在意识上的差距，进而促进城乡经济融合。地方财政收入也会随着经济发展水平的提升而提升，而地方财政资金充足后，也会推动公共服务建设，如医疗卫生、教育、生态环境保护等都能达到更高水平，并成为城乡社会和生态融合的重要助力。

2. 通过人口流动作用于城乡融合发展

就业结构与产业结构紧密关联。从产业类型上看，第二、第三产业所能创造的就业岗位更多，因此能吸引大量劳动力，当产业发生变动后，劳动力也会进行流动。城市地区以第二、第三产业为主，相较于农业，工业和服务业能为人们带来更高的收入，因此大量人口会流入城市，并进一步推动城市发展，与此同时，城市与乡村的差距便会进一步显现出来。随着乡村建设的不断深入，加上市场机制的不断完善，乡村产业也会逐渐丰富多元，所提供的就业岗位逐渐增多，从业者的就业收入也会提升，此时便会自然而然地推动人口回流。人口单向流动局面就会被打破，人口资源达到新的动态平衡。重新回到农村的劳动力能为农村经济发展作贡献，其具备的意识和能力为农村融入新元素提供支撑，如互联网人才便是典型例子。随着农村人才总量的不断增加，新产品、新行业也会随之产生，农村的整体文化水平也能得到提升，新技术、新方法、新理念在农村"生根发芽"，成为农村发生质的改变的重要支撑。

3. 通过创新活动作用于城乡融合发展

社会的发展离不开创新的支持，没有创新，产业结构高级化会失去动力，只有大力推动创新，才能为产业结构高级化提供有力支撑，同时产业结构高级化也会反过来促进创新活动高效开展。在产业发展中，创新之举会成为"亮点"，能吸引大量资源集中，为创新活动的顺利开展提供支撑，达成原有产品被新产品取代的目标。这一过程可能是经营模式的创新，也可能是技术的创新，无论怎样，创新都能提升产业竞争力，同时也能催生新的产业。城市在创新技术的助力下对产业结构进行调整，服务业占比会不断提升，进而对农村产品的需求有所增加，如城市旅游业为了体现绿色环保理念，会从农村采购天然、绿色的农产品。考虑到成本、市场等因素，城市中的一些产业也可能向农村转移，产业结构高级化会成为创新活动源源不断的动力，农村可在创新活动的助力下对现有产业进行整合，也能优化产品的生产和加工过程，从而产出附加值更高的产品。城乡进行产业融合时，创新必不可少，如对管理制度、生产组织方式等加以创新，推动产业融合获得更好效果。

4. 通过经济辐射作用于城乡融合发展

城市在产业结构调整上走在前列，当城市更好发展后，其辐射效应将更为突出。城市和乡村可以相互辐射，城市能向乡村输送科技、资本、先进管理经验等，乡村能向城市输送劳动力、提供消费市场，两者通过优势互补可使双方受益，处于弱势地位的农村也能更快发展。因此经济辐射应被置于更重要的地位，推动城乡差距缩小以及助力城乡融合。市场机制能为经济辐射发挥作用提供有效助力，但经济辐射作用的发挥不能完全依靠市场机制，还要做好政策引导，只有双管齐下，城乡要素才能充分流动，有效消除城乡产业壁垒。产业处于动态发展之中，某个产业会在要素禀赋、政策扶持等因素下快速崛起，成为优势产业，而当这一产业能够在创新方面有所作为，增长率不断提升并且能对其他产业产生带动作用时，这一产业就能成为主导产业。主导产业对于地区经济增长和社会进步具有重要的带动作用，按照罗斯托的观点，带动作用体现为三大效应：一是前向关联效应。主导产业拥有更大市场、更多资源、更高技术水平、更优秀团队，所开发出的产品更新换代也会更快，同时产业结构升级也能获得巨大助力。如果主导产业能影响农村市场，农村产业转型也会更为迅速，技术创新和产品研发就会上升到新的层次。二是后关联效应。主导产业规模不断扩大，对于各类资源的需求也会增大，上下游供应商为了满足主导产业的需求，会自觉革新技术，同时劳动力等资源也会流向主导产业。这一效应可以扩大农村相关供应商的产品销售量，为农村创收提供支持，而需求量的提升也能助力农村产业扩大，所能提供的就业岗位进一步增加，有利于农村居民就业问题的解决，也能吸引更多人才前往农村。三是旁侧关联效应。除了自身发展外，主导产业对于经济、社会、文化等方面也会产生影响，这一影响并不局限于当地，其他地方也能从中受益。主导产业旁侧关联效应体现的是其非经济促进作用，相较于直接的经济促进，非经济促进的影响范围和深度会更加广阔和深刻，比如农村人才队伍建设能在其影响下不断优化，实现综合素质的全面提升。

(二)产业结构合理化对城乡融合发展的影响机理分析

1. 通过优化资源配置作用于城乡融合发展

城乡融合发展过程中，城市与乡村既要合作，同时也会博弈，这使得融合之路变得复杂，仅仅采用增加农村投入的方式很难缩小城乡差距，只有从整体上规划和设计才是可行之路。产业结构合理化有助于剔除不合理产业，而留下的产业则更符合现有需求，并且具有较大的发展潜力。城市和乡村都需要合理地调整产业结构，这一做法还能推动城乡产业结构建立联系，当城乡在市场上建立联系后，乡村可获得来自城市的多种支持。资源优化配置也要建立在产业结构合理的基础上。不同的产业会在生产率上具有差异，一般来说，生产率高的产业对资本和劳动力更具吸引力。城乡实现产业结构合理化调整后，资源配置也会优化，并与市场需求实现高度匹配，这有利于提升产业生产率，同时也能与当地经济发展相契合。

2. 通过协同发展作用于城乡融合发展

不同产业如果能够互补，就能够为当地经济发展水平的提升提供助力，而想要做到"互补"就需要建立在不同产业良好耦合的基础上，如在技术应用上都能积极追求先进、资源运用上遵循全面运转原则等，这样的产业在互补之后，生产效率会进一步提升，产出与投入的比值会升高。城乡各有自身要素禀赋，想要通过互补实现融合发展，就需要在要素禀赋利用上基本一致，如城乡之间劳动力和相关资源流动应平衡。基本一致并不是要求对等，因为农村产业承接能力不能与城市相提并论。当下更多企业会选择将农村作为建厂地址，原因在于农村土地成本与人力成本低。企业从城市迁往农村，也会成为城乡之间的连接纽带，更好地交换彼此优势，通过互补使各自充分受益。

3. 通过外部性作用于城乡融合发展

产业结构合理化需要统筹考量，将各产业放到一起进行比较分析，并以产业耦合为入手点思考其调整策略。在这一过程中，外部性问题也要得到充分重视，当所有产业同时生产所创造出的总产出高于分别生产创造的总产出时，被称为正外部性，此时产业之间更多的是促进和提升关系，也表现为协调度较高。当所有产业同时生产所创造出的总产出低于分别生产创造的总产出时，说明产业间协调度较低，产业之间的促进作用十分有限，更多的是抑制作用。产业结构合理化可以为形成正外部性效应提供支持。具体到城乡融合发展中，城乡产业耦合度处于较高水平时，某产业发生变动，会在一定程度上影响其他产业，如工业水平提升有利于改进农业生产技术，旅游业火热发展能带动农村服务业；农村就业和资源回流也会受到正面影响，如某一产业启动后可为其他产业带来收益，此时其他产业就会获利，如规模扩大、技术革新，人才和先进资源也会向该产业流动。

二、互联网对城乡融合发展的影响

(一)互联网与城乡居民收入关系的研究

20世纪90年代，互联网技术开始得到应用，相关学者对互联网展开深入研究。互联网和城乡居民收入之间的关系是众多研究内容之一，其主要集中于两个方面。一方面是互联网与城乡居民收入分配之间的关系。通过整合相关文献发现该研究主要从4个角度进行。第一是群体划分角度。互联网时代，市场竞争更为激烈，商品价格不断走低，这从侧面提高了居民消费总量。居民的可支配收入也在提升，据统计，互联网会给中国居民带来23.99%的额外收入，但不同居民在收入上所受互联网的影响具有差异，学者蒋琪等通过调查研究发现，中年人、农村居民、受过高等教育的群体所受影响相对更大。[①] 第二是从收入来源角度。人们能通过互联网寻找工作，投入成本降低，而匹配效率更高，因此人们的失业期会更短，整体收入必然增加。对于获得经营性收入的人员来说，互联网可助力经营效率提升。有学者指出，农村居民会在互联网的影响下提升经营性收入，城市居民的经营性收入却会出现下降现象。[②] 在财产性收入方面，学者韩长根和张力通过实证分析指出，农村居民的财政性收入会在互联网影响下获得提升，而城镇居民的提升效果不明显。在转移性收入方面，学者韩长根和张力通过参考相关数据后发现，无论是城市居民还是农村居民，转移性收入受互联网影响不显著。[③]第三是农村居民内部收入角度。互联网时代，人们的就业方式更加多样，工作时间也更为自由，这使得工作时间总量有所增加，除此之外，互联网能提高信息传播速度，有利于信息价值的凸显。总体来看，农村居民的收入会在以上因素影响下增加，尤其是青年群体和受教育程度较高的群体会更为显著。第四是性别角

---

① 蒋琪，王标悦，张辉，等. 互联网使用对中国居民个人收入的影响：基于CFPS面板数据的经验研究[J]. 劳动经济研究，2018，6(5)：121-143.

② 韩长根，张力. 互联网普及对于城乡收入分配的影响：基于我国省际面板数据的系统GMM分析[J]. 经济问题探索，2017(8)：18-27.

③ 韩长根，张力. 互联网普及对于城乡收入分配的影响：基于我国省际面板数据的系统GMM分析[J]. 经济问题探索，2017(8)：18-27.

度。互联网时代，办公可采用远程方式，通过网络可进行兼职或者自主创业，这使得工作时间更为灵活，其中女性更愿意参与其中，原因在于体力劳动有所弱化以及工作地点不固定后，能够满足女性的就业要求，让她们愿意投入时间和精力去参与互联网工作。

另一方面是互联网与城乡居民收入差距之间的关系。从目前的研究情况来看，关于这一点并没有形成统一观点，主要包括以下三类观点：一是互联网有助于缩小收入差距。[1] 学者张永丽和李青原认为互联网能有效提升农户收入，其中贫困户所受影响更显著，这样便缩小了农户之间的收入差距。学者李雅楠和谢倩芸认为互联网带来的收益对于弱化工资不平等现象有所助力，尤其是在高工资和中等收入群体之间体现更为明显。[2] 学者韩长根和张力认为农村居民所受到的互联网拉动作用会强于城镇居民，这样便能缩小城乡收入差距。[3] 二是互联网会扩大居民收入差距。有学者认为互联网突破了年龄限制，降低了年龄对收入的影响，但使性别、受教育水平的影响力增强。同时互联网能帮助人们快速搜集资料，工作效率与工资水平都会提升，但具体到城乡场景，由于互联网普及率存在差异，使得城乡收入差距有扩大趋势。[4] 三是互联网与城乡居民收入差距之间呈非线性关联。互联网刚刚兴起时，农村在互联网技术设施建设方面较为落后，城乡居民收入差距因此而有所加大，随着互联网的逐渐普及，农村居民对互联网的应用水平达到新高度，此时会助力城乡居民收入差距的缩小。

(二) 互联网与城乡居民消费关系的研究

首先是互联网对居民消费水平的影响。数字经济在互联网的带动下迅猛发展，人们的消费理念也逐步发生转变，更大地激发了人们的消费潜力。在农村地区，农村居民的消费水平在使用互联网之后显著提升，而从消费类型上看，农村

① 张永丽，李青原. 互联网使用对贫困地区农户收入的影响：基于甘肃省 15 个贫困村 1735 个农户的调查数据[J]. 管理评论，2021(2)：1-12.

② 李雅楠，谢倩芸. 互联网使用与工资收入差距：基于 CHNS 数据的经验分析[J]. 经济理论与经济管理，2017(7)：87-100.

③ 韩长根，张力. 互联网普及对于城乡收入分配的影响：基于我国省际面板数据的系统 GMM 分析[J]. 经济问题探索，2017(8)：18-27.

④ 刘晓倩，韩青. 农村居民互联网使用对收入的影响及其机理：基于中国家庭追踪调查 (CFPS)数据[J]. 农业技术经济，2018(9)：123-134.

地区的年轻人主要在生活服务、文化教育等方面进行消费，具体到男性方面，生存消费的提升较为显著，女性在生存消费上没有太大变化。其次是互联网对消费结构的影响。城乡居民的消费结构在互联网作用下得到升级，主要动力来源于互联网引起的价格效应和市场范围效应，学者王玥和孟婉荣认为这种变化在高收入群体中更为显著。[①] 总体来看，学者们对互联网影响消费结构并未形成统一观点，有的学者认为互联网能明显促进城市居民消费结构变化，有的学者认为农村消费结构所受影响更为突出。但是这种影响不会一直保持，而是在到一定节点后出现下降趋势。在消费结构上，学者贺达和顾江认为互联网对农村居民生存类消费的促进作用十分明显，而享受类消费方面没有太大变化。[②] 最后是互联网对消费差距的影响。农村居民在互联网的促进下更加注重文化消费，这有利于缩小城乡居民在文化消费上的差距，但由于边际递减效应，差距仍会维持在一定范围内。从地区上看，西部地区的城乡居民文化消费差距缩小态势比中部、东部更明显。

(三)互联网对城乡融合发展的双向影响

1. 互联网对城乡融合发展的抑制

城乡之间仍然存在数字鸿沟，这可能会成为城乡融合的"拦路虎"。数字鸿沟的形成与城乡二元结构有着紧密关系，主要表现为城乡居民对数字技术接受程度、信息资源获取机会、智能设备普及范围、网络知识学习能力等方面存在巨大差距。长期以来，城市是发展主体，数字基础设施建设也是"先城市后农村"，制约了农村的数字化转型。当基础设施不到位时，农村居民使用数字技术时会出现不便捷、不快速、不及时等问题，一些就业创业机会因信息接收滞后而错失。互联网金融也难以在农村地区得到铺展，使得农村难以得到这一方面的金融助力。城乡差距在互联网时代没有缩小，反而扩大了，这是数字鸿沟的"杰作"。农村教育也落后于城市，农村居民对于数字技术的了解往往停留在一些门槛较低、使用难度较小的方面，而在更深刻、更需要全面思考的领域却鲜有涉足，这样的短板导致农村居民难以享受数字红利。

---

① 王玥，孟婉荣．互联网赋能城镇居民家庭消费升级研究：基于 CGSS 2015 数据分析 [J]．辽宁大学学报(哲学社会科学版)，2020，48(6)：82-93.

② 贺达，顾江．互联网对农村居民消费水平和结构的影响：基于 CFPS 数据的 PSM 实证研究[J]．农村经济，2018(10)：51-57.

2. 互联网对城乡融合发展的促进

互联网技术逐步在农村得到应用，使得传统经济发展模式得到革新，成为产业结构转型升级的助力，同时也为农村经济可持续发展打下坚实的基础。

第一，借助互联网能够促进信息快捷传播。农业科技信息可被农民获取，在开展农业生产时进行针对性革新，如农民可从互联网上了解新品种、新技术、新模式等，帮助他们改善传统的工作方法，让农业生产率达到更高水平；互联网还能将气象、病虫害防治等信息传达给农民，让他们及时对存在的风险作出应对，最大程度降低损失。

第二，互联网能助力农产品销售价格提升，并且在维护市场稳定性方面具有重要作用。农户可通过互联网获得相关农产品信息，其中价格信息最为关键，这能帮助农户及时调整价格，使得农产品"物有所值"。在互联网助力下，网络直播销售模式火热发展，可借助这一渠道进行农产品销售，并且该渠道可让农户与消费者直接对接，能降低销售成本，同时也能避免农产品滞销。

第三，互联网能为农村居民提供就业信息，帮助他们更好就业。在非农忙季节，农村劳动力会寻找其他工作来获得收入，农村居民通过互联网能快速了解就业市场信息，并基于自身情况进行考量，找到与自身匹配的工作。创业也是就业途径中的一种，数字普惠金融在农村扎根后，能为农户创业提供资金支持，帮助他们开启创业第一步。

互联网技术不仅能促进农村经济转型升级，还能在优化城乡要素配置方面作贡献，促进社会服务资源更好进入农村地区，如医疗、教育、养老、社会保障、文化生活等方面的资源可以让农民体会到更高的服务质量。农村教育存在诸多短板，在互联网助力下，农村学生能线上学习种类齐全的名师课程，得到优秀师资的指导，学习效率和学习效果都能得到优化。农村医疗存在资源匮乏、覆盖范围较窄等问题，导致农民看病难，而通过互联网，农民可以向医疗人员进行线上咨询，也能线上排号，更快接受医疗人员的诊断。传统的医疗模式也能在互联网的助力下实现优化升级，比如在5G技术支持下，远程会诊、远程手术等医疗服务模式能成为现实，病人可以跨越空间得到优秀医疗力量的治疗，有利于解决农村居民长途跋涉到大城市治疗疾病的问题。健康服务系统得到数字化构建后，可更全面地展开健康管理。农村居民看病留下的所有信息会被记录在册，而后进入健康信息系统，可以帮助医疗人员更快了解病人情况，并能在平时的治疗中进行及时监督。传统养老服务产业在互联网时代逐步向智能化方向发展，便捷、高效是其重要特征，有利于满足农村居民多元化养老服务需求。养老机构可借助互联网将老人的相关信息及时传输给其子女，让子女及时了解并放心；如果老人出现意外，子女也能通过这一系统及时呼救，帮助老人及时得到救治。在社会保障领域，互联网可助力数字化社会保障模式形成。农村居民对于社会保障了解程度不深，参与意识较弱，若在网络社交平台上进行广泛宣传，则有利于扭转农村居民的思想观念，从而让农村居民更为主动地参与其中。相较于过去交费程序麻烦等问题，互联网助力下的网络支付方式更为便捷，农村居民足不出户也能交费。在文化生活领域，互联网可以为人们带来更多娱乐节目，尤其是地处偏僻的乡村地区，往往存在文化生活单一的问题，依靠互联网，可以帮助农村居民获得精神世界的满足。

三、政策偏向对城乡融合发展的影响

城乡融合是继城乡统筹和城乡一体化之后的更高阶段，追求城乡在多个领域做到交流互动和双向融合，而从本质上看，融合的基础是开放，只有城乡之间以开放之姿态相互面对，才能更好融合，构建"共建共享共融"的城乡生命共同体。地方政府在城乡资源配置中能发挥重要作用，是城乡高质量发展的责任主体，也是国家现代化建设的关键一分子。我国实行财政分权体制，地方政府官员会面临经济增长和政治晋升的双重激励，为促进本地经济发展，在政策制定和实施时会更加偏向城市，一定程度上会造成城乡之间财政支出偏向。财政分权和支出偏向会同时存在，对于城乡融合来说，财政分权有利于通过城市发展而后带动农村发展，帮助农民提升农产品质量和销量，进而增加收入；支出偏向会造成城市资源更多，农村资源较为匮乏，对于城乡融合十分不利。财政支出对于城乡融合并不绝对具有促进作用，这一观点看似反常，实际上却有着合理解释。财政向农业农村支出时，本质上是以公共资源的形式存在，但由于地方政府尚未建立善治体系，很多方面管理不到位，容易产生"寻租行为"，造成财政支出所投入的地方并不是农民需要的地方，使得中央财政并没有在增加农民利益的方面发挥作用，反而成为损害农民利益的推手。有学者指出，单纯的财政支出对于农业农村发展并不必然具有促进作用，需要改变"单纯增加支农支出总量"现状。① 地方政府主

---

① 周佳宁，秦富仓，刘佳，等. 多维视域下中国城乡融合水平测度、时空演变与影响机制［J］. 中国人口・资源与环境，2019，29（9）：166-176.

导经济的行为可在一定程度上引领财政支出应用方向，为应对"单纯增加支农支出总量"现状有所助力。我国财政分权大体系下，地方政府会同时具有"扶持之手"和"掠夺之手"的双重属性，具体来看，经济不发达地区，政府"掠夺之手"会强于"扶持之手"；经济发达地区，政府"扶持之手"会强于"掠夺之手"。"扶持之手"主要表现在政府对"寻租行为""精英俘获"等进行纠偏，促使财政资源应用到更合理的地方；而"掠夺之手"并非完全有害，也能对经济落后地区基础设施建设和投资提供助力，一定程度上为城乡融合作贡献。

基于以上分析，可得到以下政策启示：一是政府行为要规范，使政府在区域协同中发挥更大作用。地方政府的错误资源配置行为要得到及时纠正，避免过多偏向城市，或对市场配置进行过度干预。要想做到这一点，就要建立一套市场化、规范化的制度体系，尤其是约束制度要深入且全面，帮助政府革新理念。二是要优化财政支出结构，提高资本利用效率。单纯进行财政支出是不够的，因为单纯进行财政支出对于城乡融合还可能产生负面作用，如给"寻租行为"可乘之机，使得财政支出不能落实到农业生产和农民增收上。优化财政支出结构，关键是要提升支出的灵活性与全程可控性，使政府的"扶持之手"和"掠夺之手"尽可能发挥正向效应，一方面助力政府治理能力提升，另一方面则为民生改善和城乡融合提供有力支持。

第三章　国外城乡融合发展的经验与启示

在我国，农村与城市的融合是一个特定的、漫长而又难以跨越的过程。要在短期之内消除农村和城市之间的差异，采取城乡统筹政策，不仅不现实，而且不可能实现。因此，分析探索国外相关国家城乡融合发展的借鉴与启示对我国而言具有重要意义，本章就对国外城乡融合发展的经验进行介绍。

第一节　美国城乡融合发展的经验分析

一、美国城乡关系的主要表现

美国是世界强国，其工业化和城镇化水平居于世界前列，城乡差距不明显，这一点放诸世界也是极为特殊。从 1870 年到 1920 年，美国城市人口大幅增长，这与农业生产技术革新有很大关系。由于新技术的应用，农业生产效率大幅提升，对于劳动力的需求降低，剩余劳动力开始转移到城市成为城市居民。这一过程中，美国各城市的功能属性得到突显，底特律以工业发达著称，纽约的商业和金融业是其名片，华盛顿则是政治中心。美国各城市的主业十分明确，对城镇化进程效率提升有很大助力。大量移民进入城市中生存和发展，城市劳动力人口稳定。城市与乡村依旧联系紧密，帮助乡村、扶植乡村成为城市的一项重要使命，城市会向乡村输出工业机械和生物技术，不仅为乡村发展提供助力，同时城乡关系也逐渐趋于稳定和良好。

(一)城市工业化支持乡村农业机械化

城镇化在工业化推动下进行，而农业也没有落下，同样受到工业支持，比如美国农业中很早便使用大机器，这成为美国农业加速发展的支撑，同时也为城市获得来自农村的劳动力打下了基础。农业人口虽少，但农产品产出总量却足以养活 3 亿多本国人口，而且还有剩余农产品出口。可以看出，美国城乡之间是相互促进的关系，而在这样的关系中，市民和农民的收入差距很小，两者的生活品质基本处于同一水平，甚至有一段时间，乡村居民的收入超过了城市居民的收入。这种模式下，不会出现农业衰落的情况，同时城市发展动力依旧很足。

（二）高度发达的交通设施加强了城乡联通

联通和互动是城乡融合发展的基础。美国早已意识到这一点，很早便在道路修建上大量投入，比如太平洋铁路便是典型例子。公路修建也没有落下，这成为汽车业高度发达的推动力，同时城市与乡村也能紧密联系起来，实现更高效率的互动。很多美国人白天在都市中忙于工作，晚上则会回到田园乡村。据统计，目前美国铁路总里程超过了 25 万千米，高速公路里程在 10.6 万千米以上。[①] 城乡之间交通便利，资源运输效率高，经济发展获得了巨大助力。我国在人均铁路和公路里程上与美国存在较大差距，对城乡融合产生了不利影响。

（三）农民既是生产者，也是有效参与活动的经营者

美国的庄园主往往比工厂主更加富裕，这与他们的身份属性有关。这些庄园主会参与农业生产，能够保障农产品品质，同时他们也会积极进入市场调研，实时了解市场需求、市场价格等信息，生产更具针对性，并且可及时调整销售价格。这种模式下，农民的自主地位处于较高层次，无论是生产还是销售都能做到灵活应变。后来城市的新型商人开始出现，他们取代庄园主成为最富裕的群体。美国对于农业十分重视，并积极探索新的农业产业体系。资源向优势农户集中是重要原则，因为优势农户在专业性、集约化上更为出色，当他们获得支持后，农业生产才能走向规模化。美国的农业生产并不局限于产出环节，他们会将加工和销售纳入其中，并且加工和销售所占比例超过产出环节。在机械化和商业化的加持下，美国乡村具有更高的生产力，并且抗风险能力也较强。1970 年美国出现逆城镇化现象，20 年后，城镇化水平也只恢复到了原来的 76%。表面上看，美

---

① https：//m. huxiu. com/article/818787. html？collection_id＝301&type＝text&visit_source＝home_page；https：//www. 163. com/dy/article/HR75M7880553OUEU. html.

国从事农业生产的人很少，实际上参与农业及相关产业的人在 200 万左右，[①] 因此我国不能盲目借鉴减少农业人口的做法。

二、美国在城乡融合发展中的有效举措

(一)在民众参与方面

20 世纪初期，美国民众对城乡规划具有发言权，到了 20 世纪中期，民众参与规模进一步扩大，城乡规划领域更是成为参与重点，联邦政府也竭力推动公众参与社会事务，并将政府决策与公众参与联系起来。为了进一步规范公众参与社会事务，相关法律法规如《联邦高速公路法案》《环境法规》《新联邦交通法》等得以出台。

美国民众参与城乡规划主要有两种形式，一是自上而下式，该形式中，政府会对民众开放规划项目，让民众理解规划意图，以及判断是否危及自身利益。"小区规划理事会"和"小区规划办公室"是接待民众的机构，前者主要负责向政府反馈各种情况，帮助政府制定更合理的规划；后者主要负责为民众提供发表意见的平台，让政府听到民众的声音。二是自下而上式，该形式主要依靠民众自发的力量，"咨询委员会"是民众自发形成的重要组织。该组织可与政府直接对接，向政府提出建议，帮助政府更好地进行规划。"邻里规划会议""特别行动小组"等也是民间自发成立的组织，可以与小区规划理事会对接，为其出谋划策或者反馈相关建议。非政府组织与社区组织共存，且能良好交流合作，这成为公众参与更有价值的支撑。政府规划包括多个阶段，在提案和决策阶段，政府会与上述机构和组织取得联系，了解民意，开放市民投票渠道，让市民来决定规划议案是否能通过；在实施阶段，政府会雇用市民参与实施工作，发挥监督作用，保证规划实施与规划方案相一致。

(二)在城乡市场与产业发展方面

美国十分重视城乡市场和产业发展，围绕这些领域出台了诸多政策。比如农

---

① 潘晓成．论城乡关系：从分离到融合的历史与现实[M]．北京：人民日报出版社，2019：172.

产品方面,政府会出台政策进行保护,还会发放农业补贴,推动农业技术革新,以及助力市场规划,使得农村产业获得更好发展。2014 年,《食物、农场及就业法案》的出台是为了支持中小农场发展,切实保障农场主利益,并将提高农民收入作为重要目标。美国还实施了《粮食、保育和能源法案》,从更多层面指导乡村发展,凸显农民主体地位。农村商业与合作发展局专门为农业提供资金支持,搭配成熟的风险控制机制和多元化资金来源,使得农业发展风险进一步降低,而且企业与私人之间也能更顺利开展合作。

美国在 20 世纪 30 年代初期遭遇了经济危机,为度过危机,美国政府出台支持性收购政策和目标价格支持政策来稳定农业发展。目标价格支持政策主要是由联邦政府的商品信贷公司(Commodity Credit Corporation,CCC)通过无追索贷款和政府购买来实施,凡是按照政策规定进行生产和销售的农场都会得到支持,不符合要求的则会被惩罚。1973 年,美国《农业法》出台,也将保证农产品价格作为重点,为了实现这一目标,价格补贴是重要策略。价格调节是为了稳定农产品在本国市场上的价格,而目标价格支持政策主要是从出口层面加以考量,所提供的价格补贴实际上相当于出口补贴。美国政府在保持农业稳定推进方面做了很多工作,如控制农作物面积与总量、土地耕种进行轮换等,目的是进行水土保持,避免过度耕种造成土地肥力一降再降。美国政府还设立了农业管理机构,负责农业、农民等相关事务。该机构围绕具体事务构建了农村公共产品供给体系。该体系具有以下特征:一是多元参与,其中政府居于主导位置,其他参与体在政府领导下参与相关事务,而为了调动其他参与体的积极性,政府还会拨付专项资金予以鼓励;二是重点明确,所有管理行为都是为农村设施建设服务,目的是推动农业事业全面发展。政府一般不会参与这一过程,而是由该机构全面负责。

(三) 在城乡法律与政策方面

美国对农业的重视程度较高,1933 年,美国政府着手构建保护体系,并专门出台《农业调整法》提供法律支持。在此之后的每五年都会出台一部农业法案,用于指导五年之内农业发展相关事项的开展,尤其是提供预算依据,确保预算款及时到位。美国的农业法案不能单独运行,美国围绕该类法案制定了六年农业科技发展计划,将农业科技作为独立区块去研究。美国政府不断调整农业政策,逐渐涉足每个相关领域,除价格补贴、农业信贷之外,还会从农业资源保护和预防风险方面出台相关政策。信贷主要是提供资金支持，美国政府成立了庞大的农业信贷系统，并丰富贷款方式，确保农场主能及时获得贷款。为抵御风险，美国还设立了农业保险制度，农场主只需缴纳少量保险费就能在遭遇风险时获得大额赔偿，如干旱、洪涝等，减轻了农场主的负担，农民的收入基本上不会发生太大变化。

（四）在城乡基础设施建设方面

美国政府会对城乡基础设施和公共服务进行补贴，也会调动社会力量进行投资。为了规划资金用途，美国成立了公共事业服务局和农村住宅服务局。前者负责设施建设，将改善乡村基本条件作为主要任务，这对于缩小城乡基础设施差距贡献极大。美国的很多高校、公司总部等分布在乡村，受其影响，周遭的基础建设也没有落下，购物、娱乐等设施应有尽有，医疗、教育等资源十分健全。后者负责提升乡村居民的生活质量，并为低收入人群提供生活保障。在美国，农村劳动力转移十分顺畅，外在限制很少，转移到目标地区后，其也能接受与当地人相同的教育。为了确保农村的宽带覆盖率较高，美国政府专项开展了"美国农业部农村发展宽带计划"，在该计划带动下，农村宽带建设日趋完善，互联网充分接入。在其他一些基础设施建设的具体细节上，如道路维护、供水供电、垃圾分类、污水处理等方面，美国政府采取了多项鼓励措施，以贴息、补贴等方式调动相关企业的积极性，让它们将每项工作做好做精。此外，电气化是一大趋势，美国专门出台《农村电气化法》来指导农村居民，并成立农村电气化管理局加以管理。

（五）在公共服务方面

美国农业部对农业科研和推广等项目的预算不断增加，除此之外，政府还大力推动建立科研系统，大量农学院得到设立，培养出大量农业人才。在医疗保险上，美国政府是举办方，同时也会邀请商业保险公司参与其中。美国农民对商业保险十分青睐，大多数人进行了投保，而那些弱势群体如老人、儿童、低收入群体等，则由政府负责缴纳医疗保险。有些农村地处偏远，医疗服务水平较低，美国政府为了鼓励大学生毕业后加入农村地区医疗服务团队中，会采取专项资金资助大学生的做法，优先为这类大学生办理永久居留权。除了大学生，国外的医务工作者如果有这样的意愿，也能享受这一福利。

美国的公共服务供给模式十分多元。在美国社会中，政府一直处于弱化的局面，这使得政府部门没有足够能力承担全部公共服务供给，为了确保公共服务质量，供给主体开始向多元化发展，而政府在其中居于主导地位，负责监督和管理，以及引导社会力量参与其中。公共服务一般具有非营利性质，如果将公共服务交给非营利组织来负责，效果会更加显著，美国政府也注意到了这点，对非营利组织参与公共服务提供了宽松标准，并会提供财政资金予以支持。总体来看，美国公共服务的供给方是多元的，政府、企业、社会组织均会提供，这样既能提升公共服务的供给效率，还能满足农村居民的多元化需求。

第二节　英国城乡融合发展的经验分析

一、英国城乡关系的发展与变革

欧洲在近代时期着力发展商贸，现代城市逐步崛起。城市成为商贸集聚点，人口也逐渐向城市聚拢，这符合工业化促进城市发展、城市吸引人口集聚的一般规律。人口从乡村向城市转移，实质上也是城市对乡村产生影响，随着人口转移规模扩大，影响作用越发明显。乡村人口不断减少，而土地面积不变，这为农业的规模化发展提供了条件。19 世纪末期，英国大部分人住在城市当中，农村地广人稀。城市人口集聚超过一定范围后，会引起一系列问题，如交通拥堵、人均居住面积减小、环境变差等，因此需要打造新的城市格局。英国政府较早关注城乡经济发展的问题，并逐步在城乡规划体系的建立上投入人才、财力、物力，这些举措促进了农村人口集聚，使得中心村成为主要着力点。英国普遍采用市场主导下的城乡经济发展模式，但也会出台一些政策进行宏观调控。

一是进行新的探索与尝试。20 世纪初，英国有一些公司开始购买乡村土地，并计划在这些土地上建设出"田园城市"。这样的想法和实践探索为城乡关系转型提供了支持，并成为英国 20 世纪中叶以后新城镇运动兴起的重要基础，对促进城乡一体化发展产生了深刻影响。二是提升乡村治理地位，增强乡村治理能力。城市人口逐步稳定，为城市居民所提供的服务设施也相对完善，此时城市发展开始向郊区推进。部分城市将郊区作为功能拓展区，通过建设形成了中小城市，与大城市形成了卫星拱卫的局面。1972 年，《地方政府法案》正式颁布，城乡关系得到相应改善，最突出的是乡村地方自治获得承认和支持，表现为乡村地区准许设置基层政府。城乡之间在自主治理上相对平等。三是城市功能向郊区和乡村疏解。20 世纪下半叶，欧洲乡村环境得到治理，环境质量大幅提升，加之城镇化步伐向前迈进，农村生活方式与城市之间的差距基本消除。大中城市着重开发郊区，使之成为新的城区，农村建设以大城市卫星城为目标，因此农村面貌大幅改善，很多公司开始转移到农村去办公，农村不再是农村，与城市基本无异，更多的是花园式样貌。欧洲城市居民到乡村旅游观光、休闲度假成为一种生活方式，而在英法等国家中，人口流动方向是城市到乡村，呈现出典型的逆城镇化现象。大城市的诸多优势在小城市、乡村地区得到体现，加快了城市之间、城乡之间的融合发展。2016 年，英国农业人口占本国总人口的比例为 1.12%，而居住在农村但却是城市人口的人占总人数的比例为 17.16%。

二、英国在城乡融合发展中的有效举措

(一) 在城乡规划方面

一方面，英国建立了完整的城乡规划体系，其中中央政府负责统一管理，地方政府负责各项工作。1909 年，英国颁布《住宅、城镇规划条例》，这部法律是世界上第一部城市规划法，"二战"之后，英国更为重视村庄建设，1947 年，英国颁布了《英国城市和乡村规划法》，开始将城市和乡村放到一起进行统筹规划和建设，这部法律也为城乡规划体系的构建提供了有效支撑。中央集权、地方具体负责等是该体系的重要特征，并且将公众参与作为重要事项。1948 年，英国制定《城乡规划法案》，对城乡发展中的问题进行法治化思考，2004 年修订之后更名为《城市规划法》，进一步确立了以法治化手段来推动城乡共同发展的做法。英国在城乡规划立法方面走在各国前列，从 1909 年至今，共颁布了二十多部相关法律，奠定了城乡规划立法体系。总结而言，该立法体系具有以下特点：一是适度超前理念占据重要位置。英国当下存在的地下管网基础设施都是在一百多年前规划建设的，如今英国人口增长了 5 倍，而地下管网基础设施还能够满足居民的实际需求；二是规划执行具有很强的刚性。英国政府在规划管理中十分严格，相关规划必须得到当局许可才能加以开发与实施，如农民在自家院中想要修建新

的房屋，也必须向相关部门提出申请，只有得到准许回复后才能施工；三是重视小城市传统文化特色保护。城乡规划相关法律中明确规定，超过50年的建筑物不允许被拆除，那些已经没有主人的建筑物会由国家历史文物保护机构管理和保护，这是英国许多小镇能够保持原有特色的重要原因。

另一方面，英国十分关注中心村建设，并出台政策和制度予以支持。一是土地管理制度。英国提倡从功能性层面来开发和利用土地，目的是保障土地用途得到良好规划。除此之外，农业补贴政策也会搭配土地管理制度去实行，保障农民的利益不受损害。二是健全基础设施服务机制。排水、供水、电力、通信、交通、废物处理等是人们的生活生产离不开的，英国政府设立了相应部门分别负责，确保这些公共服务的运转正常。三是零售业、商业和休闲娱乐业向边缘城市开放的政策。为了促进经济发展，英国政府在住房提供、基础设施建设等方面做了很多工作，目的是带给人们高品质的生活环境，这样能调动人们的精神与活力，有利于推动城乡经济的融合发展。英国的小城镇是一抹亮色，具有很高的历史文化价值。英国政府十分重视对小城镇的保护，除保护小城镇周围的自然环境，还会高度珍重历史文化古迹。因此小城镇对城乡居民有着很强的吸引力，很多英国人会到这里居住和消费。

(二)在公共服务方面

城镇化初期，英国的乡村发展处于落后状态，工业化与城镇化火热发展后，城市地区出现的一系列问题导致人们离开城市走向农村。面对这一情况，英国政府开始注重乡村经济发展，不断提升乡村基本公共服务水平，优化乡村管理也得到重视。得益于英国政府倡导的灵活化管理模式，这使得乡村原有的管理特色被留存下来，现在依然在乡村管理中发挥作用。2000年，英国出台"英格兰乡村保护计划"，倡导乡村发展时要体现多元化，这样才能展现丰富多彩的特色；2011年，英国设立农村政策办公室等机构，推动乡村规划得到更有力支持，同时乡村发展自主性也大幅提升。

首先，在社会保障方面，英国构建了较为完善的社会福利制度。英国的很多法律涉及社会保障和社会救助，这使得福利救济有法可依。为了提升农民的职业技能，英国专门设立了就业和技能委员会，负责对农民进行培训，并且指导他们就业、创业。城市之中也有贫民，也需要得到救助，英国建立了知识信息系统，帮助城市贫民免费获得相关信息和资源，进而通过学习提升个人能力，逐步具备创造收入的能力。当城乡居民失业时，可以通过失业保险制度获得失业补助，保障他们在失业期间能够正常生活。

其次，在农民职业技能教育方面，英国采取了多种方式加大教育力度。一是出台《农业培训局法》来指导农业培训局、教育局、农学院更好合作，形成合力为农民培训工作服务；二是成立农业培训中心，农民在这里可接受培训，培训合格后可获得权威的农业证书；三是根据地方产业特色开展丰富的农业职业技术教育活动。这一做法可以为农民提供更具针对性的培训，让他们发挥个人优势。英国政府对农村教育十分重视。1982 年，英国颁布《农业培训法》，其中规定相关部门要保证向农民提供各类技能培训，让他们成为提升农业生产率的重要力量。英国的每个县都设有农学院，全国的农学院有 80 多所。进入农学院需要满足一定条件，比如要有一年及以上务农经验，这显然是专为农民设置。学生入学后，第 1 年进行全日制学习，第 2 年到农场参与实践劳动，第 3 年再回到学院进行全日制学习。这样的安排实现了理论与实践的结合。除了农学院，英国还成立有专门的农业职业技能培训中心，参加培训的农民可获得相应工资，培训合格后可获得国家颁发的农业技能资格证书。

最后，在社会民众力量调动方面，英国采取了宣传、教育等方式，还特别注重借助社会组织力量，为传播具有特色的乡村文化提供有力支持。英国政府还会专项设立乡村管理机构，其中农业合作社是重要类型，该机构以推动农业参与市场竞争为主要目的，进而让农民在市场中获得更多收益。如起源于曼彻斯特的 CO-OP 合作社由 300 多个小合作社合并而成，业务范围十分广泛，农场、超市、制药、旅游服务、殡葬、建筑等行业均有涉及，其中农场业发展状况最好、获利最多。农民加入合作社后，自己的土地会被征用，此时农民可选择继续在合作社工作，这样便能获得两份收益，一份是土地租金收益，另一份是工资收益。

(三) 在政策制度方面

英国十分重视农业补贴，目的是为农业发展提供保障，使得农民的收入水平与其他行业的从业人员的收入基本相当。具体来看，农业补贴主要包括三个方面：一是农业基础建设补贴。与农业相关的基础设施建设都会获得政府资金支持，以保障基础设施高质量建设的目标，进而优化农业生产条件。二是农产品补贴。这类补贴会根据产品类型进行，同时也会考虑农业具体环境条件，确保补贴款与农民付出成正比。三是农产品价格补贴。这一类的补贴主要是及时应对市场变化，比如当市场上农产品价格低于政府干预价时，政府就会按照干预价补贴农产品，直到市场价格回升为止。

英国的土地利用制度较为完善。城乡统筹会涉及土地利用，英国政府十分注重土地保护，并在保护的基础上加以良好利用。一是实施土地开发许可制度。英国是土地私有制国家，90%左右的土地属于私人所有，所有者不仅能在土地上获得业权，连同地下的矿藏也归土地所有者所有。但涉及土地开发时，土地所有者不能擅自行动，必须向相关部门提交申请，只有申请通过之后才能进行开发；二是耕地保护。英国的耕地面积占比较小，"二战"之前，英国主要通过农产品进口来满足本国农产品需求。"二战"之后，英国开始重视本国农业发展，通过严谨调查与科学规划后，制定了一系列土地相关法令，其中耕地便是重点保护对象。城市建设用地不能随意开发耕地，而是会严格管理和控制；三是促进规模经营。过去英国土地耕种实行家户负责制，每家每户会管理一块耕田，这样一来，田地被划分成多个地块，耕地时不仅费力，效率也不高。后来英国政府大力推动土地整理，将分割开的土地重新合在一起建立农场。英国农场数量很多，平均每个农场有72英亩土地，这为英国的农业发展提供了有力支持，使得英国的农业水平在欧盟之中处于领先地位(2020年1月31日，英国正式脱欧)。英国在城乡规划立法方面同样走在各国前列，经过长时间研究和实践后，其城乡规划立法更加完善。1947年，英国颁布的《城乡规划法》对之前有关城乡规划的法律规定进行重新整合，使得法律内容更加全面，成为一部真正被认可的城乡规划法。之后，该部法律继续被革新和完善。立足于这部法律，英国又出台了《用途分类规则》《一般开发规则》等附属法规，同时还针对一些特定问题颁布了《新城法》《国家公园法》等专项法规。这些附属法规、专项法规和《城乡规划法》一同构成了英国城乡规划法规体系。

(四)在民众参与方面

英国城市和农村规划领域的公共参与体制与美国有很大区别，其没有采取更加现代化的公开听证会，而是沿用了古老的公共审查体制。英国的《城乡规划法》将英国的城乡规划划分为"结构性"和"局部性"两大类，对城乡规划中的公共利益进行了合理划分。在机构设计方面，因为城乡规划是一项有关全国长远发展的计划，所以公开评审可以更好地体现出行政效能与严谨性。由规划局与当地其他部门共同磋商，制定出一份计划纲要，并征求社会各界意见，对其进行修正，并将最终方案提交给中央政府。在这个进程中，公众的角色只是对计划草案提建议，而不是让民众在提案提交前发表自己的看法，更不能否决政府的提案。英国的机构设计方案较注重整体发展，而非注重特定利益，这种做法确定了英国长远的发展走向，只能由各部门负责此类计划的制订。在区域规划过程中，民众获得了更大的权利，并对区域发展产生了更大的影响。从制定方案的主体、草案的修订到具体的立法，都会对公众参与进行严格限制。在计划草案的咨询过程中，举行为期六日的公众质询，听取社会各方面的意见，草案应基于被采纳意见作出修改，并予以公告。在实施过程中，公民有权就政府违法的问题提起民事诉讼，并要求行政机关对此事件进行审查和判决，同时还将举行公开听证，对于显然不合理的计划案，法庭有权再审。

第三节　德国城乡融合发展的经验分析

德国是欧洲实力强劲的工业大国，同时在农业发展上达到较高水平，其城乡发展呈现出"城镇化—反城镇化—再城镇化"的发展轨迹。德国在城乡基础设施和公共服务等领域颁布了许多政策，使其呈现出一种特有的城乡等值和一体化平衡发展模式，因此，对德国城乡平衡发展的有益经验进行学习和借鉴十分有必要。

一、城乡规划方面

德国于 1965 年颁布了《联邦德国空间规划》，随后又颁布了《联邦建筑法典》《联邦土地利用条例》《城市更新与发展法》，突出了城乡一体化发展的重要性，在规划与行政系统上实行并行的管理体制，乡村与城镇的规划与建设各成系统；此外，德国在立法上有较为完备的公共参与体系，其立法逻辑清晰、机构设置合理、运作体系健全，使得社会各界都在积极地参加城乡规划、城市发展。德国后工业时期乡村土地整理的基本思路如下。

（一）乡村区域发展的"整合性"架构建设

在德国后工业化时期的乡村建设中，乡村的开发和更新工作重新得到了审视。因此，德国在构建乡村区域协调发展的过程中，引入了"一体化发展"的概念。其关键在于通过基层民众的参与和广泛的社会交流，建立起一个由政府和公民团体或者个体之间进行交流的决策程序，根据特定的问题或发展计划，逐步取得一致意见。在此基础上，乡村一体化发展模式随之产生。统筹性乡村发展架构将乡村重建、农地规划及乡村架构发展计划纳入其中，使其与全国、联邦州及各区域各级的政策统一起来。由此，以该平台为基础，对村庄的发展规划、土地整理、项目建设等进行深入探讨，将该地区的空间整治措施、政府意愿、村民需求、有关各方主体需求有机结合起来，构建起一个有效的交流与协作平台，推动村庄建设与发展，统筹乡村发展架构，其工作重点包含两个方面：一是改进乡村用地整理措施，提高乡村的物资配置效率，以及提高乡村基础设施使用效率。二是改进乡村地区的规划流程和政策制定方式，改善乡村地区的现实生活，推动当地民众的积极参与。根据以上内容，对乡村发展的内涵进行了全面考量，包括乡村土地使用结构、工业发展、休闲娱乐设施建设；在设施建设、居住等方面进行更多统筹。德国乡村发展"整合性"架构的建立，使得"自上而下"的乡村规划体制逐步向"自下而上"的公民参与转变，使得城乡统筹的政策制定更具科学性和针对性，从而达到乡村社会结构优化的目的。它既能带动当地的经济发展，又能使当地的民间习俗与风景人文得以延续，又能在某种程度上推动乡村地区的文化认同。

（二）乡村资源准备的"内生型"

德国乡村开发中的"资源整合"，是由"内生型"的地域开发战略所决定的。所谓的内生型发展，就是利用当地的特色资源，进行自我培育与发展。德国乡村地区的村庄建设是建立在乡村特色资源基础上的，包括生态资源、文化资源和工业资源等。在此基础上，结合当地的实际情况，制定出符合当地实际的乡村发展规划与管理战略。为提升地区整体增值能力，保证地区工业与乡土经济的协调发展。德国城乡规划的"等值化"不等于均衡发展，其在建构时会基于需求下的一体化乡村发展架构，除了遵循区域范围的发展导向外，还注重每个乡村地区的特殊性与居民的发展需求。究其原因，是由于各区域之间地形地貌、水系和气候等发展条件存在差别，导致各区域之间发展水平差距很大。而在祖祖辈辈的生命传承中，乡村居民已经对周围的产业、文化、景观有了较深入的了解，对于今后发展需要面对的问题也有明确了解，内生型发展战略本质上就是要将这种"特殊性"加以升华，以挖掘本土特征。这种战略的出现，又是对德国"垂直构架"在城市和乡村建设中的一种回应。根据相关原理，在村庄优先发展地区选择不同的发展模型，用不同的层级来确定村庄发展的规模大小、人口数量等，这种发展方式，一定程度上保障了村庄的规划和建设，但因发展方式固化和投资方式的均等性，使得资源条件较好、有发展意愿的乡村地区可能遭受忽视，失去了发展机遇，反而造成了发展资源的不均衡和浪费。与此同时，因经济紧张、人员流动等原因，原有的"均衡"发展方式受到阻碍，许多地方进行了相应的发展策略调整。例如，柏林大都城区（无论城镇还是农村）如果能够充分发挥其自身优势与发展潜能，就可以向政府递交申请，争取到充足的用地保障。这种发展方式也是对传统中心地模式规划的改进，使城市与乡村的发展重心不再平衡与模式化，而是出现了"星罗状"的布局，城市与乡村的发展格局也越来越具活力。在此背景下，农村土地整理就是推动农村经济发展的一个关键条件。

当代德国乡村建构实践中，一种基于乡土本土化的"资源-网络"建构模型已被普遍认同。通过该模型，村民们可以清晰地看到乡村资源的准备和发展意向。一般而言，乡村资源网络的建设应从如下方面进行：（1）自然资源，如地形地貌、水系、植被特征、特色景观、能源等。（2）文化遗产：主要是乡村地区特有的文化传统、民俗风情、文物古迹，以及民间传说。（3）工业资源：主要是乡村地区已实施的工业项目、农业资源，以及潜在的新型工业开发方式。（4）发展意见资源：对政府、企业和相关的科研机构的意见进行整合，从而对乡村地区的发展提出一些看法和建议。（5）本土化发展的智慧资源：维持乡村资源格局"内生"的核心，当地开发群体及个体是推进农村发展的先锋，他们通常对当地的资源了解更多，在相应的知识方面也更专业，以及有对当地开发的高度热忱。农民组建相关组织，并基于此开展乡村民俗活动，同时也能将掌握的技术传承下去，成为乡村发展的宝贵财富。

乡村资源网络化建设是乡村发展的一种崭新方式，其为乡村地区的发展带来了新的机遇，尤其是为偏远地区的乡村带来了巨大的发展机遇。例如，德国图林根州施泰纳赫—劳莎—纽豪斯区，利用其高山陡坡资源、森林资源和积雪资源，通过科学的计划，在乡村地区开发了以冬雪为主的休闲观光项目。而巴登-符腾堡州阿克卡伦村，由于地处莱茵河边，地理位置优越，又有三个主要葡萄酒产地，因此"葡萄酒村"这一具有地方特色的农业品牌得以巩固，并以此为基础，延伸出葡萄酒展览、葡萄酒文化节、推广讲座等实践活动；以"农家旅馆"为代表的周边经济活动，激发了农村经济发展的动力。通过对乡村特有资源的"内生型"整理，使乡村的空间、产业和文化得到最大程度的开发；通过对风景资源开发潜能的挖掘，形成精确、有效、低成本的发展方式，有利于村庄的文化传承。与此同时，这一内生型发展方式在很大程度上保持了乡村原有风貌，使得乡村今后的发展更加吸引人，从而促进了整个地区的经济发展。

(三)农村土地整理的"法典化"

以农业为本的农村，其发展的落脚点始终是土地，德国的乡村开发与建构亦以土地经营与整合为重点，这与德国的规划体制有关，在其国土整治中，始终把用地问题作为重点，力求尽可能详尽地制定法规架构，保证都市用地的开发；并对土地方面的法规的内容和格式作出清晰界定。德国以《空间规划法》《土地整理法》等为代表的国土整治条例对国土整治的目标、任务及方法进行了详细规定，如德国东部的《德国东部地区农业调整法案》就是其中最具代表性的法案。德国乡村地区的发展历程中，乡村的农地整理工作，使得乡村土地资源得以高效使用，从而提升了农地使用效益与价值，对农业发展起到了很大的推动作用。德国在乡村地区建设了大量的基础设施，提升了产业结构，保护了人文景观，使得以较低数量的农村劳动力供养了不断增长的产业和服务行业的人。

德国农村宅基地的整理大体经过了三个发展过程，这三个发展过程与德国的工业化进程相关联，且逐渐实现"后工业化"乡村地区改造：①土地兼并阶段。19世纪以前，农村宅基地的整治行为以"土地合并"为主，整治目的以提高乡村的生产力水平为主，其重点是将分散的耕地统一，确保农地的有效融合。②集约经营期。集约经营期以保证农业的规模经营为目的。优质耕地使用大型机械作业，较差的耕地则用于进行基础设施建设，利用设施的现代化和农业管理的规模化，让农村土地利用的规划与发展布局与村庄的规划与发展需求相适应。③可持续发展期：20世纪70年代以后，伴随规模化的农业发展以及进入后工业时期，德国农村地区的生态系统遭受了严重损害，基于生产力发展而展开的土地整治工作日益受到关注。为此，在以后的国土整治条例中逐渐加入了有关风景保护与环保等方面的内容，试图从根源上缓解农村"风景碎片化"的困境，促进农村经济、文化和社会的全面发展。

在这种发展过程中，德国逐渐建立健全了土地整理制度，并将其作为乡村改造的重点。与此同时，《建设法典》和《田地规划法》相继出台，乡村地区的农地整理逐渐适应了当地发展的需要。通过对土地利用空间结构的重构、生态景观的保护和开展基础设施建设，可以有效提高农村土地利用效率。这种意义上的乡村用地整理，并不只是单纯地按宗地划分、用地划分等，实际上是对乡村发展问题进行整体统筹。乡村地区土地整治工作由乡镇政府、土地整理部门和项目公司负责。德国农村宅基地的征收方式是依据《土地整理法》确定的，其执行程序可划分为五大类。主要内容是：①定期的土地整治，根据乡村经济发展的需要，为乡村的工业经济发展提供必要支持。与此同时，对乡村道路网络、水利设施等的配套设施进行设计和施工。②简单的耕地整治，主要用于乡村地区的道路和基础设施的修建，以促进乡村发展，有利于缩短整理周期，推动乡村地区的耕地整治进程。③工程用地整合，其重点是征地与拆迁。④加快用地整合，使农业生产环境在保持自然环境与人文景观的同时得到优化。⑤采取主动置换、为房产主体提供服务的用地整治举措，旨在更有效地实现民众对土地的整理。

在德国，以《土地整理法》为基础，以当地有关法规(如巴伐利亚州的《农村发展纲要》)为基础，将宅基地整理与村民发展的愿望有机地融合起来，并在此基础上，对用地整理项目进行科学划分，并制定出相应操作步骤。同时，为确保各项用地配套措施有效，会将整理成果纳入地籍簿，而后以此为基础规范配套措施，这样做既有利于保留原有乡土风貌与人文生态，又可实现农村可持续发展。以巴伐利亚州为例，20余年来，其对乡村发展的投入力度逐渐加大，村庄整体的经济得到全面发展，因此城市和农村的生产总值并没有太大差距。

二、城乡产业方面

从城镇和乡村两个层面来看，德国产业分化是因为德国的"成群"特征，即多个都市均衡发展，而各城市又有着各自的产业模式。汉堡是德国北部最大海港，物流业和贸易服务业最繁盛；弗莱堡坐落在德国西南地区，这里光照条件优异，注重生态环保，被地方当局规划为生态城市和旅游城市，以旅游业为主；鲁尔区则是德国最有名的工业中心，体育行业也得到较快发展。因此，德国在其自然的区位条件和后期的地区开发中，已经建立起了较为完善的工业结构，从而使农村剩余劳动力流向城镇，推动了城乡经济的协调发展。德国乡村在"非农"发展过程中，已由单纯的农业生产向多元化的产业发展迈进。随着交通网络、通信网络等基础建设的不断完善，许多大型企业纷纷落户城郊城镇，为乡村民众创造了更多工作岗位；德国推进了乡村和城市之间的自由迁移，使乡村从以农业为主向以非农业为主方向发展，推动了农村的现代化进程。德国在城市和乡村两个层面上构建的《罗马条约》和《职业教育法》等旨在促进生产力发展的立法体系，在农地方面制定了《农业法》《市场结构法》《土地交易法》《合作社法》《农地用益租赁交易法》，以解决土地所有权与转让权问题，同时为向农户提供低利率贷款、直接补助、间接补助等相关配套措施提供法律依据。此外，德国各地也建立了一些农业合作社，提供农产品生产、加工、销售和信贷服务，并在农产品供给和信息全面管理方面投入很大精力。同时，财政体制对推进乡村化、城镇化具有重大意义，也是促进乡村经济一体化发展的有效途径。为有效保护农户权益，德国政府一方面通过对农产品价格的保护和对农业税的减免等措施进行改革，另一方面对进口农产品征收较高关税。为缓解农户的经济压力，德国利用农会收购农产品种植过程中所需要的杀虫剂、肥料等，然后再以较低的价格卖给农户。以比普通商业银行更低的利息向农户提供农业投资，实行优惠的信贷政策，对农户购置农机进行补助。创办农合社，为农户提供优惠的农业发展条件。为了进一步拓展家庭农场的经营范围，德国先后颁布《土地整治法》（1954年）和《农业法》（1955年），解除了对土地租赁和买卖的限制，使得农村居民可以摆脱传统的农耕生活方式，向城市转移。德国政府还出台了一项针对农户的养老保险制度。

德国政府和各州政府都制定了一套扶持乡村农业发展的计划，这些计划涵盖农业投资、农业生产经营、农民收入来源等方面；为年轻农民提供补助，为贫困地区的山地和贫瘠地区提供农业发展资金等。第一，大力发展乡村产业。贫困地区应根据自身优势和不足，制定出科学的乡村综合发展规划、发展思路和目标。实施方式和开发计划经国家批准后，由国家财政按75%的总投资给予资助，但最高资助金额为50000欧元。二是扶持涉农发展组织。承担乡村综合发展项目和参与当地农业发展工作的有限责任公司、公益性社团等，5年补助额度为所需资金总额的 70%，但最高额度为 75000 欧元。三是扶持农业生产经营。比如支持乡村修缮、乡村基础设施建设、乡村旅游发展；通过对乡村资源的综合利用，打造美丽乡村、特色乡村。

三、城乡基础设施与公共服务方面

在城市和乡村公共事业上，德国完善了交通设施，修建了水利设施，改善了排水灌溉的条件，并促进信息网络升级，为体制健全做出努力。同时，还解决了农民的就业、住房和教育等问题。德国非常注重城市与乡村的职业教育，德国人要想成为一名合格的农夫，必须先经过理论与实际的学习，再参加全国范围内的职业资格测试；只有通过了考试，才会被授予相应学历。德国高职院校实行"全免"的办学方针，办学投入较为固定，办学经费由联邦、州政府提供，每年投入占国家教育投资的 15.3%。德国十分重视高职教育，实行"双元制"的高职院校教学，以培养高素质的技能型专业技术人员为主。德国制定了以培养农户为重点的《农业教学纲要》(1960 年)。为保证农村的农业教育和训练能够正常进行，德国一方面建立了农业科研院所和农校，另一方面构建了"公、私合办"的办学体制。

在住房领域，政府采取了住房储蓄贷款和对房地产投机行为征收高额税收等措施。德国将乡村居民的养老问题列入社保体系，并制定了《农民养老金法案》(1976 年)，让乡村居民也享有由专业的养老保险组织所提供的养老服务。德国政府采取了向小农发放终身年金的办法，加速农村剩余劳动力向城镇产业转移。德国在推动城乡一体化发展的同时，十分注重城乡、大中城市的连通和互联，以便利的公共交通为纽带，实现了各个城镇之间的高效互联，从而构成了环形的、稠密的道路网络。并在此基础上，建立起一个立体运输系统，使农村和城市的界限变得不那么清晰，再加上汽车等交通工具的广泛使用，乡村和城市的人们的活动范围得到扩展，为城乡居民的沟通与交流提供了便利。

德国十分注重"生态农业"和"乡村开发"工作。在发展农业时，德国政府重视对农业经济与环境效益的平衡，颁布了一套推动农业发展的相关政策。当前，德国正在兴起一股新的农业潮流——"生态农业"。德国在大力推进"绿色"发展的同时，也在积极强化对家庭农场经营者、农技推广人员和农民专业素质的培养，目的是夯实农业科技人才和经营人才的培养基础。德国政府规定在所有经营地，绝对不施用有毒的化学农药、化肥和除草剂，保证产品是无公害的。同时，德国也大力提倡"工业作物"种植，就是指种植能够用于制造矿物能源和化学原材料的经济作物。比如，德国十分重视油菜籽种植，该作物既能用于化工，又能提炼植物柴油。目前，德国有八千多个不同类型的生态农庄和生态村庄。

　　为适应新形势，同时为乡村建设提供新思路，德国的社会保障体系也在不断完善。20世纪90年代，东西德统一后，德国的社会保障制度更加完善，在德国乡村地区，已初步建立起了较为统一、规范和完善的社会保障制度。另外，德国在调整农业结构和稳定农民增收方面也采取了一系列措施，比如德国在1989年推出提早退休计划。通过设立农村养老保险制度，让中年农民早早地退出农村，由年轻人来种地，而以前在农场工作的老人，则可以拿到一定补偿，这改变了农村劳动力的构成，可以提高农村年轻劳动力的收入水平。与此同时，德国还强制推行"农民医疗保险"，缴费限额与个人经济收入相联系，但对参加医保的农户来说却是平等的。农户所得以20世纪50年代联邦德国农业部的规定为依据，是以各农田土壤的肥沃程度及作物的平均单产为依据制定的。根据在州中农地分值的高低，农场被分为20个级别，农民根据相应的级别缴纳相应的保险费。过去数十年里，随着农户医保费用的增长，保险费率逐步上调，差额则由联邦政府弥补。

四、公众参与方面

　　德国在城市和乡村地区开展城市规划工作，既有坚实的法律依据，又有较好的社会基础和体制保证，因而工作得以顺利地实施。德国的公共参与体制起源于德国《宪法》中关于民事权利的条款，并在此基础上进一步完善。德国《宪法》赋予了民众"建造自由"及"维持其所居之社群"之权利，因而德国民众尤其重视其在城市与乡村规划方面的参与。日耳曼民族是一个严谨保守又充满智慧的民族，他们中规中矩，德国的《建设法典》甚至详细规定了德国公众参与城乡规划的阶段：一是制定方案阶段。这一时期，市民可以自主地发表意见，并有权参加起草工作。二是在立法过程中大众对立法的影响。在这个时期，市民有权与政府共同起草有关都市计划。三是在会议上进行协商。在这一阶段，政府将制定一份草案决议，决定何时公布方案，并让市民进行协商和提问。四是议会审查。这一时期，社会大众对立法和规章提出自己的看法，并且能够获得反馈。五是社会公告和法律生效。市民可了解有关法律的通告和有效日期。六是规划修改、补充、撤销阶段。这一时期，市民还可以就城乡规划法规提出自己的意见，提出修改、补充、撤销等意见。由此可见，德国在城市和乡村规划中的全面参与，使其制订的计划能够全面保障公民的基本财产权，其参与程度甚至比英国更甚，因为德国非常重视对财产权的保护。

五、制度保障方面

19世纪中期，德国处于一个蓬勃发展的时期，引发的一系列都市问题为人们所关注。德国在《城市公共建设法》中对城市建筑和行政体制进行了详细规定，并在此基础上提出了相应的城乡规划法律体系。德国的城市规划法案由巴登州、普鲁士先后制定并实施，从而使城市与乡村规划走上了法制化道路。伴随资本主义的不断发展，19世纪末20世纪初，德国对城镇土地的征收和分配等进行了详尽规定，并逐步建立起了一套完整的城镇土地征收和分配制度。这类法规制定后，德国有关城市和乡村的法律制度得到了进一步完善。第二次世界大战以后，德国的重建急需法规来规范。因此，详细、合理的城市和乡村计划体系由此产生。1960年，德国颁布了《联邦建设法》，并以此为依据于1971年颁布了《城市建设促进法》。这两部法规的施行，对战后德国的城市建设进行了规范，对于德国的城乡规划而言具有不可替代的意义。随着石油危机和通货膨胀危机的来临，德国的城镇工业格局正在发生变化，《联邦建设法补充条例》是德国随后制定的。同时通过对相关部门的监督，将公众参与规划制定作为一项重要制度来安排，从而保证了规划的有序开展。20世纪80年代，大规模旧城改造所带来的不良影响逐步被人们认识，并引发了法学界的讨论，使德国的保护性规划逐步得到认可。德国于1984年通过了《城市建设促进法补充条例》，1987年通过了《建设法典》，将《联邦建设法》与《城市建设促进法》更好地结合起来，从而实现国家一级都市计划的统筹与协调。20世纪80年代后期，随着民众对房屋的需求量不断增加，德国颁布了《建设法典措施法》，使房屋建筑工程的批准手续变得更为简单，城市规划也变得更加人性化，更能够适应市场经济的需要。

根据行政层级，德国城市与乡村规划的立法制度可以划分为联邦政府规划、州规划、大行政区规划和区域规划四个层级。联邦政府按照其规定职责，制定联邦政府规划方案，各大行政区和各州政府则按照相应法规进行整体规划。从整体上看，德国的联邦政体结构使上级的计划具有更高指导性，而下级计划则具有更大的可行性。在此基础上，德国提出了"以市场为导向，以政府为主导"的发展模式。德国的法治建设特别注重对"设计公益"的重视，因而在政策制定和实施过程中下足了功夫。在《宪法》中，已清楚地界定了市民的"建造自由"及"维持其所居之社群之自由"，但该等自由不得与公众利益相抵触。德国在城市和乡村地区的规划立法中，展现出对居民基本财产权保障的重视。就城市和乡村规划的补救程序而言，《联邦行政程序法》明确指出，依要素性的行政程序而作出的决定可以不经复审启动。而在法律法规的具体制定和实施的过程中，由于没有考虑到行政行为，所以不需要像英国的规划监理那样，而是可以通过司法的方式来进行行政管理，从而对国家制定城乡规划的权利进行有效约束，切实保障公民的知情权。

第四节　韩国城乡融合发展的经验分析

一、韩国"新村运动"发起的背景与时代条件

20 世纪 60 年代，韩国实行了以出口为主的发展战略，以发展重工业为重点。随着工业化程度的不断提升，韩国的城镇化水平也不断提高，城乡二元结构日趋明显。1962—1971 年，韩国政府实施了两个"五年计划"，重点扶持产业发展和扩大出口，但在此期间工农业发展严重失衡，农业与工业的增长速度差距拉大，1970 年，乡村居民的年平均收入还不到城市居民年平均收入的 50%，且这种差距有继续扩大的趋势，导致乡村人口向城市大批流动。乡村人口的大量无序迁移，带来了诸多的城市问题和社会难题，导致乡村劳动力老龄化、弱质化，农业后继无人，加上农业机械化发展滞后，导致部分乡村地区的农业濒临崩溃的边缘。与此同时，韩国经济依靠出口导向型的发展模式取得了成功，政府有财力支援农业，以缩小城乡、工农、区域间的差距，在这种社会背景下，"新村运动"出台了。为了防止城市与乡村之间出现巨大差异，韩国在 20 世纪 70 年代开始在 34000 个乡村开展"勤奋、自助、协作"的全民行动，以实现乡村的现代化与农民的脱贫。

（一）强调经济发展与效率的发展主义理念

20世纪30年代，韩国实行"乡村复兴"，把"乡村问题"视为"金钱经济"与"工业化"的恶果，提倡"农业本位"。农本主义政治取向对都市工业文化的拒斥，带有一种浪漫意味。20世纪70年代，韩国的"新村派"与浪漫主义的农业本位思想截然对立，"新村派"提倡逐利和注重现代发展。在"产业立国"和"发展"的思想指导下，"新村"主张农业与工业并行，目的在于增加资本的再生产。韩国"新农村"的一个显著特点就是注重经济发展和提高效率。20世纪六七十年代，韩国的经济增长已不能简单地归结为政府的决策和创业者的影响，而应以"发展国家"来解释。美国学者查尔默斯·约翰逊从韩美两国对比的角度出发，结合各自的发展历程，指出发展理念对国家经济发展的强烈干预作用，[①]而人才是发展理念的载体，因此拥有一大群高素质人才，是发展理念进一步落实的基础。韩国高层领袖把发展和效益视为其主要的政治思想，国家人力促进经济发展，但并非毫无条件地给予企业支持，而是按企业业绩分类给予不同程度的支持。伊凡斯（Evans）指出，韩国"政商合一"的发展方式极具特色，具体到城乡建设中，就是把村落当作一个营运单元或"中小公司"来看待。[②]就像企业凭绩效获得国家补助一样，"新村"也必须通过市场的竞争来获得国家支持。村落基于村民间的协作，是一种合作性的管理单元，与一般意义上的企业是有区别的。这种协作关系到每个人自身的利益，也关系到整个村子的发展。在新村建设中，注重村落间的协作，村民的积极介入并非毫无条件的无偿奉献，合理的、有目的地追求利益的个体都得到了承认。新村建设的目的在于提高农民的生存水平，增加农民的劳动报酬，并非完全背离了"物质"，而是体现了"增加收入""增加货币"的理念。

（二）村庄首席执行官——新村指导者

20世纪六七十年代，如果说韩国的经济发动主要靠的是创业者与富豪，那么在新村运动中开发村落的发动者则是新村的指导者，其角色与经济部门中的首

---

①　JOHNSON C. MITI and the Japanese Miracles［M］. Stanford：Stanford University Press，1982.

②　EVANS P. Embedded Autonomy［M］. Princeton：Princeton University Press，1995.

席执行官相同。在新村建设时期，韩国 34000 个乡村中，每个乡村都要选出新村事业指导者。新村指导者享有诸如农业接待、公职人员特殊聘用等优待，但他们都是无偿的志愿者。新村的指导者大多具有一定的农耕技能，尤其是领导新村建设的领军人物，除了"懂农业"之外，还要有一定的技能与奉献精神。在企业的运营过程中，管理者必须具备人员管理能力、财务能力和职业规划能力，经营与推销等综合技能，而作为乡村管理单元的管理者，新村指导者同样也必须具有这样的综合素质。新村指导者要从选定发展方案、发动群众参加、协调解决村内冲突等方面着手，才能达到管理目的；而要赢得群众的拥护，推动乡村经济的发展，就需要有切实的行动来改善乡村居民的生存与福利状况。经由对有关知识的进修，新村指导者具备了组织社会学的专业素养，如召集村民大会、调解矛盾、制订职业规划等。但比起公司，乡村管理要困难得多。因为公司总裁可以通过薪酬、奖金、晋升等经济激励手段来激励员工，而新村指导者能够提供的资源非常有限，他们所能依赖的仅仅是自己的贡献和榜样作用。当然，仅凭知名度、奉献精神和榜样引领，也无法百分百地保障新村建设取得好成绩。他们要让所有人都知道，只要所有人都参与进来，那么每个人都能获得一定的报酬。

(三) 新村研习所

尽管有些乡村指导人员早在新村活动启动之前，就已参加乡村发展，并于20 世纪 60 年代后期因乡村收入增加而取得了成绩，成了新村运动的先锋，并以此作为 70 年代乡村振兴的先导，引领并促进了 70 年代的新村建设。但大多数的新村指导者是 70 年代才被发现并培养出来的。新村指导者的挑选与培养，是由县(即中国之"县")、面(相当于中国之"镇")及地方农民合作社等地方政权与社团组成的团体来完成的，而其培养场所则为"新村研习所"。身为乡村治理单元的首席执行官，新村指导者最迫切的任务就是改变乡村的落后面貌。所以，实践教学成了新村研习所的一项重要教学内容。新村研习所辅导教师的实践教育方式有：新村教育课程、成功案例教育和田野调查。通过实践训练，特别是实地授课，让新村指导者学会有效管理乡村产业的方法。新村研习所推行的现代教学，十分注重心得交流。与商业学校的个案研究法相比，新村研习所的个案教学模式具有较强的创新性。在进修学习训练期间，新村指导者都会有半天或者一整天的时间进行实地观摩，一些发展比较差的乡村的教师，会到先进乡村的指导老师家里吃饭，一起生活一个星期，实地考察先进乡村的发展状况。这种实践式的授课方式可使学员充分了解实际作业中遇到的问题。为助力新村研习所的定位与运作，学校的管理机构从原来的农育部升级成青瓦台，各研习所的校长更是亲力亲为，亲自向学员介绍课程及教师，以建构新村指导者的观念转变(创业)和科技革命实践教育。

(四)农民意识变革

新村人思想的转变，是一种以"自我帮助"为中心的发展观念的转变。"勤奋、自助、协作"是"改善生活"的积极行动，是新村建设的核心。勤奋与合作这一"农夫天性"始终贯穿于乡村建设，而基于"自我帮助"的发展理念则直到新村运动前才开始出现。在新村建设中，农户个人的逐利行为将损害本村其他成员的利益，因此必须进行革新。新村运动最大的特点就是把村落看作一个管理单元。在韩国，34000个村落已经变成了一个个企业，村民们一起为了提高生活质量而进行商业运作。查阅新村研习所和韩国全国纪录所保存的村落会议记录、村落事业发展纪录、村落事业发展报告等资料，以及新村指导者书信等与新村运动有关的一线材料，可以看出各个村落都已成长为具有现代管理理念、职业规划的杰出"企业"。新村指导者与村民一起，充分调动全村的资源，从中可以看到村民自力更生、事事为发展的自觉转变，这才是推动新村建设不断向前的根本动力。这一转变并非由政府片面地强制或新村研习所单方面的教化所致，而是在特定的时代条件下多重原因共同影响的产物，其同增收的目的是紧密联系在一起的。

二、韩国"新村运动"发展历程与主要内容

韩国的"新村运动"是在新农村建设中开展的一项变革性尝试。"新村运动"的计划主要包括1986年制定的《农渔综合发展计划》、1987年的《减轻农业负债计划》、1989年的《全面复兴乡村计划》、1993年的《新农业计划》、1994年的《稻米工业综合发展计划》、1997年的《韩牛发展计划》、1999年的《农业农村投融资计划》。韩国的"新村运动"在工业化和城镇化过程中，促进了城乡经济的快速发展，同时也促进了城乡人民的增收。

(一)韩国新村运动的三个发展时期

1971 年至 1973 年，韩国确立了"勤勉、自助、合作"的政策，并以无偿供应诸如钢铁、混凝土等原材料为主。这一时期，韩国乡村的生活条件、道路和生活设施都有了很大的改善。1974 年至 1976 年，韩国设立了一个个专业化的工作组织，来承担一些特定的公共政策的制定工作。该组织的成立有利于相关部门迅速有效协调相关事务，比如新村体育研究会便是典型例子。在积极推进新村建设的过程中，这些专业化的工作组织邀请有关专家、学者到乡村进行伦理教育、科技宣传等活动，他们还会帮助农民和渔民制订收入增长计划，不知不觉中调整了乡村产业结构。其中发展农机、发展优良品种等项目得到了政府的有力支持。大约在 1975 年，韩国已经能够做到食物自给自足。20 世纪 70 年代后期，韩国政府开始注重对民众的心灵教化。韩国的学者们坚信提升科技不是难事，关键是要提升国人的"勤奋、正直、勤俭"等品德水准，并且要追求"自助、平等、合作"。20 世纪七八十年代，韩国农村妇女的精神面貌、文化素质和生产技能都得到了极大的提升，为以后的新农村建设发挥了重要作用。自 1988 年起，新村运动范围逐渐扩大。韩国政府在全国范围内首次推出了"全民和谐人生"的新概念。在这个活动不断深入开展的过程中，乡村的社会发展和城市的社会文化、乡村和城镇的基础设施并没有太大区别，农民的生活水平并不比城镇市民低。韩国通过新村建设，推动了韩国乡村地区的发展，从而使整个社会得到了良好的发展。韩国学者郑起焕指出：新村的胜利，最重要的就是从乡村的社区自治开始，由官方提供资金、政策等方面的支持，促使村民广泛合作，自力更生。①

(二)韩国新村建设的主要内容

1. 重视最上层的规划

韩国政府按照既定方针，逐步推动农村地区的发展。新村建设是一项以国家为主体的农村发展项目，其投入比例普遍超过国家总投资的 20%，高峰时期达 59.2%。这样才能确保各项重大工程的顺利实施。农村劳动力的萎缩是不可避免的，但这却是农村农业机械化和规模化生产的前提。韩国采取工业反哺农业、实

---

① 郑起焕. 新农村建设要讲求实用[J]. 小康，2006(9)：84.

施"农业机械化五年计划"等措施切实提高了农业机械化程度，逐渐替代了传统农业生产方式，提高了农村现代化程度。与此同时，新村建设主动转变农村的传统工业结构，在生态旅游和乡村旅游方面寻求新的发展方向，实现乡村和城市之间的产业优势互补。在乡村市场体制不够完善、村民自治机构发育不够成熟的情况下，政府的规划引导和政策推动显得尤其关键。在这段时间里，要让志愿者们深入农村，关心农村，在与村民的交流中推动城乡之间的感情建设，在人口流动中推动城乡一体化。在乡村经济发展的同时，逐渐出现了一些年轻人"归农归村"的现象。

2. 注重农民精神面貌的改善

1970 年至 1980 年，韩国不断加大财政拨款力度，免费提供水泥、钢筋等物资给乡村，激发了村民参与新农村建设的热情，并在此过程中，激发了民间个体的创业精神。韩国的新村运动从开始到结束，始终强调"勤勉、自助、互助"的精神，注重乡村的精神文明建设，为提升农民的道德修养，还成立了"乡绅会"，并会举行农技研讨会。韩国新村运动所孕育出的勤俭、自强民族精神，又延伸至都市，进而发展为民族自强、报效国家的民族情怀。韩国新村运动中，推行"奖勤罚懒""样板示范"等激励措施，勤劳自立、艰苦奋斗的农民获得较高的认同，新村运动逐步发展成为一种自觉的、互助的农村社会活动，从而挖掘和激发了农村内部力量。同时，新村运动注重对村民的组织和人才的培训，强调"勤奋、自助、合作"的精神，将新村运动发展成一场全国性的精神革命。在农户自发互助的推动下，农户建设农村的自主性逐步增强，而国家则在政策、科技等方面起到了主导作用。随着农村居住条件、交通设施的持续改进和完善，村民的生活品质也得到了提高，村民从新村运动中获得了实实在在的利益。20 世纪 70 年代，韩国城镇家庭的平均收入增长率仅为 4.6%，而农村家庭的平均增长幅度则为9.5%，因此，城乡差距进一步缩小。

"新村是一种思想上的启蒙，一种思想上的变革，一种行为上的哲理。"朴正熙把乡村社会发展滞后的原因归结于农民的怠惰和落后，以及享乐主义思想，因此，改变农民的思想是首要任务。朴正熙把"勤奋、自助、合作"作为口号加以诠释，成为人们所熟悉的口号——"更美好的人生"，并以此思想撰写《新村之歌》。在新村运动开展过程中，《新村之歌》呼吁"勤劳致富""创建小康乡村"，甚至"建设一个全新的国家"，农民们齐心协力，为"更美好的人生"而奋斗。从上到下的动员，使村民将先进理念转化为爱国之情，进而转化为对政府的拥护。

在一个受儒学传统影响很大的国度里，由村民选出的村长带领着村民们一起建设新村成为韩国乡村有史以来最有活力的一部分。在新村运动中，妇女享有与男子同等的权利，这无疑增强了农村社会的同构性，并促使了妇女独立。在新村运动开展过程中，国家只是给出了一个大致架构，然后通过村民们集体协商，形成文字材料，最终得到国家支援。通过参加村委会、社区代表大会等形式，农民能够充分地发表意见，并对决策事项进行表决，并由村委会负责实施，这使得乡村基层社会建立起了一种民主的参与和决策制度，尽管它的内容仅限于新村工程的推行，但随着新村的发展，村民的民主意识有了明显的增强。

3. 注重改善乡村环境，着力缩小城乡差距

韩国政府注重改善乡村环境，着力缩小城乡差距。一是从根本上解决农村居民生存问题。韩国从盖屋顶、盖新房到村落改建，从安水管改下水到兴建澡堂、泳池，从安装公用电话到乡村电力、通信网络建设，都是为了让农民的生存环境更好；同时，也激发了农民参与新村建设的热情。二是努力为农户提供良好的生活条件，通过修路、改造乡村道路、建设基础农业、平整土地和加强小型河流水利建设等措施来提供良好的生活条件。这些举措不仅促进了韩国的农业生产发展，还为新村的发展奠定了坚实的物质基础。自20世纪60年代以来，韩国实行"五年计划"以推动国家的工业化进程，但在此后的几任政府中，乡村发展都被忽略了。到1970年，"睡茅屋、点油灯"已成为形容韩国乡村贫困状况的常用词。1970年至1973年间，"新村运动"一期工程开工，该阶段以改善农民居住条件为重点，包括拓宽道路、改进污水系统、改造屋顶；建造会堂，改善供水系统，加快电气化进程。"新村运动"一期工程非常注重基建，而且后期工程对基础设施的改善从未间断。到20世纪80年代，人们开始拓宽公路，建设农业公路，修建桥梁，新建会堂和污水处理设施均已超过设计标准，大大提高了乡村的生产条件和居住水平。

4. 增加对农业的直接补贴和技术支持

韩国以大米为主粮，为增加民众的经济利益，韩国国内大力推行"统一号"高产新品种，并给予适当补助，使韩国的大米产业走上了一个新的发展阶段。1983年，为推动多元化发展，韩国选取225个乡镇的900个村作为示范，逐步向外扩展。在这些核心村的带动下，各村通过联合育苗、选种、插秧；通过施肥、

灌溉等一系列协同作业，使农作物增产显著。此外，国家还对食品进行价格补助，1979—1982 年，国家对大米的购买均价年均上涨 19.1%，1983—1985 年，为平抑物价大米价格出现小幅上涨；同时，国家对农业生产的补助也没有降低，保障了农户的基本利益。

自 1974 年起，在新村运动的大规模扩张时期，增加收入的计划取代了改善居住环境的计划，成了新村运动的首要任务。1974 年，农村居民的实际收入和名义上的收入相当，比城镇居民的实际收入稍高一些。自 1969 年起实施的双轨制，允许国家以比市价高 9.2% 的价格收购水稻，此举大大增加了农户收益。由于交易状况的变化，1974 年起，韩国政府废除了大米双轨制。1976 年，农民收入开始下降。此时新村的增收计划对农户的增收具有一定的帮助作用，尽管大部分计划以失败告终，但其短期作用还是较为明显。

5. 通过各种途径提高非农收入，大力发展非农产业

《促进农村所得源开发法》是韩国政府于 1983 年制定的。这部法律着重于通过加强农业与工业之间的联系以及缩小城乡之间的差距来加大对农业的扶持力度。1984 年，韩国政府以这一法令为指导，实施"农工地区"计划，在人口不到 20 万的县乡，政府做好基建工作，方便私人资金进驻，并鼓励畜牧业、农产品加工业及特色农产品的发展，采取政府出资、政策性贷款及乡村筹资等多种筹资形式，兴建各类新村工厂，以发展乡村产业与扩大生产规模，变一家一户的家庭农场为以面、邑为单位的集体生产与销售。"三产融合"是韩国一种新型的农业生产模式，增加了农民收入。韩国的农户平均所得从 1970 年的 137 美元上升到 1978 年的 700 美元，增长超过 4 倍。"农协"促进农户组织，强化市场销售与金融服务。韩国开展新村运动后，国家经济得到快速发展，政府职能也从原来的"引导推动型"向"统筹协调服务"转变，最终为"服务导向型"，并且乡村金融与流通领域也得到进一步发展。在此期间，"农协"作为合作社的一种形式，起到了很大的作用。农协是韩国目前最大的农民合作社，创建于 1961 年，是一个全国性的合作机构。韩国农协的两项重要工作就是融资和开拓农业市场。农协直属的农协超市遍及各地，农协超市能在乡村设置农产品收购点、冷藏仓库等，从而有效解决了农民的"菜篮子"问题。韩国的农协合作社建立了遍布农村地区的银行网点，为农村和城镇居民提供高效的理财产品。总的来说，韩国以新村为主体的农村建设，较好地解决了农业发展缓慢和城乡收入差距不断拉大的矛盾，实现

了国家经济的基本稳定和可持续发展。中韩是近邻，其成功之处可为我国提供有益启示。

第五节　国外城乡融合发展经验带来的重要启示

一、城乡融合是一个长期性、阶段性、互动性的发展过程

乡村与城市之间的融合是一个特定的、漫长而又难以跨越的过程。要在短期之内消除乡村和城市之间的差异，采取城乡统筹政策，不仅不现实，而且不可能实现。城乡一体化是一个从简单到复杂的长期过程。就拿统筹城乡最根本的问题——农村人口迁移来说，若要将农村人口所占比重降低至10%，也就意味着一国已基本上实现了劳动人口的迁移，美国花了80年，法国花了119年。20世纪七八十年代，西方主要国家的人均国内生产总值已突破1万美元，城镇化程度达到70%，城乡一体化基本完成。但20世纪80年代，中国的城镇化才开始进入快速发展阶段，所以，城乡一体化是一个长期的、阶段性的、渐进的过程。但是，城市与乡村的一体化仍是一个相互影响的进程。在统筹推进中，要纠正"城市偏向""乡村偏向"等误区，坚持"城""乡"相统一，实行"融合发展"的发展策略，实现"城乡一体"协调发展格局，防止乡村地区出现衰退现象。还应着重指出，按照马克思的"城市-农村"说，要消除城市与乡村之间的差异，就要统筹解决工人、农民的阶层差异，以及城市和乡村地区的人口分配差异。在统筹城乡的长期发展中，一些城乡差异会随着城镇化和统筹发展而消失，但有些差异却很难消除，甚至会成为新的差异出现的推动因子，景观差异、生活习惯差异等都是相对恒久的，所以城乡一体化不能以消灭城乡差异为目的，而要以城乡协调、互动发展为根本出发点。

二、重视政府宏观规划与相关法规的制定

美国、英国、德国、韩国等国均拥有较为完备的城乡规划制度，涵盖土地利用、国土空间、城乡基础设施等多个领域。英国是世界上第一个通过《城乡规划法》的国家，对城市和乡村的一体化发展起到了很好的促进作用。德国的国土空间规划采用了联邦—州—大行政区—区域四级一体化的规划系统，四者互相制

约，实现了对土地资源的高效使用，实现了国土空间的最大限度优化。为了促进乡村和城镇的一体化发展，美国推出了一系列的优惠措施，目的是为乡村居民提供方便的居住条件。日本同样十分注重对耕地的保护和使用，并对其进行了相关的立法。从上述几个发达国家的城乡统筹制度的构建来看，其城市和乡村的协调发展已经较为成熟。然而，目前我国的城市和乡村的规划制度还很不完善，需要进一步改进。目前我国城市和乡村用地的规划类型较多，且管理分散于各个部门，彼此之间缺少统筹和联系，且各地区的发展目标也不尽相同。不同的规划主体在不同的层面上存在较大的利益冲突，导致城市和乡村的用地与空间的调控和发展不均衡。我国应以统筹城乡发展的思想为基础，加强中央与地方各个部门之间的联系，统筹城乡用地计划，充分发挥城镇的经济辐射作用，推动乡村和城镇的分散布局，推动城乡经济的融合发展。各国都在立法、金融、科技教育等各个层面上出台了相关政策，为促进农业发展提供有效保障，因此要有与之相匹配的可持续的政策支持。韩国的实践证明，政府在财政、税收等方面给予支持是推动乡村振兴的关键。由于城乡在工业化、城镇化等方面的发展程度不同，乡村缺乏基础设施，缺乏对生产要素的吸引和聚集能力，使得产业集群能力弱化，不仅影响了城乡的协调发展，还会使城市与乡村之间的差距逐渐拉大。要想减少城乡差异，保证农村经济的良性发展，中央政府和地方政府需要出台各项政策，开展多种举措，在基础设施建设、产业发展、农村劳动力就业等领域提供强有力支持。在制定政策时，也要把农业技术发展放在首位，以现代技术对农业进行改造，推动农业发展，从而实现乡村经济的规模化发展，实现城乡之间的良性互动。为满足我国农业科学技术发展的需求，应通过强化农村教育和农村人才培养等措施，提升我国数亿农村人口的综合素质。学校及社会教育中应增加关于农业的相关知识，增进居民对农业的了解。以法律手段推动统筹城乡发展。纵观韩国的城市经济一体化发展历程，通过相关法规的制定与执行，形成强大约束力，才能有效地保证城市与乡村的和谐发展。因此要用法制来约束当地政府在城乡发展过程中的权力，如果得不到法制的支撑与保证，在城乡发展过程中，政府的权力与责任将难以明晰，也就无法形成统一的城乡发展规划。在此基础上，以法律方式构建符合我国实际情况的评估指标，并将执行评估内容融入当地的经济核算和干部绩效评估之中，是实现城乡和谐发展的重要举措。

三、重视城乡制度创新

发达国家统筹城乡发展的成功之处在于，通过一套系统的制度安排，为农业提供强大支撑，使得乡村发展受到普遍重视，农民从国家收入重新分配中获益。结合国外实践，为缩小我国城乡差距，并为建设试验区提供支持，进而促进城乡协调发展，提出推进城乡一体化发展策略。一是要推进农地产权制度的变革，健全农地的流转机制。在乡村产权制度上，给予农户宅基地使用权，可以转让、继承等。二是要加速基本养老保险制度的全面普及。西方发达国家对构建和健全农村社会保障体系给予了高度关注。法国以《农业社会救助法》为依据为农民提供了基本保障，而德国则从1927年起逐渐构建起城镇居民的失业保障体系，于1957年建立了独立的农民退休保障体系。我国可以结合自己的发展情况，在养老和医疗保险制度上，逐渐实现城乡一体化。三是构建完善乡村生态环境的生态保育制度。在此基础上，构建统筹推进城乡生态文明制度，在资源环境补偿、投入、产权、使用权流转等方面进行科学、合理的制度安排，并进行生态补偿制度改革。推动农村现代化发展，构建基于生态环境容量的"三生"(生产、生活、生态)消费模式，实现城市的低碳发展，大力推动乡村地区生态环境保护，做好农业面源污染防治工作。

城市和乡村地区要素流动将会影响到户籍、土地和农村金融等制度的变革和创新。国外的一些制度设计可以为我国的城乡统筹发展提供有益启示。一是推进农村户籍制度的改革。我国城乡二元的户籍体制始终制约着城乡经济一体化发展，使得农村务工人员在享受教育资源和社会保障等方面面临不同程度的歧视。因此，我国要实现融合发展，就必须完全打破乡村和城市之间的二元结构关系，构建新型的、一体化户籍体系。现阶段而言，新型户籍体系在近期不太可能建立起来，因此可以采取两种方式，即弱化户籍的"城区化"，从而逐渐推进"城乡一体化"。二是要推进农地制度变革，让农户获得更多利益。外国的土地大多为私有财产，同时有着清晰的土地所有权法律，能划分出各种权利主体的土地权益，使其既属于公有资产，又是私有产权，有利于提高城市的用地质量。而中国的土地性质为集体所有，农民不具有产权。在征地过程中，国家起着引导作用，农地转为城镇建设用地后，农户并没有成为真正意义上的所有者，在征地过程中所获得的利益也很小，农民很少享受到土地调整所产生的潜在价值。因此，我国必须通过改革农地制度，明晰土地所有权和农户之间的利益关系，才能提高农户利益，减少乡村和城市之间的收入差异。三是要深入改进农村财政体制。外国政府坚持将商业性金融与政策性金融有机统一起来，大部分政府设立了以服务农业为宗旨的金融机构，并对商业性、合作性金融机构农贷给予财政补贴和税收减免，弥补了乡村信用社和普通商业性贷款在定价上的差距，同时也保证了农业的可持续经营。我国部分银行目前存在政策性职能不足，无法为农业发展提供有效信贷服务，同时也存在农村融资需求不足的问题，产生了一系列问题。因此，我国迫切要求构建城乡统一公平的市场体系，并通过体制改革来推动现有的人才、土地、资金等要素流通，从而促进我国经济发展，推动城乡经济的融合发展。

四、重视乡村自主发展能力的提升

乡村自主发展能力是一种不需要外来支持和投资就能自行建立和发展的能力。增强乡村自主发展能力，是世界各国推进城乡协调发展的一个重大实践，其中最基本的途径就是提高乡村自主发展的水平。乡村自主发展能力是指农民自身、农业产业获利的经济能力以及将所获得的可利用的资源转换到新农村建设中去，从而达到最大收益的组织能力。新农村建设应采取两种方式：一种是外来投资支持，另一种是农户自己操作。外来资金支持终究有限，常常无法适应新农村建设的需求，存在很大的不稳定性和不平衡性。所以，就算是有了较高层次的支持，也很难有外来投资为乡村发展提供稳定支持，如果乡村自身没有很强的自主发展能力，那么就难以将扶持资金和政策落实到位，并使其收益最大化。所以，提高乡村自主发展水平，是统筹推进城乡一体化的一个关键环节。为此，我国乡村应积极承接城镇辐射和国家对乡村的财政转移支付，增强自主发展能力；逐渐建立健全自理机制，将乡村发展方式从外在扶持型转变为自主型，通过主动发展非农产业来提高农户收入；把乡村富余劳动力转移出去，通过农业产业化展现乡村经济运转的高效性。

统筹融合的本质就是要推动经济社会又好又快发展，目标是要增加大部分的乡村居民和城镇居民的福祉，提升乡村居民的生活水准和生活品质，让他们能够享有和城镇居民一样的条件。要缩小乡村与城市之间的差距，就需要在统筹城乡发展中体现以人为本的原则。一是要加大对农户的直接补助力度，促进农户增收。依托美国、欧盟和日本等经济发达的国家和地区的有益经验，在没有商品流通环节的情况下，通过对农民进行直接的农业补助以保障农民收入。韩国曾经实施了食品反倾销政策，也就是政府对农户进行直接补助。这一制度的实行，不但对韩国农业的稳步发展起到了积极的推动作用，同时使其生产率得到了提升，为产业发展创造了更大的空间，同时也使农户的收益得到了进一步的提升。二是要保证乡村公共物品的有效供应。美国规定了由不同层级的部门来负责乡村公共物品经营，以保证乡村公共物品的有效供应。三是营造有利于外来务工人员向城市居民转化的良好环境。在工业化进程中，发达国家把重点放在了农业人口的转移上，以促进城镇化发展。四是以基本教育为基础，以培养人才为重点，加大乡村教育投资力度，将发展的资金用于培训农民的工作上，使新一代乡村人才的综合素质与竞争能力得到全面提升。

五、重视产业结构与政策的调整

城乡经济一体化发展的关键在于统筹城乡产业发展，而统筹城乡的市场经济体制又是其内部动因。美国和德国在农业领域都有专门的法律、规章，日本也成立了专门的农民协会，以保证农民的利益，便民利民，既注重发展农业，也推动了工农和城乡的一体化。当前，我国的工业结构仍不完善，并且农地规模化、集约化、规模化程度不高，导致农业生产力和机械化程度不高。因此，国家应构建工业政策执行体系，除由中央政府来制定工业政策之外，还要考虑不同地区的地理位置和资源；以农业为主，以工业化为主，提倡规模化发展，要制定科学的发展策略，同时也要实行有效的工业扶持政策，加大对工业转型的扶持力度，放宽民营企业和乡镇企业的市场准入限制，突破市场障碍等，为城市和乡村创造新的发展空间。同时，为促进高校、企业和科研院所科技创新活动的开展，必须建立健全的激励机制和知识产权保护机制。利用市场机制和政府的扶持政策，将技术研究链和工业创新链很好地连接起来，让价值链中的各个参与者——政府、企业、大学和研究部门成为一个整体，从而构建出一个产学研一体化科技创新体系，同时还能大规模地培育人才，推动人才下乡、资金下乡、企业下乡，发挥人流、物流、信息流和资本循环的乘数效应，促进城乡经济的全面发展。

六、重视城乡基础设施建设

世界各国的实践证明，要使城市与乡村地区的经济一体化发展，必须依靠乡村的基础设施与乡村公共物品的有效供给。我国要加大对城市和乡村的基建投资力度。比如日本的近代农业，其特点是机械化程度较高、良种化程度较高，确保了农业生产资料如农机和化肥的不断供给，育种育苗、灌溉排水等农业基础设施也得到了健全与完善，使农业生产力得到了提升，促进了农业生产管理的现代化和规模化。另外，在公路建设、电力和网络的覆盖率上，要增加投资，加强乡村的基础设施建设，改善乡村居民的居住条件。这对缓解我国农业劳动力的外流、促进农业劳动力转移具有重要意义。另外，物流、网络平台和电商的兴起，极大地促进了农产品生产、加工、仓储和运销产业链的建立，增加了农户收入，同时也成了农户摆脱贫困的一条重要途径。因此，我国要完善城市和乡村的公共基础设施，加强有关政府部门和专业团队的交流。在完善城乡公共物品供应体系的基础上，加大财政投入力度，将公共物品的供应重心向乡村倾斜。当公共物品的供应出现短缺时，人们就会增加对公共物品的购买，导致家庭的消费水平降低；若提高了公共物品的供给，则会增加消费者对其他商品的消费。

七、重视公众参与

在城市和乡村地区的发展过程中，社会公众具有多种参与形式。英、美、德三国在城市规划过程中给予了公众参与机会，从个体市民的参与，到民间组织的加入，再到非中介机构、社会团体的加入，都能让市民就规划草案发表自己的看法，市民可以通过不同的途径参与政府计划制订。同时，这三个国家也十分重视发挥公益组织的作用，使公益组织的灵活性和亲和力得到充分体现。市民并不只是在提案被提交以后可以提出意见，还可以在法案的草拟中介入。法案通过后，市民还可以对法案的执行进行监督。若对此不满意，甚至可以要求政府更改或撤销已作出的规划草案。在城市和乡村规划中，公共参与是最重要的一项内容。美国的《新联邦交通法案》、英国的《城乡规划法》、德国的《建设法典》等都对城市规划的制定和执行进行了详尽而具体的规定，其有利于社会大众主动参加城乡规划，也有利于培育市民自觉参与城市规划的意识，甚至是在其他方面的观念。根据各国的规章和条例，在城市和农村规划的每一个环节，如果没有公众的介入，将会被视为非法行为，规划将被改变或取消。在法案起草过程中，尤其重视市民参与。以美国为例，当要制订一个计划时，政府部门就要把这个计划适时地通过传媒告诉大众，并接受大众评论，为该计划的实施奠定基础。当计划得到批准进入执行阶段后，再设立社区访问中心，将计划进展情况告知社会公众，同时对于已有规划，市民有权提起诉讼，予以驳回。西方的民众参与具有大众化特点，所有的人都是平等的，所以，在制定城乡规划的公共参与体系时，并没有把专家和普通人区分开来。社区规划委员会这种半官方组织也只是用自己专长，为市民提供一些关于城市的规划建议；专家也应当归属于普通民众，因而对其角色的重视程度不高。尽管这种做法似乎有点不对，但就公正性而言，有关城市和乡村规划问题的专家和学者所作的表决，其有效性也不应高于一般公民。

第四章 我国城乡融合发展的实践经验与启示

推进城乡融合发展与推进乡村全面振兴互补共促，是以高质量发展推进中国式现代化的重要目标和途径。推动城乡融合发展的根本目的是让城乡发展成为交错相融、和谐共生的共同体，让农民群众拥有更好的生产与生活条件。随着改革开放政策的实施，以及社会的飞速发展，我国不少省市在城乡融合方面获得了丰富的经验，对其进行分析，能够为我国其他地区的城乡融合发展提供有益借鉴。本章对我国城乡融合发展的实践经验与启示进行介绍。

第一节 上海市城乡融合发展的相关经验与启示

一、上海市城乡融合发展的历程与现状

(一)上海市城乡融合发展历程

20世纪80年代是上海市探索城乡发展道路的起点，之后经历了4个阶段的发展与实践。

第一阶段：20世纪80年代，乡村工业化浪潮兴起。当时上海市从现实出发提出城乡一体化发展战略，并且确立"一二三四"工作方针，具体为一体化建设、坚持两个立足点、促进三业协调发展、建设四个基地。乡镇企业在这一方针的支持下获得强大助力，一时间工业化水平大幅提升，推动了乡村的工业化发展。

第二阶段：20世纪90年代，上海市委、市政府提出"三个集中"战略，具体为人口向城镇集中、产业向园区集中、土地向规模经营集中。对农村产业发展方针也进行了调整，农村地区被作为经济建设新的重心，无论是工业建设还是基础设施建设，都要逐步向郊区转移。"三个集中"战略成为郊区快速发展的动力，

城乡之间要素流动速度更快，促进了产业结构优化。

第三阶段：进入21世纪后，农村机制体制改革成为重要研究课题。上海市走在全国前列，率先试验农村税费改革、农村经营体制改革、农村集体产权制度改革等。2015年，上海市推出《关于推进新型城镇化建设促进本市城乡发展一体化的若干意见》，重点强调"三倾斜一深化"要得到贯彻落实。"三倾斜"分别是公共服务资源向郊区人口倾斜、基础设施建设向郊区倾斜、执法管理力量向城乡接合部倾斜；一深化指的是土地制度改革。在这一阶段，上海市在城乡一体化目标带动下建立了新的城乡关系，为城乡发展一体化机制体制的完善提供了有力支持。

第四阶段：党的十八大以来，上海市在"三个百里""三个价值""三园工程"的引领下，逐步走向城乡融合发展阶段。城乡差距大幅缩小，城乡居民生活水平进一步接近。不过，城乡融合发展之路并没有结束，产权制度还需要进一步完善，要素市场配置还要进一步规划。

（二）上海市城乡融合发展现状

整体来看，上海市的城乡融合工作取得了较为优异的成绩，区域内部软硬件设施建设基本到位，公共资源配置基本科学合理。但也存在一些不足之处，如城乡经济融合程度还有待加深，城乡居民生活品质距离一体化仍有距离，城乡居民收支水平还存在较大差距，继续探索和实践是必要的也是必然的，上海市应推动城乡融合发展步入新的阶段。

在发展趋势上，上海市城乡融合发展整体趋势乐观，中心城区、新城区、新郊区之间的发展差距不断缩小，新城区的"承上启下"作用已经有所体现。但还有一些领域虽然目前运转正常，可中间有波动、倒退的现象，如经济效率、社会事业建设等方面，这需要重点关注，也需要积极采取预防措施来有力地规避风险。

在区域格局上，上海市16个行政区的综合发展水平仍然差距明显，黄浦区排在第1位，崇明区、奉贤区等排在靠后位置，在得分上，黄浦区能达到崇明区和奉贤区的将近3倍。侧重得分低的区域进行发展是必要的，而在发展过程中，需要发掘各区特色，而不能机械效仿，否则只会落入不相匹配的误区，如崇明、金山等区域的社会事业发展势头良好，需要继续强化来达到更高水平；而对于闵行、宝山、普陀等区域来说，社会事业是其短板，因此一方面要有针对性地进行加强，另一方面要捕捉自身优势项目，逐步形成区域特色；杨浦、虹口等区域的基础设施建设存在不足，其他方面稳定提升，可以针对不足之处着力强化；黄浦、静安、徐汇等区域基本完善，可以将重点放在绿化建设上，为城市增加更多的公园绿地。

总体来看，上海市城乡融合发展下一阶段的工作可以从以下几个方面重点推进。

第一，探寻大都市边远乡村地区多功能转变的路径，增强其统筹发展的动能。本小节针对大都市周围乡村地区特点，对其多功能改造进行创造性探讨。学术界普遍认同的是，乡村生产发展方式造成了生态环境的退化，基于此，日、韩等国提出了"多功能农村改造"概念。考虑到毗邻大都市的地理特征，上海近郊的统筹发展应当在兼顾农业生产的基础上，探索科创、文旅、生态等多个方面的综合发展。例如，开发一种给市民享受田园生活、度假养生的共用农场，或是将农场出租给创业者作为办公孵化基地和文化创意基地，或是建立具有生态作用的郊野公园等。上海市虽然已经有了相应的模式（例如奉贤区的农村生态商务区模式、金山区的枫泾科创小镇），但其发展方向尚不完善，应防止其沦为"房地产开发"。应统筹各职能的空间关系和组织模式，以及统筹城乡一体化的价值导向，亟须有关的政策与研究适时跟进。二是按照上海"十四五""新城发力"的发展思路，在嘉定、青浦、松江、奉贤和南汇建设"五大新城"作为城乡一体化发展的试验区，其核心是通过制度创新，推动城市和乡村要素的合理配置和自由流动。在当前我国土地利用一体化程度较低的问题上，应建立一个统一的建设用地交易市场，以土地要素的变革为中心，统筹资金、人才和信息等各种资源，使乡村发展更加有效。各新城区极具科创潜能，但新郊区科创投资与输出方面存在明显不足，亟须政策支持。

第二，紧抓乡村数字基础设施建设，夯实城乡融合发展基础。一方面，加速推进乡村数字化基础设施构建，消除"数字鸿沟"，实现乡村信息化与现代化。《世界电讯联合会》（International Telecommunication）2020 年的研究表明，从世界范围来看，数字化发展速度总体上加快了，然而城乡间的数字基建差距却在不断拉大，"数字鸿沟"这一问题在上海市的发展中也日益突出。实现城市与乡村的公平交流与双向流通极为重要，反之，必将导致城市与乡村之间的发展差距进一步扩大。上海的"数字村"建设工作已开始，今后应把发展重点放在提升数字化设备使用效率上，大力推进信息服务和信息技术发展，并对数字化因素的高效配置和高效流通进行探讨。另一方面，应瞄准地区发展的短板，缩小教育、医疗和交通等公共服务领域的缺口。首先，当前我国城乡公共资源整合中最大的问题就是医疗卫生问题，急需构建完善的农村基层医疗机构。其次，新城区与核心区在基础建设方面，已经达到了均衡发展，但仍具有整合潜力；在教育和卫生资源的总量上，新城区和核心区的发展程度还不如新郊区，有待进一步加强。最后，还应积极推动新郊区的铁路运输，加强城市与乡村的道路和其他基础设施的联系，力争在新郊区和街镇建立地铁车站；以上海为代表的地区运输系统应具有国际化特点。

第三，以共同富裕为导向，释放城乡居民的消费潜能，贯彻城乡融合发展目标。一是聚焦于乡村消费的提质扩容，以达到统筹城乡发展的终极目的——城乡居民的收入与消费水平的协调。在"共同繁荣"与"拉动国内需求"的双目标下，农村地区的消费潜能有待挖掘。付艳涛认为要以新型基础设施建设来优化我国乡村地区的消费环境，提高我国乡村地区的消费水平。通过对乡村区域多功能的改造，促进乡村物质生活形态的改变，丰富农民的精神需要，多措并举以提高农民的购买力。二是从促进共同繁荣的角度出发，中心城区、新城区、新郊区只要满足了最大需要，就能充分发挥各自的优势，相辅相成，如在城市的整体发展水平上，城市群可以通过追求较高的资金回报率和较高的土地回报率来实现共同繁荣的目标。新城区可以提高科技资源的密集度；新郊区既有生态环境优势，又能在文化、体育等方面彰显自身特点，保障人民群众的生活质量，以及获得感。基于这一理念，不同地区之间可以通过各种要素的自由流通，来保证人民的生活水平，从而达到共同繁荣的目的。

二、上海市城乡融合发展的重要举措

(一)依靠"新城发力"打造城乡融合新动力——以五大新城为例

一是新城产业能级大幅提升，为城乡融合发展提供更强大的经济支撑动能。新城区作为上海"五个中心""四大功能""五型经济"发展的重点区域，其核心地位日益凸显。"五个中心"指国际经济中心、金融中心、贸易中心、航运中心和科技创新中心。"四大功能"分别是：配置全球资源，科技创新策源，高端产业引领，开放枢纽门户。"五型经济"指创新型经济、服务型经济、开放型经济、总部型经济、流量型经济。"十四五"期间，各区将以更高的标准建设高端制造业、现代服务设施，高密度地聚集各种创新资源，使之成为上海经济高质量发展的重要增长点，如建设沪宁高速发展轴线上的嘉定新区，创建全国智能运输先行示范区，形成区域科技与创新的高地。青浦新城是长三角经济发展的重要载体，也是我国经济发展的重要支撑力量。松江新城要增强G60科创走廊的战略导向功能，不断壮大智能制造装备和电子信息等新兴产业。奉贤新城将作为上海滨海开发廊道的重要枢纽，成为全球美容保健产业发源地。南汇新区将围绕"五个重要"，着力发展IC(集成电路)、AI(人工智能)和生物医药产业，并在具有前瞻性和创新性的工业系统如航空航天等方面加强研究。新城工业水平的显著提升，将为推动城乡一体化发展奠定更为坚实的基础。一方面，各区财政收入的稳定增加，能够为乡村振兴提供更多项目和更多资本，另一方面，通过"一城一名园"建设，以及产业链、创新链上下游企业、机构的集聚，可以增加农村劳动力需要的优质工作岗位，同时还可以通过农户的住房出租和集体资产等方式增加农民收入。

二是公共服务品质显著提高，为城乡融合发展提供更多优质公共资源。公共服务均等化和优质化是上海市城乡一体化建设中的一个重点，同时也是当前城乡一体化建设中存在的一个突出问题。按照有关计算，若将城市的均值设为1，那么，城市的公共服务资源分配比例是1.33，而城郊只有0.79，城市与乡村之间的差距较大。虽然城市中心区的公用设施是完全开放的，但是郊区的居民却无法真正使用。根据上海市《关于本市"十四五"加快推进新城规划建设工作的实施意见》的总体布局，"十四五"期间，每个新城区将建设一所高职以上高等教育机构(校区)，三级综合性医院1所，市级体育设施1个，大型文化场馆1处，此外还将加大中学优质教育资源的供应，加速市级优质卫生资源向新城区延伸。从统筹城乡发展角度来看，新城区整合了更多的优质教育资源，极力满足乡村居民对高质量公共服务的需求，同时新城区作为一个现代化的运输中心，大部分村庄位于新城区30分钟的车程范围内，新城区居民也能更方便地享受到高品质的公共服务。与此同时，在同一行政辖区，还能高效构建出农村优质公共服务资源整合机制。

三是体制机制创新持续有力，为城乡融合发展提供更好的政策保障。"放权"和"体制创新"是推动新城区发展的重要保证，尤其要从吸引人才、用活土地和财税支持三个方面入手；一是要继续深化简政放权，二是要继续推动上海新片区、张江自主创新示范区和虹桥国际开放枢纽的开放创新，并借鉴江苏省的经验，建设生活区与生产区紧密结合的新城。新城将成为一座充满活力的改革城市，同时还可以推进乡村地区的深入发展，实现乡村人口与人力资源的合理配置，实现农村经济社会的可持续发展。三是要深化农地产权制度的变革，促进农地资源的活化，使乡村治理向城镇化和智慧化方向发展，以高素质的人才、技术、文创等为载体，带动乡村工业的发展。

(二)依托村庄建设助推城乡融合发展——以赵巷和睦村村庄建设为例

1. 构建协同责任机制

乡村人居环境整治是一个长远工程，要最大限度地调动各方力量，强化各方力量主体责任，增强主体意识，形成工作合力。一是要以党的领导为核心，使基层党组织的战斗力和组织力量得到最大程度发挥。在具体的建设工作中，要坚持因地制宜、分类指导，逐步提高人民生活水平，建立统筹推进和谐发展的长效机制。和睦村基层党组织以"幸福社区"为中心，以提升群众福祉为"最强音"，以"和睦"品牌为平台，积极开展基层党建、文化演出、志愿服务等，营造出"和谐邻里，共建和谐家园"的良好气氛。"和谐苑·快乐里"社区中心的建立，将社区事务处理、引导邻里顺畅交流等多种职能结合起来，真正实现了共建共治共享。

二是让基层党组织积极主动地投入乡村振兴的长期治理工作。在治理初期，基层党组织鼓励农户全面参与，倾听民意，凝聚了村民、能人、专家学者、乡镇政府等多个层面的群体智慧，使村民的主观能动性得到了最大程度的发挥。同时以"和风"志愿者、党员、村民小组长为主体，以"1+2+3+X"的网格队伍(具体指一种组织结构和管理模式，其中"1"代表一个召集人，"2"代表两名干部，"3"代表三名中心干部，"X"代表其他参与人员)为载体，激发基层组织的内在活力。以"一网统管"为平台，建立智能监测中心，强化科学技术支持和信息基础设施建设，推动农村现代化发展。和睦村把党群服务站、新时代文明实践所、医疗所等零散的点串联起来，打造一种新的生活形态，形成了15分钟的社区服务圈。通过"三大整治(即整治垃圾、污水和水体污染)"，对村级环境加以集中治理，美化了生活环境，提高了村民的道德品质。

三是明确各部门职责，建立工作整体协调机制。和睦村在开展河流综合治理工作中，以"河长制"工作为重点，以综合治理为主，强化交流，构建责任明确、协调有序、严格监督的机制；建立健全河长制协调联系制度，保证责任到人。由河长带队，每周一次以上全程步行巡河，检查河道存在的问题，全面了解河道状况、污染现状和河道两侧情况，对巡河实施动态化管理，切实履行河长从发现问题到解决问题的工作职责。治理河流要从水环境治理、水污染防治和水资源保护三方面入手；通过对目前我国内河航道整治中出现的几个突出问题进行系统梳理和剖析，并针对具体情况，分别采取相应对策。

2. 搭建社会资本参与的发展机制

在乡村生活环境建设中，必须引入社会资本。一是引进高技术含量的社会资金，建设都市"新农业"。和睦村通过精细经营，与六甲农牧技术有限公司共同开发了一种新型的城市现代化农业。从 2018 年开始，和睦村在土地上实施"修身养肥"，严格控制水、肥、药三要素，使土地的有机质含量从不到 1.5% 提高到 2.8%，水稻产量从 500 多千克增加到 600 多千克，"乐稻乐道""有幸遇稻"等名牌产品也顺利通过了绿色认证。与此同时，和睦村以"乐稻乐道"农产品品牌为基础，将"田园综合体"与"农耕"结合，开发了"高品质大米+休闲健身"的"农耕乐园"。

二是引进具有文化属性的社会资本，推动文创行业的快速发展。和睦村在发展文旅方面所需的经费，是以"姐妹联手"的方式来进行的，也就是把"智慧团"聚集起来，扩大"朋友圈"，推动"妇女代表-村妇女代表-村妇联主席"三位一体的合作模式。在这些项目中，"街心·友智团共绘·小山村快乐家园"是其中最具代表性的项目。和睦村依托文化方面的社会资本帮助，在补齐乡村环境基础建设短板的同时，结合地方文化特色，着重发展和睦水街的农村商贸，建设共享直播平台、红豆生活馆、乡村书吧，集农产品产销为一体，集观光、购物、娱乐为一体。

三是引进市场化的精品商业。和睦村与世界著名的红豆公司联手，精心设计了高品质的"红小豆·和谐园"水街商圈。依托"生态""田园"和"滨水"三大优势，以"农家乐""源宿"为依托，以"和睦壹号"为特色，以"农家私房菜"为载体，以"生态、田园、滨水"为主导，以"田园"为核心，吸引更多的农户，发展

"休闲度假"经济。

3. 构建文化活力迸发的传承机制

和睦村为乡村生活环境建设创造了一个有利于村庄可持续发展的"软环境"，并对乡村文化进行持续的继承与创新。一是改善现有的人力资源条件。和睦村以"美丽乡村"建设为契机，把当地的工业发展和人才发展计划相结合，建设专门的人才公寓，突破了原有的社区格局，以农村农家宅整租、分租的新方式，吸引年轻人，并让年轻人留得下来，为和睦水街的进一步发展注入了蓬勃的生命力。二是使村民的文化生活更加丰富多彩。和睦村举办的剪纸、沪剧表演、舞蹈等活动，不仅为游客带来了美学上的愉悦，更使和睦村引入的年轻才俊以及三代乡亲实实在在地感受到了乡村振兴带来的文化红利。三是以"红色文化"为引领，以"美丽农村"为载体，将"四史"教育与实践工作有机联系在一起。和睦村的一个传统节目是"聆听老人说故事"，两名老人向游客介绍村子的发展历程，并介绍和睦村烈士的事迹。和睦村自从被选为"红色旅游景点"后，已经有多个党支部进驻和睦村，通过与基层党组织的联系，形成了相互学习、共同发展的良好气氛，为乡村振兴的落实增添新动力。自2016年起，和睦村在"美丽村庄"的基础上，通过开展村庄污水治理、村庄改造、河道治理等方面的工作，不断推动"美丽村庄"的建设。通过打造"和睦E+"党支部、"四和愿"等制度，丰富了"三字经"村规民约的内容。同时，依托科技、农业和资金的支持，利用靠近上海市区的便利，创建了"和塘睦色""古闸听流""红柚香远""水稻公园"等乡村旅游景区及工业工程，形成了上海近郊水乡风貌和乡村风情的乡村旅游精品。

(三) 依托"自治共治"载体提升城乡融合活力——以宝山区城乡融合实践为例

1. 积分制：让村民在自治中获得成就感

由于工业化与城镇化的发展，农村的"空心化"与"人口老龄化"现象较为严重，不论是以老人居多的乡村，又或者是新增的农民数量远多于留守人口的乡村，由于个体需求比较分散，管理更为困难，远胜于传统农村。宝山区的乡村流动人口与本地流动的人口不平衡，根据2021年度的统计数字，宝山区罗泾镇有6万常住人口，而外地流动人口达到了29万；另外，由于宝山区风景优美、房租便宜，部分村庄的外地居民与本地居民的比率超过7∶1，加之老年人的需求和新移民的强烈要求，使得宝山区的农村社区管理变得更加困难。因此，如何有效地调动老年人的自主意识，是提升农村基层组织管理水平的重要途径。"积分制"鼓励家庭自治、提升家庭自治积极性，不是因为积分能买到什么，而是因为积分给了村民一种强烈的满足感。而且这些积分兑换的物资，也是一种成就感的象征，所以"积分制"很快就在罗泾全镇推广开来。以积分激励居民自治的积极性不是罗泾镇率先提出的，但将"积分制"作为一种有效方式来激励居民，则是罗泾镇在实践中的一次实践创新。罗泾镇将"党建领导下的乡村精细化治理"的目标需求划分为 4 大方面 18 个项目，如"村民议事""文明新风"等，并按照具体的工作进行了详细划分，并以入户宣传、每户发放积分手册等形式向村民宣传。罗泾镇在三个村子里建立了"村级管理积分兑换超市"，兑换超市里的物资都是村民们的日常所需，超市的营业时间也是按照村民们的日常生活方式来安排的。罗泾镇推行的是以家庭为基础的积分制度，让那些没有在村子里，或者没有足够的时间来参加的年轻人，在长辈的号召下加入村民自治的队伍中来，以此来激发更多村民加入社区建设工作中。

2. 社区通：化解参与共治的时间、空间限制

"社区通"作为宝山区第一个"掌上管理"的"一站式"服务，目前 103 个行政村全部在线，可谓"云端宝山"。"社区通"可以让村干部了解居民的实际需求，乡镇官员可以查看乡镇各居民村的发展状况，区委、区政府的负责人可以查看各村民的意见、建议。"社区通"在乡村建设中起到了承上启下的作用，实现了村情镇情信息的开放和透明，打破了时空的限制。"社区通"开通了一个特别的乡村板块——"村务公开"。"村务公开"实行村级问题追踪制度，对村民反映的问题，各级有关单位要在 24 小时之内进行答复和处理，并将处理结果列入考评。"社区通"还构建了分级处理问题的闭环机制，即"村级"能够处理的就交给"村级"来处理，不属于"村级"范围的，通过"社区通"邀请相关人员协商。"社区通"构建的"程序与咨询流程"，使"自下而上"的议题提出、项目形成和形成惯例成为新常态。经过改造，上海市第一个农村建设小康示范村——宝山区罗泾镇塘湾村已变成上海北部门户地区的网红景点。由于村庄越来越漂亮，老人们也逐渐有了饭后出来走走的习惯，所以安装路灯就成了一件很重要的事情。村里的老支书张华明将自己的想法发到了"社区通"群里，很快，所有人都收到了自己的"诉求单"，之后，村子里的主要道路都装上了路灯。

第二节 贵州省城乡融合发展的相关经验与启示

一、贵州省城乡融合发展的现实背景

(一)贵州省城乡融合发展的现实必要性

贵州的城乡之间存在显著的不平衡现象。2010年,贵州省城市居民可支配收入比乡村居民可支配收入高出3.23倍。[1] 从总体上看,贵州省虽然实现了经济的快速发展,但城市和乡村的贫富分化差距较大。从社会保障和基础设施等角度来看,贵州省的城乡发展水平存在巨大差距,因此,完成城乡协调发展任务的时间非常紧迫。一般来说,贵州省城乡发展中存在的不充分、不均衡的问题,既阻碍了区域经济的协调发展,也阻碍了社会的公平与公正。要有效缓解贵州省乡村和城市之间的矛盾,应当促进贵州省乡村和城市之间的协调发展。

(二)贵州省城乡融合发展中社会治理体系建设的重要性

伴随贵州省的高速发展和社会格局的深刻变化,各类矛盾和冲突以不同的方式介入社会管理的各个层面,因此,构建有效的基层党组织之间的有效协调机制就显得尤为重要。首先,构建城乡统筹的社会管理制度,是新时期维护社会稳定的必然要求。贵州省发展速度之快,开发工程之多,使得各种新情况、新问题层出不穷,维持治安的压力日益增大,传统的管理手段已经无法满足新形势下的需求,亟须进行城乡一体化的社会管理模式的改革。其次,构建城乡统筹的社会管理制度,是适应新时期人民群众日益增长的需求的需要。在城镇化、信息化发展的大背景下,人力、资金和物资的流动速度越来越快,流动区域越来越广,给社会管理造成了巨大压力,导致原来的社会治理机制渐趋落后。新型的政府管理体制还没有形成,城乡人民迫切需要一个和谐、安定的社会环境。新时期,为了满

---

① 国家统计局. https://data. stats. gov. cn/search. htm? s = 2010%E5%B9%B4%E5%86%9C%E6%9D%91%E5%B1%85%E6%B0%91%E4%BA%BA%E5%9D%87%E5%8F%AF%E6%94%AF%E9%85%8D%E6%94%B6%E5%85%A5.

足城乡人民对安全的期盼，必须强化城乡社会治理，推进协同治理、精细治理。最后，构建城乡统筹的社会管理制度，是实现贵州省城市管理系统现代化的一个关键维度。贵州省应主动适应社会治理的动态化、信息化和多元化的需求，敢于突破制度、机制和保障的社会治理难题，发挥最大潜能，整合资源，提高城市和乡村社会治理效率。

二、贵州省城乡融合发展的实践举措

(一)制度设计一体化

贵州省提出了城乡统筹发展的建议。2023年贵州省政府对《贵州省城乡规划条例》进行了修正，其中明确指出，在城市建设中，要提高土地利用率，保护生态环境，提高人居环境质量；推动资源与能源的有效利用，对城市和农村进行科学规划，为今后的城市和农村发展预留余地。

目前，贵州省实现了乡村和城市的一体化发展。21世纪以来，为解决贵州省交通难等问题，《贵州省推进交通强国建设实施纲要》提出，要突出交通、信息和物流设施的品质和效率，促进交通与信息整合。以高速铁路为纽带，将主要的城市路网连接起来，从而构建高效的城际交通运输网络。以常规网络为基础，构筑轨道交通网络，提高运能。加快实施"县县通高速公路"战略，实现"县县通"目标。以普通等级公路为纽带，实现城市和农村的便捷化。建设一个覆盖面较广的邮快专递服务网络，扩大"快递进村"覆盖范围，打通农村物流"下乡与进城"双向快捷通道。①

贵州省对城市和农村户口登记系统进行变革。贵州省实行"以人为本"的新制度，优化"以人为本"的落户手续，确保进城落户人员享有同样的社会福利。随着户口制度的实施，大批农村务工人员进城。贵州省实现了农村和城市的公共服务一体化。贵州省的教育方针将重心放在了发展县域教育上，而县域教育起到了承上启下的作用，它的一端连接城市，一端连接乡村，贵州省确保了县级及以上地区在义务教育的各个层次上都有统一标准。其中主要内容有：学校建设标准、教师编制内设岗标准、教育经费投入标准、教学设备配置标准等。在提供社

---

① 李小梅.新时代贵州城乡融合发展及乡村治理研究[D].贵阳：贵州财经大学，2022.

会福利上，贵州省通过统筹城乡户口，使外来人口享受到平等的社会福利，并对外来人口的资产进行保护，保证其资产安全。

(二) 城乡基础设施网络化

城乡基础设施网指的是城乡路网、水利设施、通信设施及电力网的融合。新时期，贵州省要全面推进城乡一体化发展，就必须将农村道路的规划与修建作为首要任务。城乡之间的交通网络是物流的重要组成部分。贵州省通过改善农村基础设施，使农村居民的生活质量得到改善，达到了通水、通电、通网的目标。

城市和乡村的运输联网。在贵州扶贫开发阶段，要以"村村通"为目标，对乡村道路进行科学、合理的设计和规划，以免与大城市的道路衔接不顺畅，造成资源和财力的浪费。国家大力支持贵州省的发展，加大了对基建的投入力度，贵州省的道路由新中国成立时的1950千米发展到2023年的20.5万千米。贵州省将通村通组公路作为扶贫开发的重中之重，通过投入资金，使乡村和城市之间的运输网络得以搭建完成。

城市和乡村通信设备联网。贵州省通过实施千村整治、百村示范工程，提升了农民的生活质量，加强了乡村通信基础设施的建设，使城乡通信融合。

城市和乡村供水系统联网。贵州省为保障乡村饮水安全，推动城乡饮水安全综合治理工程，加快实施水网建设三年攻坚行动，把乡村饮水安全工作作为一项民心工程、民生工程来抓，在强化乡村水源保障、推进乡村供水工程建设、加快构建城乡供水一体化等方面持续发力，推进乡村供水现代化进程，让农民从"有水喝"变为"喝好水"。

城市和乡村电网联网。扶贫开发中，贵州省大力推进乡村电网改造，推进乡村电网发展。加强贫穷乡镇的生活基础设施建设，保证边远地区的电力投入。

(三) 城乡产业融合化

贵州省要保持经济的持续、健康发展，必须通过城镇化和乡村的工业升级来促进乡村的工业化发展，从而促进乡村的工业、农业一体化发展，实现以城带乡，以第二、第三产业带动第一产业的发展。随着城镇工业的转型，原来在市区的企业无法满足环保指标，一些高能耗、碳排放超标、占地面积大的企业纷纷向乡村搬迁。如贵阳市的钢厂要迁移到附近的村镇，贵州省招商办公室就打算利用当地的区位优势，在钢厂旧址上发展夜间经济，推动工业发展。经历工业转型之后，贵阳市将发展重点放在生物制药这一产业上。贵阳城区以高端消费产业和服务业为主，因此，贵阳市向乡村工业园内迁移企业，以促进乡村工业的发展，提高农业生产水平。乡村建立工业园，园区应进行住宅、道路、水电等相关设施的建设。与此同时，大批的乡村人口流向城镇，为城镇工业的发展提供支撑，那些劳动密集型企业则吸纳了大批外来劳动力。与此同时，都市的消费需求还促进了乡村工业的发展。为了促进三产融合，贵阳市政府建立了一个农业加工园区，为20个农业生产企业提供支持。贵州省加大了发展乡村第三产业的力度，扩大农业观光、体验和休闲产业的规模；通过康养等方式带动乡村民宿、小旅馆、小餐馆的发展，同时开发特色酿酒厂及其他相关设施，促进乡村产业发展。

(四)城乡公共服务一体化

贵州省在新时期促进城乡融合发展速度，在加大对农村基础设施建设的基础上，加大了对水利、电力的投入力度，对农村的供水和供电设施进行改造，以推进城乡公共服务的融合。贵州省由于各地的经济发展水平、基础状况等方面存在一定的差别，造成了乡村和城市之间的公共服务整合水平相差较大，为此应采取以下策略来解决这一问题。

为城市和乡村的教育事业提供保障。贵州省在摆脱贫困后，要通过改善乡村教学条件促进乡村教育事业的发展。贵州省不断加强乡村和城市的基础建设，新建、改建、扩建了全省的中小学和幼儿园。贵州省制定了《乡村教师支持计划(2015—2020年)》，壮大了农村师资力量；贵州省还通过"特岗计划"引进农村优秀人才，保障农村教师的权益；制定薪酬比较机制，让教师的薪酬与当地公务员的薪酬水平挂钩。要使农村教育进一步发展，就必须强化农村教育设施建设，保证农村教师的工资待遇。

健全农村和城市的医保体系。近年来，贵州省建立了省市县三级的远程卫生保健系统，提升了全省的卫生保健水平。推动高水平的医生到乡村去开诊所，保证村民有机会享受到高质量的医疗服务。推动全国统一农村居民医保体系建设，按照医院的不同级别来确定参保居民的住院补偿率，实行城乡居民重大疾病保险，对超出医保限额的再次报销60%以上。加强乡村地区的卫生保健工作，促进乡村和城市之间的卫生保健融合。

加强城乡水电基础设施建设。针对存在的问题，贵州省通过政策保证资金投入及加强对相关部门工作人员的管理，构建由市场引导、科学合理的水价形成机制，从而保证农村饮用水安全，饮用水设施长效运转。加强乡村供电设施的建设，实现了以500kV干线为核心的辐射到周围村镇的供电。加大对老化电力设备的更新力度，确保乡村供电的安全性和稳定性，推动贵州省乡村基本公共服务的整合。

开展乡村环境整治，改善乡村环境卫生状况。据不完全统计，2021年，全省99%的村庄组织开展了内容丰富、形式多样的村庄清洁行动，累计发动农民群众投工投劳414万人次，清理农村生活垃圾74.4万吨，清理村内沟渠6.4万千米，开展进村入户宣传教育73.9万场次。同时，通过健全保洁队伍、完善保洁机制等举措，确保村庄常年保持干净整洁有序，避免反弹。①

三、贵州省城乡融合发展的经验梳理

(一)智能化：城乡社会治理的共建共治共享

城市和乡村社区治理具有明显的时空差别，将大数据信息融入城乡社区治理中，是实现时空一体化管理的重要途径。贵州省以"大数据"为支撑，使得智慧城市和乡村社区的建设取得了显著成果。

一是从顶层入手。贵州省是我国第一个大数据综合实验区，贵州省以大数据为突破口，同步把大数据融入社会管理中，依托"万物互联""天网工程"和"人像识别"等的快速发展，启动了贵州省的"社会管理大数据云平台"，带动了司法改革、公安消防等社会管理方面的技术更新和理念更新，使贵州省的城市管理水平持续提升。2015年5月，贵州省率先开展了"一体化""云计算"工作，意味着贵州省的政务信息由以"信息"为主转向以"数据"为主。通过大数据打破"信息孤岛"，解决了"智能滞后"和"协同难"等问题，为乡村和城市的社会治理提供了助力。

二是当地加强实际操作。在贵州省委、省政府的统一安排和推进下，各地区都发挥了大数据的作用，推进了城市和乡村的智慧社区建设。贵阳市通过构建

---

① 贵州大力推动农村人居环境整治　村村"美颜"处处风景［R/OL］.（2022-03-02）［2024-05-22］. https：//cj. sina. com. cn/articles/view/2810373291/a782e4ab02002am97.

"区块数据指挥中心"，把"条数据"转化成"块数据"，构建开放的"数据载体云计算平台"，实现对城乡一体化管理的及时、有效支持。遵义市加强信息整合，加强信息资源整合，全力推进防控工作；加强大数据模型建设，突出业务融合，推动城市治理向智能化和现代化方向发展。贵安新区依托"数谷"，依托"天网工程""智能研判室"和"重大事件预警体系"三个平台，构建以"大数据"为重点的三大综合治理模式，推动大数据驱动下的乡村基层治理的现代化。

三是突出中心环节。贵阳市等地通过建立大数据服务平台，使得群众办事更加便捷、高效，真正达到"让数据多跑，群众少跑"的目的。安顺市通过对行政执法进行信息"留痕"，切实避免了行政权力的滥用。毕节市等地也下大力气建设"数据铁笼"，使司法规范化、专业化水平持续提高，真正做到把权力放在制度的"笼子"里。

(二)立体化：城乡社会治理主体的多元联动

贵州省的城乡差异较大，这种差异既表现在经济发展水平、基础设施水平、公共服务水平等多个层面，也表现在观念层面，某种意义上凸显出城乡一体化发展与协调管理的难度。贵州省在解决上述问题的同时，也在积极推进农村基层治理工作的合力推进。

一是政府职能管理的多元化。贵州省从职能分工、权力清单等方面来对城乡融合发展展开有效管理。贵阳、遵义和毕节等地从"条块关系"和社区服务体制机制两个方面进行梳理，强化村(居)民委员会的自治职能，提高了群众自治水平；贵州省通过健全社会志愿服务体系，强化社会组织建设，创新在线虚拟社会治理，健全公众参与制度，构建起了多维度、多层次的共治格局。

二是管理的连通性。贵州省创新和健全了多个有关部门协同的立体化治安防控机制，加强公安机关的扁平化指挥调度、立体化的动态布警，多警协同。以"巡所联动"为核心的现代化公安工作运作方式，构建起了全方位、多层次、立体化的城乡治安防控格局。贵阳市以多个主体的联动管理为核心，有关部门进行了有效协作，形成了一个立体的治安防控网络。以"巡检"为核心的现代化公安运作方式，形成了全社会的安全防范体系。贵安新区以构筑全方位、立体化的警务网络为依托，精细织密"政""人""技"，通过构建警务、民众、技术、安保、民情收集"五张网"，构建覆盖面广的社会安全治理网络，发挥了较好的监管作用。

(三) 网格化：城乡社会治理网络的全面覆盖

在城乡一体化发展过程中，职能部门与基层政府之间、基层政府与基层政府之间、基层政府与自治机构之间，会出现由单个部门和信息壁垒造成的低效、高费用等问题。要实现高效管理，必须整合各有关因素，明确职能，激活潜力，打破时空约束，实现信息、部署和行动的迅速响应。贵州省在城乡融合发展推进过程中，构建了社区自治机构和各个权力部门之间的合作平台，为统筹城乡发展和管理提供了一个良好的合作平台。

一是通过"网格化"推进政府管理精细化。经过几年的发展，贵州省的城市网格化管理已经基本实现了城市与乡村之间的一体化，并且已经成为统筹城乡发展的重要组成部分。"新型社区"是贵阳市以扁平化的管理层级、多元化的治理主体、一站式的群众服务、"政社联动"为核心的"全国最佳的基层治理模式"，被学术界誉为"贵阳经验"。这种基层治理模式自创建后，"新型社区"回归社区的服务中心，整合职能部门的资源，明确各职能部门的职能，明确新的社区的职能定位；推行"权利随责"，使城乡一体化管理达到了权力的集成与管理的有效运行。

二是促进政务资源的集中与政务服务的精细化。贵阳市等地以建设网格化"全科医生"为重点，将嵌入式管理与代理式管理相结合，以提高管理人员的专业化水平，拓宽其知识面，扩大其服务范围。剑河县以"网"为平台，以"微服务"为主体，以"三级网格"为辐射，以"人在格中走，事在网中办"为中心，所有与人民息息相关的问题，都可以通过网格来解决。

三是实现全方位的管理。如黔西南布依族苗族自治州等十分注重农村自治秩序功能，并根据乡村地区的不同，设立了联防考评机制、邻里守望制度等，快速有效地为城镇化过程中的居民提供服务，为推动冲突和纠纷的解决起到了积极作用。

第三节 四川省城乡融合发展的相关经验与启示
——以成都市为例

一、成都市城乡融合发展总体概述

成都市坐落于四川盆地西部的平原地带，平均海拔 500 米，东邻龙泉山脉，西靠邛崃山脉，整个市域范围内地势平整、河流纵横、物资丰硕、农产业兴旺，自古享有"天府之国"的盛誉。成都是四川省省会、国家中心城市、国际门户枢纽城市、西南地区重要的副省级城市、世界文化名城，也是我国第四大航空枢纽、全国第三个拥有双机场的城市，同时还是国家重要的高科技产业基地、物流商贸中心和综合交通枢纽。成都具有悠久的历史文化，是古蜀文明发祥地，历朝历代都是西部重要的交通要塞和政治经济中心，拥有都江堰、武侯祠、杜甫草堂、金沙遗址等众多名胜古迹，具有丰富的文化底蕴和悠久的历史文明，是我国最佳旅游城市之一。

在中国经济发展进入新常态的背景下，面对国内经济换挡调速的形势，成都市政府针对城乡发展的一系列问题，响应中共中央乡村振兴的号召，坚持以发展为第一要务，以保障民生为第一目标，以全面实现小康社会为第一任务，在科学把握城乡关系的基础上，深入实施城乡融合发展战略。成都市在面对全国经济下行趋势的压力下，平稳进入经济发展新常态，在城乡改革发展方面迈进了探索的一大步。

(一)综合经济实力增强

截至 2023 年，成都市全市下辖 12 个市辖区、3 个县、5 个县级市，总面积 14335 平方千米，市人民政府驻武侯区锦悦西路 2 号。2023 年末，成都市常住人口为 2140.3 万人，常住人口城镇化率为 80.5%。2023 年，成都市地区生产总值 22074.7 亿元，人均地区生产总值 103465 元，一般公共预算收入 1929.3 亿元。[①] 从各个区域的社会经济情况来看，中心优化区以较小的地域范围聚集了整个成都市约 1/3 的人口，产出了近 36% 的地区生产总值，经济实力最强。其他四个区域（西部涵养区、北部改造区、南部开拓区、东部新功能区）人口密集度较低，其中西部涵养区的第一产业比例最高，产业结构较为简单，而北部改造区无论是从地区生产总值、吸引人口、公共预算收入等指标来看都处于几个区域的后端。目前，中国经济发生了一系列转折性的变化，人口红利的优势不再明显，在此环境下，成都市的经济实现了平稳跨度。成都市经济增速放缓，但仍然优于全国平均

---

① 成都市统计局.2023 年成都市国民经济和社会发展统计公报[R/OL].（2024-03-30）[2024-07-25]. https://tjgb.hongheiku.com/djs/46512.html.

水平。与此同时，成都市在成为全国统筹城乡综合配套改革试验区之后，在破解城乡二元结构、大力推进城乡经济建设方面取得了一定成效，城乡居民人均可支配收入差距在逐步缩小，乡村居民收入增速加快，达到了城镇居民收入水平的一半，乡村经济正处于一个快速发展的时期，农民收入持续稳定增长。总体来看，近年来成都经济运行平稳，原有的城乡割裂状况有所改进，总体经济发展实现了速度与质量的统一。

(二)产业布局不断优化

成都市在推动城乡改革发展的过程中，不断调整产业结构，使得产业结构日益优化。产业的良好发展和产业结构的升级优化是城乡融合的一个重要条件，优质的产业结构在很大程度上促进了城乡融合的发展进程。

总体上看，成都市第一产业增加值增长较为缓慢，占地区生产总值的比例保持在较低的水平上并略有下降。第二产业增加值保持稳定增长，第二产业中的传统工业正在被许多新兴行业替代，产业内部结构变化明显。第三产业增加值近年来势头正猛，在地区生产总值中的占比不断突破新高，与第二产业增加值从旗鼓相当的水平上逐渐拉开差距，服务业已展现出对经济的强大支撑力和推动力。

2023年，全市实现地区生产总值22074.7亿元，按可比价格计算，同比增长6.0%。分产业看，第一产业增加值594.9亿元，增长3.0%；第二产业增加值6370.9亿元，增长3.0%；第三产业增加值15109.0亿元，增长7.5%。[①] 但总体来讲，成都市对工业的依赖程度仍然较高，服务行业具有很大的提升空间，产业结构有待进一步优化。

成都市作为国家中心城市之一，已形成较为完整的三次产业体系，在金融业、旅游业、汽车工业、机械制造、食品加工以及电子信息行业都突破了千亿产值。此外，成都市作为国家重要的高新技术产业基地，在生物医药、轨道交通、新材料及航空航天等高新技术产业上也保持着年均10%的增长速度，工业结构向着新兴、先进制造业方向加速升级，稳步向好发展，高新技术产业逐步成为引领

---

① 成都市统计局.2023年成都市国民经济和社会发展统计公报[R/OL].(2024-03-30)[2024-07-25].https://cdstats.chengdu.gov.cn/cdstjj/c154795/2024-03/30/content_68e47282894d4e47a77e59f5592808ab.shtml.

成都市工业经济发展的主导。另外，电子商务、现代物流、现代金融、科技服务等新型服务业在服务业增加值中占比达到 49.6%，高端、新兴产业正着力全面布局，成为新的经济增长极。

（三）现代化基础设施体系基本形成

基础设施建设对于发展中的地区来说是至关重要的一环。成都市作为新一批的国家中心城市，虽然城市总体综合竞争力在全国排名前十，但城乡发展差距较大，区域经济发展不均衡，地处西部内陆省份，在区位上具有劣势，改善基础设施对其经济社会发展有着基础支撑的作用。近年来，成都市大力加快城乡基础设施建设，努力缩小城乡基础设施差距，响应建设"一带一路"及长江经济带的倡议，成为全球交通网络的节点城市。

截至 2018 年，成都市已建成由绕城高速、第二绕城高速、成彭高速、成灌高速、成温邛高速、成乐（雅）高速、双流机场高速、成自泸高速、成渝高速、成安渝高速、成南高速、成巴高速、成绵高速组成的"2 绕 11 射"高速公路网，通车里程约 950 千米，路网密度约 6.6 千米/百平方千米。① 除了公路网络实现快速增长以外，铁路及航空交通网络同样实现了快速发展。截至 2024 年 5 月，成都已建成成渝高铁、成自宜高铁等 8 条高速铁路，形成"1 环 12 射"铁路网络，成都与周边及全国主要城市均实现"当日达"，"137"高铁交通圈正加速形成，以成都为支点的对外开放新高地正逐步成形。2023 年，成都铁路客运量突破 1 亿人次，达 10476.5 万人次，较 2022 年（4636.5 万人次）增长 126%，较 2019 年（9053.9 万人次）增长 15.7%。2023 年，成都天府国际机场完成旅客吞吐量 4478.6 万人次，同比增长 237.3%；成都双流国际机场完成旅客吞吐量 3013.8 万人次，同比增长 69.1%。② 从城市航空旅客吞吐量来看，成都仅次于北京、上海，位列全国第三，迈入中国"航空第三城"。发达的交通网络进一步促进了城市的对外联系以及城乡间的交流，尤其是城市内轨道交通网络的完善，为城乡融合的发展打下了坚实基础。

---

① 四川省交通运输厅. 成都将完善市域高快速路网布局 2022 年规划形成"3 环 15 射"高速公路网［R/OL］.（2018-02-28）［2024-07-25］. https：//www. sohu. com/a/224583950_355523.

② 中国民航局. 2023 年全国民用运输机场生产统计公报［R］.（2024-03-20）［2024-12-18］. Caac.gov.cn/XXGK/XXGK/TJSJ/202403/t20240320_223261.html#.

在生活基础设施方面，成都市在城市供水供气和污水处理方面的能力也逐年增强。2023年成都市全年供水总量56.4亿立方米，其中地表水源供水量52.6亿立方米，地下水源供水量0.7亿立方米，其他水源供水量3.1亿立方米。水资源是城乡建设中的必需品，污水集中处理是提高水资源利用率、保护水资源的有效措施。只有高效利用有限的水资源，才能促进城乡融合健康发展。近年来，成都市乡村和场镇的环境整治力度也明显加大，改善了农村卫生条件和人居环境。城乡居民用电量逐渐提升，乡村居民与城镇居民用电量差距慢慢缩小，农村现代化进程持续向好发展。

(四)城乡改革发展体制机制基本建立

成都市作为城乡统筹试验区，努力探索城乡协调发展的路径，在城乡协调发展体制建设的多个方面有所突破，建立了比较完善的城乡综合配套改革试验的领导工作机制。

首先，市政府专门设立了相关的工作领导小组和政府专门工作机构，下面设立了综合处、政策法规处、经济处、社会处、规划建设处等5个职能部门，分别负责试验区建设的领导和组织工作。工作内容包括对成都市城乡改革情况进行调查和分析、广泛征求社会各界人士的意见、重点听取相关方面权威专家的看法等。结合各职能部门的想法，在全盘考虑和综合平衡的基础上，先后提出了城乡改革发展的意见和建议，编制了统筹发展的总体方案和具体方案，充分完善了试验区改革的指导思想、总体要求和目标任务。

同时，成都市政府积极推进城乡管理制度一体化，对城乡融合发展相关的公共服务规章政策也做出改进。首先是简化了相关文件和审批流程，确保关于城乡发展的事务能够得到及时处理，对原先独立管理城乡工作的各部门进行了拆并、重组，精简了相关部门与管理人员，先后对农业、水务、林业等32个部门进行了管理架构的改制，重新确定了各部门的管理范围，以便今后城乡融合工作的开展与实施。其次是在全省范围内对农村和乡镇的管理布局进行重新规划，规范各村镇的管理机制，在这一过程中，精简乡镇机构各类人员5000多人，约30%的村镇被合并。

(五)生态环境建设得到重视

近年来，随着雾霾等环境问题的爆发，成都市也受到了雾霾问题的严重影响,生态环境的建设日益受到政府、社会各界的重视。响应习近平总书记提出的"绿水青山就是金山银山"的号召,成都市大力推进污水治理、烟尘治理、废弃垃圾无害处理和植绿工程,全面完成府南河整治、沙河及其支流整治等重大环境治理工程。县城、郊区紧跟主城区的步伐,污水治理能力、垃圾无害化处理率显著提高,境内府南河、沙河等国控出境断面水质有了明显提升。

成都市是四川省人口密度最大、城市活动最为频繁的地区,城镇化给成都市的生态环境带来了一定问题。一方面,作为西部大开发工程的龙头,成都市工业化进程的加速使得地区资源承载压力持续上升;另一方面,作为成渝城镇群建设的枢纽中心,成都市城镇化的快速发展令市域内大气烟尘污染、水污染、雾霾污染及城市热岛效应等环境问题更加突出。尤其是近年来,随着重工业的迅速发展、城市机动车保有量的持续上升,空气颗粒污染物成倍增加,加之成都市地处四川盆地,大气环境容量极其有限,雾霾天气频繁出现,空气质量问题极其严峻。

二、成都市城乡融合发展特征

(一)总体特征

成都市工业相对发达、基础设施较完善、科研机构和人才集聚、城镇分布密集,是辐射带动全省发展的核心区域和增长极,是西部重要的交通通信枢纽和科教、商贸、金融中心。成都市抓住国家设立统筹城乡综合配套改革试验区和加快成渝经济区发展的机遇,加快生产要素聚集,承接人口转移,大规模推进工业化和城镇化。进一步壮大装备制造、电子信息、生物医药、食品饮料、航空航天等产业,加快信息、金融、旅游、物流等现代服务业发展,发展战略性新兴产业,孕育新产业业态,大力促进城乡融合发展。

1. 城乡融合格局加快构建

近年来,成都市提出用"全域成都"的理念实施城乡建设。主要是以功能布局为引导,积极推动主体功能区建设,打破城乡行政边界,将成都 1.43 万平方千米的区域作为一个整体,统一规划和布局,统筹推进各种资源要素的聚集利用。同时合理划分区域功能和产业布局,整体推进城市和乡村的现代化,努力构建现代城市和现代乡村和谐相融的新型城乡形态,实现整体的协调发展和同步繁荣，形成新的涵盖产业发展、城市发展、生态格局等方面的综合性发展格局。

成都市城乡三次产业间的融合发展有所进步，城乡功能区域分割现象逐渐打破，城乡间的功能统筹已经有所成效。成都市现在要更加注重推进重塑新型城乡的景观化形态，探索城乡生态资源的互补与共享利用，探索城乡融合发展的科学道路。

2. 新产业新业态快速孕育

成都市作为我国的新一线城市、西南地区的国家中心城市，其产业的多元化本就十分发达，再加上成都对于周边资源以及人才的吸引力，以及及时更新的能力，使城市的产业发展更具多样化。成都市是我国的高新产业基地，在生物医药、互联网、物联网、先进制造业上本就有十分明显的优势，再将这些新兴产业与传统产业相融合，更加促进了成都市产业结构向新产业新业态或新型融合产业方向发展。其中，以服务业和制造业的融合发展最为明显，以物流、商贸、设计研发以及高新技术为代表的生产性服务业对传统制造业的促进作用不断加强。

在城乡建设方面，第一产业与其他产业的融合发展也取得了较好的效果。其中，农业与互联网、物流、金融等行业的融合逐步加强，呈现出的形式有农村电商、农产品物流等新兴产业，体育、文化、旅游与农业资源的结合也创造出了一大批新兴产业。

在注重农业产量提升的同时，成都市政府在农产品质量上也实行了严格的把关，在经过长时间的发展和改进之后，成都市的农产品在产量和质量上都实现了突破，使得城乡居民的食品安全得到了保障，成都市在 2013 年就获得了农产品质量安全市的称号，是全国第一个获得此称号的省会城市和副省级城市。这不仅是对成都农业技术成果的褒奖，也是对成都市生态环境质量的肯定。

成都市的农业用地开发规模稳步推进，推行规模化和集约化的生产，以此达到"农业共营制"的运营方式，农业产业化经营带动农户数量超过 80%。随着农业与更多产业的融合发展，形成的新兴产业规模不断扩大，已经初步形成了新型农村的社会服务体系，以此推动绿色有机农业、农产品精深加工、农村电商、农家乐等新兴产业的进一步发展。农村改革稳步推进，打造了新农村建设的新模式，极大程度地解决了"三农"问题。2024 年，成功打造出双流区三星镇南新村、莓园新村、温江区万春镇幸福村、郫县三道堰镇青杠树村等一批全国闻名的幸福美丽新村。

3. 要素供给改革加快推进

在城乡发展中至关重要的因素包括土地资源、劳动力、资本及技术等，近年来，以体制机制创新为动力的要素供给改革加速推进，农村产权产能和流转政策不断完善，城乡要素流动的自由度持续提升，农村劳动力、土地、资本活力不断迸发。

成都市在推进城乡改革进程中，通过完善农村土地承包经营权流转机制，采取合资经营、委托经营、租赁、入股等形式，实现农村土地集约化、规模化生产，鼓励农业龙头企业对土地进行承包生产，实施规模经营。在实现规模经营亩产增加的同时，也出现了土地流转失控的问题。

土地流转失控通常有两种表现形式。首先，城乡融合发展的过程是要改变城市与乡村经济和社会发展现有的差距，让农民融入城市，在过去的发展过程中，城镇化往往是作为城乡融合的手段之一。但是，在城镇化过程中，存在利用城乡改革农村居民转变为城市居民的实践，进行圈地和倒地，这不仅损害了农民的个人利益，而且由于大量的农地变成了非农地，导致农业生产力下降，也损害了国家和集体的利益。其次，在农民融入城市的过程中，大量农民要离开原来赖以生存的土地，被动变成失地农民，而按照我国现有的相关法律和法规，土地是国有的，给失地农民的补偿是比较低的。在农民失地的过程中，不但有成片的农地转变成非农用地，导致了农地的大量流失，而且失地农民的生活技能再培训成本高，失地农民的生活难以得到保障，会带来一系列社会问题。

资本在城乡间的自由流动是解决城乡二元结构的根本途径之一。吸引城市资本到乡村去参与乡村各个产业的发展，引发乡村的创新创业，激发农业的潜在活力，能够带动乡村除了农业以外更多新兴产业的发展，如文化产业、康养农业、旅游业，等等。成都市积极推进投资体制改革，减少市场准入限制，建立了政府扶持、市场运作的投融资平台，引导民间资本及信贷资金投向"三农"领域，市和区(县)两级成立了现代农业投资公司和小城镇投资公司。同时，与农村产权制度改革相配合推进农村金融创新，组建了农村产权流转担保公司，并实行了为进城务工农村劳动者自主创业服务的小额贷款担保等配套措施，首次开展了村镇银行试点。

4. 公共服务资源布局均衡

近年来，成都市着眼于"全域成都"的统筹城乡规划，贯彻城乡一盘棋，大中小城市和小城镇、城镇和乡村协调发展的原则，加大了对城乡各项公共服务资源的投入建设，形成了城乡基本公共服务资源相对均衡的发展格局。

在教育方面，努力打破城乡办学分割的格局，把城乡幼儿园、中小学建设全部纳入城乡一体化发展规划。在汶川大地震之后，结合成都及周边地区地质地貌变化、农村基础设施重振和薄弱学校改造等多种因素，实行了"幼儿园小学就近、初中进镇、高中进城"的方针，对基础教育资源布局与城乡基础设施建设同步规划、同步实施。同时，针对城乡学校办学条件差距明显的二元格局，在科学规划的基础上，以标准化建设为突破口，实施了中小学技术装备改善、校舍安全改造等重大工程，促进资源向农村地区和薄弱学校倾斜，全面改善了农村的办学条件。

在医疗卫生方面，优化了城乡卫生资源的配置，促进城乡资源共享。按照统一规划、统一标准、统一设备配置的标准对成都市 223 个乡镇公立卫生院、2400个村卫生站进行了标准化改造。通过改造，乡镇卫生资源配置有了重大变化，逐渐形成了城乡统一的县、乡、村卫生服务体系，为推进城乡医疗卫生的公平化提供了便利条件，使乡村卫生服务能力大幅度改善。

在住房保障方面，为了切实保障城乡居民及外来流动人口的住房需求，建立城乡公平公正的居民住房保障体系，经过详细的市场调研，成都市城乡房产管理局制定了符合实际的住房保障规划并加大了保障房建设力度。2008 年至 2012 年，成都市共开工建设公共租赁住房 8 万套，2023 年，成都市政府全力推进老旧院落（小区）改造，全面提升老旧院落适老、适幼、无障碍等功能服务配套，实施老旧院落改造 616 个，打造 20 个市级示范项目。三是实施城中村改造 2448 户，推动棚户区改造 3062 户，着力消除安全、环保、稳定等重点隐患。四是持续推进政策创新突破，优化完善规划、用地、不动产登记等政策，创新探索建筑功能复合及更新改造技术标准。①

5. 农业现代化水平逐步提高

大力发展现代农业是有效解决"三农"问题的根本方法和途径。近年来，成

---

① 数据来源：成都市住建局 . 2023 年成都幸福美好生活十大工程　重点聚焦这些方面 [EB/OL] . （2023-01-06） [2024-07-16] . https：//cdzj. chengdu. gov. cn/gkml/gmjjhshfzgh/1630479767822159872. shtml.

都市实施城乡统筹、"五位一体"科学发展总体战略,积极实践"三个集中"发展模式,打破城乡产业分割的格局,让工业反哺农业,城市支持农村,有效推动成都市现代农业的发展。一方面,实现土地规模化经营,促进土地集约利用,提高了土地产出率;另一方面,由公司或农业合作组织组织生产,农户参与其中,促进农业产业化、标准化经营,降低了农业生产的风险,促进了现代农业的发展。

近年来,成都市农业综合生产能力明显增强,耕地红线得到严格保护,农业物质技术装备条件得到较大改善。主要农产品供给充足,现代农业产业体系、生产体系和经营体系初步形成,新型农业经营主体正在发展壮大中。布局区域化、经营规模化、生产专业化水平明显提升,农业转型升级步伐加快。同时,建立了城乡一体的市场体制机制,充分发挥市场的作用,对城乡生产要素统一配置,提高农业生产要素利用率,促进农产品的市场流通,提高农业的市场化水平。农业基础设施不断改善,农业科技创新及应用水平不断提升,农业机械总动力近年来持续攀升,农业机械化水平有了显著提升。

(二)区域特征

2016年5月,位于成都东部的简阳市划归成都代管,在简阳的成都天府国际机场全面建设开工,成都市终于打破了千百年来"两山夹一城"的制约,向东延伸跨越龙泉山,进入"一山连两翼"的新时代。成都市正式开始构建"东进、南拓、北改、西控、中优"差异化发展的五大区域。这五大区域从自然条件、城乡产业结构、社会经济基础等多方面都各有特征,正是基于不同的特征与基础,才有了实行城乡融合发展的不同重点。

1. 中心优化区特征

成都市中心优化区主要包含青羊区、金牛区、成华区、锦江区、武侯区、高新区这些行政单元,自古以来就是成都市建设的核心地带。这些地区地处平原腹地,土地肥沃,具有优越的自然条件;历史悠久,人口稠密,与其他区域相比具有卓越的经济基础;科技、教育、文化、经济、交通较为发达,是重要的文创中心、金融中心和全市的交通枢纽。其中,中心优化区还承载了历史文化遗产保护的重任。以皇城历史文化风貌区、少城历史文化街区、大城历史文化街区为代表的历史城区突出展示了城市生态与景观,也推动了古蜀文化、三国文化、民俗文化等历史文化的复兴繁荣发展,有利于文化创意、文化旅游、文化艺术等新兴产业的兴起。

自 2014 年起，成都市中心优化区的城镇化率就达到了 100%，实现了区域完全的城镇化。这首先得益于多年来改革开放的深入推进，带动了成都市中心城区的工业发展，工业化进程显著加快，产业结构持续优化升级。迈入 21 世纪以来，随着科技创新能力的增强和新型工业化建设的影响，第三产业开始大力发展，中心优化区形成了以第二、第三产业为主的产业格局，其中也包括少部分郊区的都市农业，如锦江区三圣花乡生态休闲农业等。成都市中心优化区的城镇化建设迈入深化阶段，城乡居民可支配收入超过了全市城镇居民可支配收入的平均水平。

成都市的中心优化区承载了全成都市 63.27% 的服务业产值，以文创产业、总部办公、金融商务、现代医疗等生产性服务业和高端生活性服务业为主建立起了优势产业体系，以现代服务业为核心支撑都市功能。在重工业迁出至外围区域的同时，中心优化区仍然占据着电子信息制造业、轻工业等第二产业的有利地位，城乡产业融合发展继续深化。因此，无论是从城乡居民生活融合水平、城乡产业融合水平等方面来看，中心优化区都处于成都市五大功能区中的领先地位。

2. 北部改造区特征

成都市北部改造区主要包含了青白江区、新都区这两个行政单元，是高质量改造的都市功能优化区，也是发展开放型经济的重要区域。利用成都北站周围发达的铁路运输网络，结合丝绸之路倡议，大力发展农业商贸和农产品物流，是北部改造区城乡融合发展的独有特征。成都平原地势自西北向东南倾斜，西部有高峻的龙门山脉和邛崃山围绕，东部有较为低矮的龙泉山脉绵延，北部地区地势平缓，土地肥沃，适合农产品的种植生产。同时，北部地区处于成(都)德(阳)绵(阳)经济带的重要节点位置，是"蓉欧快铁"、丝绸之路经济带与长江经济带国家战略的交会点，交通的便利使得工业企业在此集聚，如位于新都区的西部机电装备制造工业区就有大批企业入驻，这为以工促农、工农互惠的发展模式奠定了基础。

北部改造区较其他区域而言，经济发展较为落后，也印证了北改区改造落后局面的发展目标。从不同产业的产值来看，均占据成都市较小的比例，产业结构仍不协调，第二产业占比较高，第三产业的发展比较缓慢。北部改造区的城镇化率仅为 58.1%，城镇化水平就整个成都市的水平而言较低，这也是导致产业发展不均的主要原因之一。然而，北部改造区城乡居民可支配收入高于成都市整体水平，其中城镇居民的可支配收入在五大区域中排第二位，仅次于中心优化区。农村居民的可支配收入虽然在五大区域中排名第三位，但与城镇居民的可支配收入差距相对而言较小。从城乡社会消费品零售总额也可以看出，北部改造区的乡村具有一定的消费能力，城乡发展的不均衡性在几个区域中较轻，只是在第三产业发展的过程中还存在许多阻力和障碍需要解决。

3. 东部新功能区特征

成都市东部新功能区包含的行政区域为简阳市、龙泉驿区、金堂县全域和天府新区直管区部分区域，是都市功能新开辟的一片天地，是成都市经济社会发展的第二主战场。东部地区多为低矮的丘陵地带，处于成都市的下风方向，自然条件较好，适合种植各类经济作物，如龙泉驿区就以丰富的水果产业、花卉产业闻名，同时也是工业的重点迁移区。成都的"东进"策略，将原简阳市合并纳入成都市管辖范围，东部地区包括了"一山连两翼"中的"一山"和"一翼"，规划地位可见一斑，在城乡融合方面突出的是生态休闲和高效农业。龙泉山森林城市公园是天然的城市生态屏障，适宜发展生态休闲农业，同时也是双城共享的城市绿心，是提高城市生态环境质量的重点区域，是美丽城镇和美丽乡村相结合的重要载体。另外，相比于西部地区的良田沃野，龙泉山以东的浅丘地带更适合发展现代制造业，这为产业承接转移拓展出了新的承载区域，也为东部简州新城、空港新城和淮州新城的城乡融合打造提供了有力支撑。

东部新功能区作为城市拓展的重要载体之一，是城乡融合发展最具示范效应的区域。东部新功能区的第一产业生产总值仅次于西部涵养区，是生态农业、观光休闲农业等农业转型发展的试验区。从产业结构来看，东部新功能区和北部改造区类似，第二产业布局较广，而第三产业发展落后。以汽车制造业、汽车博览、汽车总部及高端装备、电子商务为首的工业体系支撑起了东部新功能区的发展动力。在城镇化率仅为48.33%的情况下，东部新功能区保持着城乡居民可支配收入差距最小的态势。东部新功能区城镇居民和乡村居民的可支配收入均低于成都市总体水平，城镇化发展也相对滞后，但由于水果产业、观光农业等产业的发达，在城镇工业大力发展的同时，城乡居民的收入差距正在缩小，城乡融合趋势较好。然而，从社会消费品零售总额来看，城镇与乡村的消费水平相差甚远，农村居民的消费意识和消费观念都比较落后，这也是第三产业发展落后的阻力之一。

4. 南部开拓区特征

成都市南部区域包含的行政区域为新津区、天府新区直管区、邛崃市部分区域，是都市功能的新拓展区。其中天府新区属于国家自主创新示范区和国家自贸试验区的核心区，是科技创新的孕育孵化地，具有很强的基础研究、科技研发和创新孵化能力，是推动创新发展的龙头。从自然条件来看，南部区域地势平缓，原农耕用地较多，工业开发相对较少，具有良好的创新产业、现代服务业发展基础，也是产城融合、农博会展等农业现代化发展的典范。目前南部开拓区通过开发高新技术产业引进大量资本，吸引众多高技能、高知识水平的劳动力聚集，形成了城市拓展的新风向和新动力。

成都市南部开拓区是成都市创新驱动发展、高附加值生产的新兴策源地。尽管天府新区直管区还在开发建设的初级阶段，但已形成了带动城乡友好互动的新引擎。天府新区发达的现代服务业和融合产业带动了第三产业良好的发展势头，如信息技术、生物医药、人工智能等高新服务产业发展良好。将原本落后的乡村面貌改造建设为数字经济、会展经济、生命经济等新兴经济体发展的沃土，南部区域的城乡居民收入融合也颇有成效。

同时，南部开拓区的地区社会消费水平优于其他区域，城乡居民生活融合度较高。总体来看，南部区域三次产业的产值占成都市总产值的比例并不高，城镇化水平也有待进一步发展。要通过加快建设天府农业博览园，提升成都国际都市现代农业博览会、四川蔬菜博览会等农业展会的对外影响力，推动农业会展经济快速发展，以第一产业与第三产业的高效互动来引领城乡经济社会融合发展。

5. 西部涵养区特征

成都市西部涵养区包含都江堰市、大邑县、崇州市、温江区、蒲江县全域和郫都区、邛崃市、彭州市、高新西区部分地区，是五大功能分区中面积最广的区域，占地为整个成都市辖区的50.1%。西部涵养区是都市现代农业和生态涵养的功能区，有着全市最主要的水源涵养地——都江堰精华灌区。就经济的发展而言，西部地区自然条件较差，地势为海拔较高的山地地带，气候较其他区域更寒冷，不利于经济活动的开展。西部涵养区天然的山地环境使得其动植物资源丰富，利于发展绿色高端农业；旅游景点多，康养旅游业发展潜力大。西部地区自古以来被称为成都市的后花园，西部涵养区突出了农商文旅的融合发展，这也是"涵养"的意义所在。借助都江堰精华灌区的优势，建造乡村休闲旅游带，推动生态农业、特色康养等城乡融合新兴产业发展，能把生态资源转化形成绿色发展的引擎。

西部涵养区的地区生产总值在五大区域中仅次于中心优化区，这主要得益于西部涵养区广阔的占地面积，然而超过一半的地域面积却只占到了整个市域不到20%的地区生产总值，原生态的自然环境也阻碍了现代化经济的发展。西部涵养区的城镇化率只有50%，刚达到城乡结构转换的节点，城乡居民可支配收入水平也比较低，尤其是城镇居民可支配收入与其他区域差距较大。这主要是由于西部涵养区的经济结构较为单一，以花卉果林等传统农业为主要产业，西部涵养区第一产业的体量占据了整个成都市的一半，但是现代农业发展程度不高，城乡融合程度较低，农业与其他产业联系不紧密。诸如农业科研、绿色化工、生态康养农业等复合型产业仍然处于初级发展阶段。

第四节　甘肃省城乡融合发展的主要成效与相关经验

一、甘肃省城乡融合发展的主要成效

城乡融合发展，作为新时代中国特色社会主义乡村振兴战略的重要组成部分，对于促进区域协调、缩小城乡差距、实现共同富裕具有深远意义。甘肃省作为中国西北地区的重要省份，近年来在城乡融合发展方面取得了显著成效，不仅提升了居民生活水平，还推动了农村经济结构的优化和社会事业的全面进步。以下将从多个维度，深入剖析甘肃省城乡融合发展的主要成效，展现其背后的实践探索与制度创新。

(一)居民生活水平明显提高

在城乡居民收入增长方面，甘肃省实现了从单一依赖向多元并进的转变。这一转变不仅体现在城乡居民收入差距的持续缩小方面，更体现在城乡居民收入来源的多样化方面。农村居民的收入不再局限于传统的集体经营、家庭经营，而是拓展到工资性收入以及转移性收入等多个方面。2019年，甘肃省农村居民人均可支配收入达到9628.9元，同比增长9.4%，这一数据不仅反映了农村经济的活力，也彰显了城乡融合发展的积极效应。消费结构的改善是居民生活水平提升的

直接体现。随着收入的增加，农村居民在生活用品、交通通信、教育文化娱乐等方面的支出呈现两位数的增长，居住、医疗保健、食品烟酒等领域的消费也保持较快增长。这种消费结构的升级，不仅满足了居民的基本生活需求，而且促进了农村市场的繁荣和经济的持续发展。

(二)积极推进农村集体产权制度改革

甘肃省在农村集体产权改革方面取得了突破性进展。通过稳步推进增减挂钩节余指标省域内交易，甘肃省建立了三级节余指标管理台账，形成了节余指标省内交易和跨省交易机制，有效盘活了农村闲置土地资源，为农村经济发展注入了新的活力。特别是农村"三变"(资源变资产、资金变股金、农民变股东)改革试点的扎实推进，实现了企业、村集体和农户的紧密联结，建立了利益共享机制。这一改革不仅激活了农村资源要素，还重塑了农村经营体系，打造了"股份农民"的新身份，促进了生态增值、产业增效和农户增收。截至2018年9月末，甘肃省共有85个县市区、1742个村开展了农村"三变"改革试点，辐射带动了53万农户。这一改革实践，不仅探索出了适合甘肃农村发展的新模式，也为全国其他地区的农村改革提供了有益借鉴。[①]

(三)财政资金投入和农村金融服务力度加大

财政资金投入和农村金融服务力度的加大，是甘肃省城乡融合发展取得成效的重要保障。2018年至2020年8月，甘肃省累计发放特色农业产业贷款925亿元，落实到户产业扶持资金155.6亿元，专项扶贫资金投入更是达到了207.67亿元。[②] 这些资金的有效投入，不仅支持了农村基础设施的建设和农业产业的发展，还促进了乡村整体面貌的改善和农民生活水平的提升。同时，甘肃省还积极引导工商资本参与人居环境整治和城乡融合发展，引导金融支持乡村振兴，加强了农村金融服务。全省农村地区共建成助农取款服务点2.24万个，农村金融综合服务室乡镇覆盖率达到85%。特别是"甘肃省农(牧)户信用信息管理系统"的

---

① 陈涛. 我国农村集体产权改革及金融支持的探索与实践：以甘肃实践为例[J]. 甘肃金融，2019(2)：59-64.

② 刘正平，王瑶. 精准扶贫如何助推乡村治理能力提升：以甘肃实践为例[J]. 开发研究，2020(8)：71-79.

建立，为金融机构提供了精准的信用信息服务，促进了信贷资金的有效投放，为农村经济发展提供了强有力的资金支持。[①]

(四) 公共服务均等化获得新进展

公共服务均等化是城乡融合发展的重要目标之一。甘肃省在推进城乡公共服务均等化方面取得了显著成效，特别是在医疗、教育、文化和社会保障等领域效果显著。在医疗服务方面，甘肃省全面落实了贫困人口医疗救助参保资助政策，消除了县、乡、村医疗机构和人员的"空白点"。城乡居民养老保险、医疗保险实现了并轨，基本医疗保障制度不断健全。特别是将村卫生室转为乡镇卫生院的派出机构，解决了合格村医缺口问题，提升了农村医疗服务水平。[②] 在教育服务方面，甘肃省乡村教师的业务能力和办学条件得到了大幅提升。普惠性幼儿园覆盖率达到80%左右，九年义务教育巩固率和高中阶段毛入学率分别达到了96%和94%。这些数据的提升，不仅反映了甘肃省在教育领域的投入和努力，也彰显了城乡融合发展在教育领域的积极成果。在公共文化服务方面，甘肃省打造了40多个民族文化品牌，实现了文化产品供给与市场需求的有效对接。这不仅丰富了农村居民的文化生活，还带动了群众就业与增收，提高了乡村公共文化服务能力。[③] 在社会保障方面，甘肃省建成了覆盖省、市、县三级的全省养老服务信息平台，居家养老服务已在40多个县区展开。特别是支持城乡社区日间照料中心 (农村互助老人幸福院、老年人活动中心) 的建设，使得养老服务设施已覆盖88%的城市社区和50%的行政村 (社区)。这一举措不仅提升了老年人的生活质量，还促进了城乡社会的和谐发展。

(五) 农村基础设施补短板取得新成效

农村基础设施的完善是城乡融合发展的基础。甘肃省在农村公路建设、电网

---

① 李文瑞，石建平，荆勤忠等. 后脱贫时期金融扶贫可持续发展研究：基于甘肃视角 [J]. 西部金融研究，2020(10)：19-26.

② 刘正平，王瑶. 精准扶贫如何助推乡村治理能力提升：以甘肃实践为例[J]. 开发研究，2020(8)：71-79.

③ 刘正平，王瑶. 精准扶贫如何助推乡村治理能力提升：以甘肃实践为例[J]. 开发研究，2020(8)：71-79.

安全、饮水安全和环境卫生等方面取得了显著成效。在农村公路建设方面，"十三五"以来，甘肃省全省农村公路里程达到 13.19 万千米，确保了具备条件的建制村 100% 通硬化路、通客车。特别是"产业路""资源路""旅游路"的建设，以及"千村美丽"示范村组道路的硬化，不仅提升了农村交通的便捷性，还促进了乡镇工业、特色产业和旅游服务业的蓬勃发展。① 在农村电网安全方面，甘肃省农村地区已全面实现"户户通电"，村村通动力电，城乡居民用电同质同价。农村电网供电可靠率和综合电压合格率分别达到了 99.8% 和 99.7%，智能电表实现了全覆盖。这一成就不仅提升了农村居民的生活质量，还为农村经济的持续发展提供了有力保障。② 在农村饮水安全方面，甘肃省基本建成了以集中供水工程为主、分散供水工程为辅的农村供水网络。全省农村集中式供水人口比例达到 95%，农村自来水普及率达到 92%。特别是县级农村饮水安全专管机构的建立，确保了农村饮水安全目标的实现。③ 在农村环境卫生方面，甘肃省开展了"垃圾革命""厕所革命""三清一改""风貌革命"等清洁行动。这些行动不仅形成了"户分类、村收集、镇转运、市县处理"的垃圾处理方式闭环，还实现了绿化美化环境、净化村容的目的。2019 年，行政村生活垃圾收集、运输率达到 95%，生活垃圾处理率达到 80%，卫生公厕覆盖率达到 76.7%。这些数据的提升，反映了甘肃省在农村环境卫生整治方面的决心和成效。④

二、甘肃省城乡融合发展的有效经验

（一）落户"零门槛"，助力农业转移人口市民化

户籍制度，作为连接城乡、界定居民身份的关键纽带，其改革无疑为新型城镇化建设注入了强劲动力。在城镇化浪潮的推动下，大量农村人口涌向城市，为城市的繁荣发展贡献了不可或缺的力量。然而，传统的二元户籍制度如同一道无形的墙，阻碍了农村转移人口的市民化进程，使他们难以真正融入城市生活。甘

---

① 马琼晖. 甘肃交通扶贫任务冲刺清零[N]. 中国交通报，2020-05-19(02).
② 常鸿，王斌. 加快智能电网建设助力甘肃乡村振兴[J]. 农电管理，2020(2)：50-52.
③ 贾小明. 甘肃农村饮水建设历程与发展建议[J]. 甘肃水利水电技术，2020(4)：1-4，36.
④ 刘正平，王瑶. 精准扶贫如何助推乡村治理能力提升：以甘肃实践为例[J]. 开发研究，2020(8)：71-79.

肃省在此背景下，勇于担当，率先破局，以户籍制度改革为着力点，全面放开落户限制，实现了城市与城镇落户的"零门槛"。这一举措不仅促进了户籍准入年限的同城化累计互认，更切实保障了进城农民的合法权益，使得农业转移人口的市民化进程取得了显著成效。甘肃省的实践证明，户籍制度改革是打破城乡壁垒、促进城乡融合发展的重要途径，为新型城镇化建设提供了有益的探索和借鉴。

（二）持续推进城乡基本公共服务均等化

基本公共服务融合作为城乡融合发展战略的核心组成部分，其重要性不言而喻。它不仅是破除城乡二元结构、推动乡村振兴的有效途径，更是我国坚持以人为核心的新型城镇化战略的必然选择。在这一背景下，甘肃省积极行动，致力于推动公共服务向农村延伸，加速实现城乡基本公共服务的均等化，以期全面补齐农村在教育、医疗、公共文化以及社会保障等方面的短板。

在教育领域，甘肃省将教育优先发展作为战略导向，深入推进城乡义务教育一体化改革。为提升农村教育质量，甘肃省采取了一系列有力措施，如招聘特岗教师以充实农村师资力量，发放乡村小学及幼儿园教师补助以提高教师待遇，同时增加教育财政支出，为农村教育提供坚实的资金保障。这些举措有力地推动了城乡义务教育的优质均衡发展，使得农村孩子也能享受到与城市孩子同等质量的教育资源。

在医疗方面，甘肃省深刻认识到基层医疗资源短缺的问题，因此着力推动优质医疗资源向基层下沉。通过加强基层医疗机构建设、提高基层医生待遇、开展医疗技术帮扶等措施，甘肃省有效缓解了基层群众看病难、看病贵的问题。特别是针对贫困人口，甘肃省实现了看病有地方、有医生的底线性任务，为农村医疗保障体系的建设奠定了坚实基础。

在公共文化服务方面，甘肃省同样不遗余力。通过推动文化资源下沉，甘肃省实现了从省、市、县到乡镇、村的五级公共文化服务设施全覆盖。此外，还借助数字文化资源，建成了大量的乡镇数字文化服务点和村数字文化驿站，为农村群众提供了丰富多样的文化产品。这些举措不仅丰富了农村群众的精神文化生活，还有助于提升他们的文化素养和审美能力。

在社会保障领域，甘肃省紧跟国家步伐，不断完善社会保障体系。特别是在社会保险方面，甘肃省积极参与并推动城乡社会保险的统筹发展。通过扩大社会保险覆盖面、提高参保率、优化保险待遇等措施，甘肃省的社会保障工作取得了显著成效。城乡分割的社会保险格局正在逐步向城乡统筹转变，为农村群众提供了更加全面、更加可靠的社会保障。此外，甘肃省还高度重视城乡困难群众的基本生活保障问题。通过多措并举，如做好生活补贴发放、加大困难群众救助力度、提高社会救助时效等，甘肃省织密了兜牢困难群众基本生活的安全网。这些举措有效保障了城乡困难群众的基本生活需求，为他们提供了及时、有效的救助和支持。

在乡村治理方面，甘肃省同样展现出了创新精神。通过党建引领、县乡村三级互动、部门联动、干群齐动等多元化治理模式，甘肃省推动了法治、德治、村民自治的有机融合。特别是借助"数字乡镇"的信息化手段，甘肃实现了乡村治理的智能化、精准化，提高了乡村治理的效能和水平。这些举措不仅提升了乡村治理的现代化水平，还为乡村振兴战略的实施提供了有力保障。

综上所述，甘肃省在推动城乡基本公共服务均等化方面取得了显著成效。通过教育资源向农村倾斜、医疗资源向基层延伸、公共文化产品向基层流动、城乡社会保险统筹推进、有力兜底城乡困难群众基本生活以及乡村治理效能持续增强等措施，甘肃省为城乡融合发展注入了新的活力。这些举措不仅提升了农村公共服务水平，还促进了城乡之间的均衡发展，为甘肃省乃至全国的城乡融合发展提供了有益借鉴。

(三)有效补齐乡村基础设施建设短板

完善的、现代化的乡村公共基础设施，其"往村覆盖"与"往户延伸"的特性，构成了城乡融合发展的基石，亦是推进城乡一体化的关键环节，更是当前农村发展中亟须强化的薄弱环节。甘肃省在此方面积极作为，通过多方筹措资金，致力于改善农村，尤其是贫困地区农民的生产生活条件，将基础设施建设视为重中之重，使得乡村基础设施的建设日益完善，展现出新的面貌。在交通网络构建上，甘肃省取得了显著成就。全省所有市(州)政府驻地与67个县(市、区)已实现高速公路的贯通，所有县(市、区)政府驻地均通达二级及以上公路。更为值得一提的是，所有乡镇及具备条件的建制村均已实现硬化路覆盖，以县城为核心、乡镇为节点、村组为网点的农村公路交通网络已初步成形，为城乡之间的便捷联通奠定了坚实基础。

农村人居环境的改善同样令人瞩目。甘肃省持续推动农村环境整治工作，深入治理农村生活污水、黑臭水体及农业面源污染，使得农村人居环境发生了翻天覆地的变化。这些举措不仅提升了农村居民的生活质量，还有助于促进农村生态环境的可持续发展。在农村饮用水安全方面，甘肃省亦取得了历史性突破。通过大力加强水利基础设施建设这一民生工程，甘肃省积极推进城乡供水一体化与供水服务均等化。全省农村供水工程体系日益完备，运行管护机制不断完善，供水保障能力得到显著提升。这一系列举措有效解决了农村饮用水安全问题，为农村居民提供了安全、可靠的饮用水源，保障了他们的基本生活需求。

甘肃省在乡村公共基础设施建设方面的努力与成就，不仅为城乡融合发展奠定了坚实基础，还为农村地区的可持续发展注入了新的活力。这些举措不仅提升了农村居民的生活品质，还有助于缩小城乡差距，推动城乡融合的加速发展。甘肃省的实践经验为其他地区提供了有益借鉴，展示了在城乡融合发展中加强乡村公共基础设施建设的重要性与可行性。

(四)大力推动农村经济多元化发展

文旅特色小镇作为城乡产业融合的新兴亮点，近年来在乡村旅游的浪潮中崭露头角，成为引领城市资本下乡、助推农村经济绿色转型与共享发展的新引擎。甘肃省在此领域展现出加速发展的态势，其乡村旅游产品体系日益丰富多元，从传统的农家乐、采摘园等单一业态，逐步向民宿开发、文创产品等高端、特色化方向拓展。生态采摘、休闲度假、医疗康养、户外观光等多样化的旅游产品全面推出，不仅满足了游客多样化的需求，也促进了乡村经济的多元化发展。尤为值得一提的是，甘肃省有 3 个乡镇荣膺全国首批乡村旅游重点乡镇，6 个村庄入选第三批全国乡村旅游重点村名录，有 2 家民宿被评定为首批全国甲级旅游民宿，这些荣誉无疑提升了甘肃省乡村旅游的品牌知名度和影响力。在农业发展方面，甘肃省正朝着产业化、规模化、品牌化的方向稳步迈进。乡村振兴的内生动力，源于适应市场竞争的现代农业产业的崛起，这有助于吸引人员、资金、技术等要素的聚集，为乡村注入"人气"。甘肃省在此方面有着显著的成就，通过突出打造产业优势，已形成了 14 个农业产业大县，并成功创建了 7 个国家级现代农业产业园和 14 个省级现代农业产业园。此外，甘肃省还着重培育"甘味"品牌，通过打造具有地域特色的农业品牌，有效提升了甘肃农产品在市场上的影响力和竞争力。这一品牌战略的实施，不仅促进了农产品的销售，也提高了农民的收入，为甘肃省的农业产业化发展注入了新的活力。

甘肃省在文旅特色小镇建设和农业发展方面取得了显著成效，这些举措不仅推动了城乡产业的深度融合，也为乡村振兴战略的实施提供了有力支撑。未来，随着甘肃省在乡村旅游和现代农业领域的持续深耕，相信会涌现出更多的亮点和成果，为城乡融合发展贡献更大的力量。

（五）持续促进农民增收致富

脱贫攻坚战的全面胜利，标志着甘肃在消除绝对贫困的征程上取得了历史性成就。甘肃农村贫困人口悉数脱贫，这一伟大壮举不仅是对贫困的彻底告别，更是甘肃省迈向全面小康社会的重要里程碑。在现行标准下，552 万农村建档立卡贫困人口全部实现脱贫，7262 个贫困村悉数出列，58 个国家片区贫困县与 17 个省定插花型贫困县均顺利摘帽，甘肃与全国同步踏入了全面建设小康社会的崭新阶段。这一胜利，不仅意味着困扰甘肃千年的绝对贫困问题得到了根本性解决，更为全体人民共同富裕的伟大目标奠定了坚实基础，迈出了坚实而有力的一步。

在脱贫攻坚战的辉煌成就之外，甘肃省城乡居民收入差距的缩小亦成为一道亮丽的风景线。自 2017 年以来，甘肃省农村居民人均可支配收入的增速持续超越城镇居民，这一趋势不仅彰显了农村经济的蓬勃活力，也反映了城乡发展差距的逐步缩小。据统计，2016—2020 年，甘肃省城乡居民可支配收入比由 3.45 下降至 3.27，呈现出稳步下降的积极态势。而到了 2021 年，甘肃省城乡居民人均可支配收入之比进一步缩小至 3.17，这无疑是城乡居民收入相对差距持续缩小的有力证明。甘肃省在脱贫攻坚与城乡居民收入差距缩小方面的显著成效，得益于一系列精准有效的政策措施。通过大力实施产业扶贫、教育扶贫、健康扶贫等策略，甘肃省不仅成功摘掉了贫困的帽子，还促进了农村经济的全面发展，提升了农村居民的生活水平。同时，城乡融合发展战略的深入实施，也为城乡居民收入差距的缩小提供了有力支撑。①

---

① 甘肃省统计局，国家统计局甘肃调查总队.2020 年甘肃省国民经济和社会发展统计公报［N］.甘肃日报，2021-03-30（006）.

第五章 推动城乡融合发展的有效方略

基于以上对城乡融合发展的理论分析，以及相关省份、城市的城乡融合发展实践经验，积极探索推动城乡融合发展的有效方略以便对未来更多城市的城乡融合发展能够提供更多的参考与借鉴，本章就此内容展开探讨，给出了明确城乡融合发展基本原则、完善城乡融合基础设施建设、激活城乡融合发展主体动能、协调城乡融合主体利益诉求、改进城乡融合发展制度支撑等具体方略，以供参考。

第一节 明确城乡融合发展基本原则

一、实事求是原则

事物发展会遵循一定的客观规律，如果违背规律去行动，往往得不偿失。城乡融合发展也是如此，不能盲目求快，而是要充分立足于现实，遵循实事求是原则开展工作。马克思、恩格斯对人类社会中城乡关系进行了深入解读，指出城乡关系会经历分离、对立、融合等阶段，这是必然过程，不以人的意志而转移。改革开放以来，我国进入快速发展时期，短短几十年社会面貌发生了翻天覆地的变化。社会生产力的提升进一步推动了工业化发展，同时城乡之间的联系更为紧密。由此可知社会生产力在城乡关系发展演进中具有重要作用，当达到高度发展层次时，会支撑城乡关系走向融合发展。在某种程度上，了解城乡关系所处阶段就能知晓社会生产力水平。目前来看，我国社会生产力发展已经进入"以城带乡"阶段，党和国家出台的一系列政策都突显了这一点，这说明党和国家对实事求是原则的充分遵循，将我国客观事实与政策紧密结合在一起。客观规律要遵循，我国国情与社情也要得到充分体现，这样才能确保乡融合方向始终不偏离安全轨道，避免出现违背客观规律和客观事实的现象。实事求是原则下，才能更好地把握所遇到的发展机遇，才能制定出全面到位的目标体系，支撑城乡融合稳步向前推进。

二、系统性原则

城乡融合发展是以城市和乡村为主体，发展过程会涉及社会各方面，如果不能整体规划，就容易出现矛盾冲突。在整体规划视野下，城乡问题能够得到全面审视，进而从整个社会发展全局角度去思考应对之策，使得城乡融合发展切实为乡村全面振兴和全面建设社会主义现代化国家作贡献。城市和乡村不能对立，也不能各自为政，还是要向融合发展进发，才能在经济建设、政治建设、文化建设、生态建设等方面获得更好效果。这要求党和国家在制定政策时统筹考量，强化政策内容的系统性、整体性、协同性，为实际改革提供更有力支持。二元户籍制度和二元土地制度是影响我国城乡关系的重要因素，极大地阻碍了城乡协同发展，针对这一状况，国家所制定的政策一定要体现改革要义，基于问题提出解决策略，但改革不是将以前的制度全部推翻，相关制度中的可取之处还是要保留下来。在系统性原则下，统筹兼顾、整体谋划是重要做法，而在实际情况中，这些做法并不能机械地使用，还是要灵活调整，比如某些方面可以有所侧重，如农村教育、公共服务、社会保障等应该得到重点发展，进而为城乡融合提供更良好条件。

三、因地制宜原则

因地制宜原则要求城乡融合发展必须做到一切从实际出发，使具体策略对应具体问题。不同地区会有差异，制定政策时要考虑到其差异性，确保政策内容全面准确、客观到位。我国地大物博，不同地区的自然条件、资源禀赋等具有较大差异，这是不同地区经济和社会发展不平衡的主要原因，这一点在党的十九大报告中被着重点出。区域发展不平衡主要体现在东中西部不平衡、城市与乡村不平衡、发达地区与欠发达地区不平衡，而在每种不平衡状况中，还存在不同类型。这就要求城乡融合一定要因地制宜，不能将在其他地区得到验证的某种模式盲目应用到这一地区，那样反而会产生负面影响。而是要基于实际情况，在政策、模式方面充分考虑到不同地区的独特性和差异性，如东部地区在技术、资金、地理区位上具有优势，西部地区在环境、资源市场方面具有优势，有的地区在人文历史方面具有独特优势，这些优势应得到挖掘，并体现在政策制定和模式构建中。城乡融合发展是一个长期过程，不可能一蹴而就。我国政府在制定城乡融合发展目标时分为三个阶段，第一阶段是到 2022 年我国城乡融合发展体制机制初步建立，第二阶段是到 2035 年城乡融合发展机制体制更加完善，第三阶段是到本世纪中叶城乡融合发展机制体制成熟定型。

四、风险预防原则

城乡融合发展是改善城乡关系的重要途径，在围绕其构建发展策略时，既要改革和摒除不完善的体制机制，也要树立风险意识，避免底线被突破。改革能带来发展，而发展并不一定能带来稳定。在改革与发展过程中，维持社会稳定是重要工作之一。如果社会稳定局面不能被确保，改革与发展终将受其害。一方面，必须强化法律意识，严格遵守法律制度。比如在农村土地改革中，循序渐进、逐步推进是重要原则，并且相关工作要严格遵守相关法律和规章制度。如农村土地始终为农民集体所有，土地改革不能改变土地性质；农村土地是为农业、农民所用，土地改革不能改变其用途；土地是农民的根，也是农民利益的载体，土地改革不能损害农民利益。另一方面，必须着重关注安全问题。基于城乡融合所出台的新政策往往会触及多方利益，为防止因利益调整而出现的矛盾与争端，应该在政策制定时充分评估，对可能存在的风险增强研判，然后作出相应改变，将风险指数降低到可控范围内。

第二节　完善城乡融合基础设施建设

一、加快城乡基础设施互联互通

要做好乡村建设的"先行者"，必须将乡村公益性建设的重心转移到乡村，实现统一规划、统一建设、统一管理。党的二十大提出"统筹乡村基础设施和公共服务布局，建设宜居宜业和美乡村"。在统筹方面，要掌握乡村的具体状况，与乡村的实际需要相联系，对城市和乡村重要基础设施进行合理布局，推动城市和乡村基础设施一体化发展，从方便乡村居民生活，提高乡村居民生活质量等角度出发，规划建设一系列现代化的配套设施。在项目建设方面，主动将"新基建"引入乡村，实现城乡资源共享、空间共享和互联互通，加速高品质的城乡基础设施一体化发展。在管理方面，应制定政府主导、多方参与、市场化运作的管理制度。并与科研机构、院校和企业合作，定期派出专家到乡村开展培训，并加强对乡村基础设施的维修和管理。

当前，我国乡村与城市之间存在较大差距，迫切需要加快城乡基础设施一体化发展。第一，完善公共服务体系。一方面，根据人口结构和社会需求等新的发展趋势，构建市县镇乡村一体的五级空间布局框架，实现与城市功能相匹配的"田园综合体"。另一方面，要充分发挥城乡的比较资源优势，以城乡一体的方式推进交通和信息网络等基础设施的发展。同时做好城乡空间的统筹和整体规划，对城乡接合部区域的基础设施进行统一规划，为充分利用好"连接城乡"的功能打下坚实的基础。

第二，健全村级公共服务体系。明确责任和义务，建立以政府和企业为代表的多元主体参与的乡村公共服务体系。中央政府要继续增加转移支付力度，主动为乡村的生产和生活设施提供必要支持，同时要探讨一种新型的金融支持模式，推动乡村的生产和生活方式的现代化变革。在此基础上，在农业基础设施建设和农业科技创新等方面加大投资力度，促进新型农业经营主体的协同发展，为农业农村现代化建设打下坚实的基础。企业要有一定的社会责任感，加强对城市基础设施中的绿化、生态化的建设和管理，防止乡村的生态环境受到冲击和破坏，要真正把生态文明建设落到实处。

第三，完善水利设施的长期管理制度。从城市和农村的公共物品属性出发，提出科学的运营管理方式和维护管理方式，并以此为依据，推动城市公共物品管理和维护管理的市场化。在城市基础建设方面注重细节，不仅要加大巡查力度，还要对城市基础设施进行全面检查，对城市基础设施的真实状况有一个动态了解，并将问题向维护部门反馈，保证问题得到及时处理，为居民提供便利。在乡村基础设施管理方面，当地政府要主动做好非经营性基础设施的管理和维护工作，同时，鼓励社会资本以政府购买服务、独资或合资等方式，直接或间接地参与乡村基础设施的运行和养护，建立多样化的管理模式。同时，通过规范职责、落实资金、开展培训和评估等方式，提高水利设施各责任单位的管理能力和水平。最后，通过加强统筹和协调，推动"规划—施工—养护"体系的形成，促进城乡基础设施的互联互通和共建共享，填补农村基础设施的现有不足，为城乡一体化发展铺平道路。

二、构建一体化交通路网

要破解"中梗阻"，必须加速推进交通基础设施的发展，健全农村公路网络，建立一个高效、便利的现代化综合交通系统。同时提升公共交通的服务水平，方便乡村人民的生产、生活。第一，加快城市和乡村公路建设，使城市和乡村的运输系统状况得到进一步改善。围绕构建城乡一体化、安全畅通的城乡交通运行网络，科学规划和高标准建设农村公路网络，解决农村公路里程短、等级低、品质差的问题，以便有效地缩小城乡差距。要充分利用好区域核心城市和都市圈对促进城乡一体化发展的辐射和引导作用，强化城际轨道交通和轨道交通枢纽的构建。

第二，整体规划乡村道路，畅通乡村道路"最后一公里"，改善乡村道路网络衔接状况。一是要把村级道路建设作为优先事项，增加对村级道路的投资，加快村级道路运输体系的构建。为提高交通运输水平、提高人们的生活水平，要大力推进乡村公路改造工程；同时，为了强化施工的全流程控制，应将道路施工项目的施工管理体系纳入其中。同时，要加强乡村道路与乡镇道路、国省干线等重要运输节点的对接，促进城乡道路的互联互通。从人、车、路三个方面着手，从根本上解决道路的安全问题；从增加交通信号灯、人车分流等多个角度入手，全面提高乡村道路交通的安全性。

第三，以充分满足城市和乡村地区的公共服务需要为目标，切实提高城市和乡村的整体运输服务能力和水平。推动智能交通管理体系的建立，实现城市道路的精细化管理。推进城乡物流服务的融合，除建立更多的乡村物流服务中心，还必须有更多的快递物流企业与交通运输部门展开深层次合作。通过统筹城乡道路建设，实现城乡融合，实现城乡居民活动半径的有效拓展，促进城乡交往，增强城乡发展的动力。

三、加强生态环境保护

第一，加大城乡环保工作的立法力度。一是健全相关法律制度。目前我国缺乏专门的农村环保法规，另外，相关法规的操作性较差，为此，必须从健全我国乡村环保法规制度入手，才能阻止我国乡村生态环境持续恶化的现状。二是要弥补我国乡村环境保护类法律的不足。对现有的有关乡村和农业环境的有关规定进行梳理，并根据各个乡村的实际情况进行细化，最终形成对乡村环保专门立法，以此确保各个地方的制度设计都符合最高级别的法规，并在实践中将乡村环保善法善治的观念贯彻落实。三是提高法规的可操作性。例如，制定排污许可规定，以及生活垃圾处置和肥料施用等有关规定，为乡村生态环境污染和人类健康危害事故的监测与评估系统的建立提供科学依据，等等。

第二，加大环保法律的执行力度。其一，要健全环保监督体系。通过对监督责任的界定，可以有效防止有关部门的无序介入和部门间的利益冲突，从而使我国的环保工作更加有效。其二，应强化基层环保执法队伍的建设。各级政府要在各个建制镇建立专业的环境保护机构和环境监测机构，提高工作人员的素质，建立健全工作体制，建立健全考评机制，建立"事情有人干，责任有人担"的管理体制。

第三，构建城市和乡村的生态环境保护体系。《中华人民共和国国民经济和社会发展第十一个五年规划纲要》明确指出："按照谁开发谁保护、谁受益谁补偿的原则，构建生态补偿机制。"十八大以来，我国政府提出要构建更具深度的生态补偿机制。要通过构建"绿色发展"的乡村生态补偿体系，保护乡村自然环境。绿色金融、生态农业、生态保护和市场营销要做到协调，在多元的生态补偿体制下，加大体制改革力度，设立专门的生态补偿基金，为城市和乡村地区的环境保护工作提供经费支持。

第四，建立农户多元化的社会保障体系。要真正实现乡村生态复兴，必须有广大农户的积极参与。要做到这一点，就必须将环境资讯公开，充分尊重农户的知情权和参与权，将有关资料公布出来，广泛吸纳大众意见，以社会监督的方式来减少环境污染，促进环保行为的养成。要重视环境保护决策的民主性，通过召开论证会、听证会等形式，在村庄规划、乡村人居环境建设、保护村庄面貌等乡村发展建设中，广泛地倾听和征询群众的意见，使农户的环保权利得到有效保护。

四、改善乡村人居环境

中国要美丽，乡村一定要美丽。好的乡村生活，不仅能体现乡村的总体发展状况，也能体现乡村的文明水平。目前，要开展乡村人居环境整治，不仅要解决好乡村垃圾的处理、房屋改造等问题，还要与乡村的生态振兴相融合，实现"生态宜居"和"美丽乡村"的目标，使人民能够长期生活在乡村，调动群众的积极性使其参与乡村建设。2018年2月，中共中央办公厅、国务院办公厅印发了《农村人居环境整治三年行动方案》，明确指出要大力开展"三年一次"的整治。加强对厕所粪污的管理，对农村生活污水进行分级处理，改善农村人居环境，强化村镇的统筹和管理。

第一，乡村居住环境治理最基本的办法就是要让乡村居民建立起居住环境观念，从而使他们的主观能动性得到最大限度的发挥。在乡村发展过程中，要注重培养村民文明、卫生的生活方式。推进农村德治、自治和法治的有机结合，改变"只顾自家，不管别家"的思想误区，形成互帮互助、共同监督、共同治理的良好乡村风貌。完善村级治理体系，完善村级监督体系。发挥"一事一议"的作用，搞好农村环境治理方案的公开，把农村环境卫生、绿化等内容写进《农村环境卫生村规民约》中，以规章形式规定农户的环境义务。

第二，加强对乡村生活垃圾的治理、对生活污水的处理，以及对公共卫生设施的改建。在乡村生活垃圾处理方面，推动乡村生活垃圾中转、无害化处理，根据乡村实际情况，构建符合实际的乡村生活垃圾收集、转运、处置系统。重点抓好乡村"垃圾山""垃圾围村"及"上山下乡"的行业垃圾问题。开展乡村固体废物分类处理试验，推广适用于乡村地区的固体废弃物现场分类和回收处理方法。全面推进"厕所革命"，推进"旱厕"改为"水厕"，发挥"集体资金—财政补助—农民自筹"的作用，全面推广化粪池、沼气池，促进公厕粪便的资源化。

第三，做好村落的科学规划，保证村落的治理效果。通过实施村镇规划，使农村生活变得方便。在实施乡村规划时，要考虑地方的经济发展状况以及居民的财力状况，国家要对有困难的住户进行补助；如果是非必要改建的房子，可以进行部分拆卸和改建，这样既能大大减少费用，也能改善环境。在道路建设方面，应确保道路通畅，方便生活垃圾的清理与处置。在村落规划中，确保村落的总体和谐与美感。

五、提升乡村信息化发展水平

为了解决目前我国农村地区信息基础设施不足的问题，国家需要加大对农村信息基础设施的建设，同时还需要引入更多的社会资金，为农村地区的发展提供更好的网络设备和信息服务。以信息为先导，推动我国农业农村现代化进程，充分利用大数据、人工智能等前沿科技，推动乡村信息化建设，促进农业农村生产、经营、管理和服务的数字化。

第一，加速农村信息化发展。要把握好我国当下大力推动新基建的历史契机，基于乡村4G信号和光纤宽带网的建设，把5G技术运用到农村的信息化基础环境等领域，使整个乡村的信息基础建设都得到持续加强。

第二，搭建智慧农业开发平台，对农产品实现全流程监控，并对其进行实时的风险控制；在确保产品品质的前提下，有效地提升农业生产力。另外，在科学技术的支持下，健全农业物联网，通过网络对农产品的加工、仓储和物流等各方面进行监控，从而使产销双方的信息不对称问题得到最大程度的解决。

第三，建立农村和城市之间的信息交换平台，使农村和城市之间能够及时地进行资源信息交流。随着我国快递物流业发展水平的持续提高，能进一步打通农村和城市之间的交互通道，提高各种生产要素的流动效率。

第四，构建完备的农业情报信息服务平台，使农户能够真实地掌握农业发展政策和市场需求等信息，从而指导农户科学合理地进行农业经营决策。在此基础上，相关部门能够更好地理解农户的需要，从而更好地为农户服务。

第五，通过实施"宽带提速、降价"等措施，大力推动互联网工程的实施，推动城乡融合工程的实施，扩大乡村地区的宽带覆盖范围。通过构建"数字化村庄"，让广大乡村居民共享信息化带来的便利和便捷，从而促进农村的整体振兴。

第三节　激活城乡融合发展主体动能

一、统一城乡融合发展主体思想

(一)群众层面

农民是改变乡村现状、推动乡村发展的主要力量。根据中央关于新农村建设中培育新农民的需要，要把科学文化知识，实用农业种植、养殖技术，市场经济规律等方面的知识整合起来；系统性培养当代农民的现代化经营观念，为加速新农村建设、推进城乡一体化发展奠定坚实的理论和实践基础。2022年的数据表明，在我国29562万进城务工人员中，未上过学的占0.7%，小学文化程度的占13.4%，初中文化程度的占55.2%，高中文化程度的占17.0%，大专及以上文化程度的占13.7%。在推进乡村发展的实践过程中，可以开展职业教育、组织训练、农业训练、林业训练等多种方式，可以通过高等院校、科研机构和农业技术推广机构等对务工人员进行培养；以骨干龙头企业和粮食种植大户为依托，在农闲的时候集中授课、进村进户送知识送技能，有效地改变村民的生活方式，使他们的社会义务感得到提升，让他们具有强烈的主人翁意识，从而帮助他们投入农村发展。要强化对新建筑工程的计划与管理，以节约土地、保护环境等为重点将村民的合理意愿反映出来，同时也能满足村民的需要。在做好事实事上下功夫，让老百姓实实在在地体会到新农村建设和城乡一体化带给他们的好处，让更多的人能够在促进美好家园的发展过程中起到积极作用。

(二) 干部层面

在推进新农村的建设中，各级党委和政府的基层干部是第一责任人，同时也是将基层群众的愿望向上传递的重要途径。增强基层干部的群众观念、政策理论水平和服务意识是新农村建设中的重要任务。在决策方面，要举办各种主题研讨班，分类、分批地加强基层干部对中央和省市统筹城乡发展相关方针的研究和理解，让基层组织成员牢固地确立城乡一体的观念；在工作的安排和部署上，要考虑到当地的实际情况。统筹城乡规划、工业发展、基础设施建设，要从根源上消除城乡之间的分割关系。在实施方面，应对干部进行科学配置，通过挂职学习、交流轮换、选派培训等手段，加强对政策解读、市场经济理论和实践技能培训等方面的培训，培养一批懂政策、吃苦耐劳、服务意识超前的基层工作团队，从而帮助农民主动改变生活习惯，提高科学种田能力和创业发展能力。

(三) 社会层面

运用广播电视、报刊、网络等传统媒介与新兴媒介，开设专题、专栏、公众号等，对城乡一体化和新农村建设相关决策部署、具体政策措施进行宣传和阐释，并将重大工程项目公开，以供广大群众监督。发布农户感兴趣的农作物新品种、种养加工实用技术、社会需求等信息，使社会上对城乡一体化和新农村建设有更多的认识，引导更多有见地的人投身新农村建设，使推进城乡一体化形成一种自觉。在此基础上，加强对新农村建设的典型案例和成功经验的宣传报道，积极引导有志青年投身新农村建设。

二、充实乡村人力资本

没有人才资源的支持，乡村主体的活化是不可缺少的。要想充分发挥乡村人力资本的作用，就必须从提升现有乡村居民的质量和引入高质量的增量人才入手。以教育、培训等方式提升乡村劳动力质量，以吸引更多的高质量人才进入乡村，以内外结合的方式来增加乡村人力资本。

提升乡村人口的质量，是激发农民主体活力的基础。提升乡村存量人口质量应从多个方面着手。首先，提高乡村小学的教学质量。根据城乡公共服务均衡发展的需要，为乡村学校提供基本的基础教育硬件和软件设施，并在全国范围内推行教师流动轮岗制度。其次，大力培养乡村职业技术人员。以当地政府为主体，通过高职院校和职业培训机构对农民进行职业培训。在城镇化进程中，中国数以亿计的农民，即使是在乡村受过专业培训的极少一部分人，他们的目标也是尽快离开乡村，奔向城市。现有的高职院校与培养单位也大多以"离农"为培训目的，搞与乡村脱节的高职教育。从长远来看，这样的观念对我国乡村发展十分不利，拉大了城乡之间的收入差异。

为此，政府与社会要致力于改变农民对乡村劳动的看法，使新时代下的农民培养对乡村的深厚情感。第一，应在新时期的"乡情"教育中，突出教育性作用，培育新时期的农业劳动力为国家建设服务的理念。第二，外出打工的农民要加深对农村土地的朴素情感，在内心深处产生建设家乡、促进农村农业发展的思想意识。第三，为来自乡村的高层次人才提供乡村职业教育，坚定其科学发展农业的信心。第四，发挥农民专业合作社贴近农民、贴近农业生产的特点，以农民专业合作社为基础，培育出新的职业农民。

三、激活农民主体核心活力

真正的现代化绝不是单纯地向城镇扩展，也不是单纯地向农村转移。城乡融合发展的目的是要使农业强、农村美、农民富起来，没有农民的主观能动性和创新精神，农村的发展就无法实现。

第一，农村是所有村民的家园，农村的发展是所有人的义务。唯有激活农民参与农村建设的"内生性"动力，农民的获得感、幸福感和安全感才会得到切实增强。保障农民的土地权，使他们不会丧失自己的土地。目前，我国的规模化经营与庞大的工商资本对农户产生"挤出效应"，不能有效解决农村剩余劳动力的问题。要想让农村剩余劳动力的收入、生活质量得到切实提高，就要让他们把家庭经营好。在统筹推进城乡一体化的发展过程中，坚持"还政于民""还计于民""以民为本"的理念，从而调动广大农户的积极性。

第二，强化农户的社会责任感，提高他们的专业荣誉感。中国始终把食品安全放在首位，决不能完全依赖于市场导向，将农作物种植大规模转向经济作物种植。解决 14 亿中国人吃饭的问题，把食物安全作为基本保障，是农村发展的任务，是乡村振兴的关键。将来，不管是居住在城镇社区、乡村社区，还是乡村，农户都要培养起自主意识。

第三，要在全面考虑农户意愿的前提下，统筹城乡发展。统筹就是要让城乡居民都能有秩序地流动，但不能盲目推进，更不能让村庄"融合"。当前，我国乡村现存 6000 万留守儿童、4500 万留守妇女和 4000 万留守老人。对于既有小又有老的家庭，通过城镇化、搬迁等融入城市的可行性要认真思考。必须在政策引导下，防止简单硬性的撤并模式、资本摊大饼扩张模式等千村一面的城乡融合模式。如今，进城务工人员能在落户、购房、养老、子女教育等方面得到了与市民同等待遇的社会保障，自然能吸引农民市民化和城居化。同时也要顺应城镇化的大趋势，因地制宜，重点突破。

四、持续激发多元行动者的主体自觉

首先，推广统筹城乡发展理念，要争取各方的认可，使各方对推动城乡共享发展的意义有更深刻的理解。目前，很多社会团体、市场主体以及社会大众对于统筹城乡发展的重要意义还没有形成清晰认知，从而影响了其对统筹发展工作的理解。尽管很多地方在积极开展统筹城乡一体化发展工作，但是对于多种主体的价值发挥缺少正确指导，这就注定了不能为推进统筹发展奠定坚实的群众基础。因此，各级政府要根据本地的具体状况，利用多种媒体，持续宣传城乡融合发展的重大意义，让各方对城乡融合发展计划有一个全面认识。与此同时，各级政府要对农村治理人员和农村人才进行主动指导，让他们成为城乡融合发展的关键工作节点，促进乡村振兴工作与城乡融合发展的有机结合。全面赢得多方行为体的认可与了解，不仅能够从意识形态上破除制约城乡一体化发展中的种种困难，还能够为推进城乡共享发展工作的实施营造良好的社会氛围。

其次，要充分调动社会组织、公众等主体的积极性和主动性，使之持续增强参与意识。在推进城乡一体化发展的过程中，各方必须从"被动响应"转向"主动参与"，从而使多主体的参与发挥更大的作用。换言之，政府要改变以往"大包大揽"的工作思路，以科学指导的方式保证各参与方明确自己在城乡一体化发展中的地位与角色定位，进而在多方参与下紧密协作，推进统筹城乡一体化的共同发展。因此，在实施城乡一体化发展过程中，要通过在税收政策上的倾斜、对先进人员进行表扬等方面，持续提高多元主体参与城乡融合发展的积极性，从而使其为统筹城乡发展的各项工作提供持续服务。

最后，各级政府都应重视"行动自觉"的多元化。基于有效地赢得多方行为体的认可，应促使他们尽早采取切实的统筹城乡发展措施。在实践中，多主体的紧密协作不仅可以协同解决不同类型的城乡一体化发展问题，还可以为城市和乡村的发展提出更多的创新思路。因此，在推进城乡一体化发展的过程中，各级政府应当排除制约多种主体参与城乡一体化发展的种种障碍，并为多种主体在实际工作中的积极介入创造条件。

五、打造城乡融合发展行动者联盟

第一，主动建立"一核多元"的城乡统筹行动者联合体，使各方主体各尽其责，为城乡融合发展任务提供支持。从长远角度讲，在统筹推进城乡一体化发展过程中，政府依然占主导地位，应该在实践过程中起到科学指导的作用。各级政府也要认识到社会组织和公众等主体的重要性，并将其整合到一起，推动城乡一体化、融合发展。推进城乡共同发展工作，迫切需要在实践中建立起"一核多元"的主体协作模型，以促进我国城乡共同发展工作的顺利开展。政府应当扮演引导者角色，对城乡融合发展的进程进行科学指引，其他行为体要扮演执行者和监督员角色，协助实施各种实质性的发展工作。当然，在这一进程中，我们也要防范多主体协同的弊端与不足，一方面要避免各主体的"错位""越位"，另一方面要避免多方主体之间发生"道德风险"，从而为统筹城乡发展建设奠定坚实的行为体同盟基础。

第二，大力培养并建立起多方主体的协同机制，彰显多方主体间的协同价值。只有多个行为体进行科学协作，才能使各项建设与发展工作互相配合、互补，从而更好地为预定任务提供便利。一是要建立一个由各级政府共同搭建的统筹协调机制，以促进农村经济社会发展。在当前我国城乡融合发展主体不全面的情况下，构建各发展主体间的信息分享机制，并对其进行合理分配与恰当的协作，才能使参与者的价值得到更大程度的体现。二是建立多方主体间的情报合作机制。是否能够在最短时间内把握住城乡融合发展工作的动态变化，直接影响多方参与主体推进城乡融合的进程，也直接影响到推进城乡融合发展工作的良好机遇。鼓励多方行为主体分享不同的工作资讯，增进各方的认可与了解，进而推动更深层次的协作。三是建立多方主体合作机制。鉴于参与主体在构建和发展方面的差异，其在实践中所扮演的角色也不尽相同，因此，通过协同行动可以有效地解决城乡融合中的多种类型的发展问题。同时，通过多方主体的紧密合作，既可以发挥多元主体在构建和发展中的强大力量，又可以持续巩固"一核多元"行为体联盟的凝聚度。另外，在统筹城乡融合发展过程中，应发挥多方作用，为其他各方提供有利的环境；推动实践与协作创新，以形成各类主体协作组合等途径，加快统筹城乡融合发展目标。

第四节　协调城乡融合主体利益诉求

一、基于产品贡献的利益协调

基于产品贡献的利益协调机制，使小农户与新型农业经营主体形成了一种紧密的联系，这种联系以产品为媒介，超越了传统意义上的简单商品交换，具有更深层次的合作潜力和市场适应性。小农户作为农业生产的基本单位，通过辛勤劳作，将自然资源转化为各种农产品。这些农产品通过市场机制进入新型农业经营主体手中，成为他们进行粗加工、精深加工和销售的基础。这一过程既体现了市场对资源配置的决定性作用，也凸显了小农户在农业产业链中的不可或缺性。

基于产品贡献的利益协调机制具有以下三个主要特征。

商品买卖关系的纯粹性与灵活性。在这种模式下，小农户与新型农业经营主体的关系简化为纯粹的商品买卖。这种关系的建立基于双方对市场价格信号的敏锐捕捉和响应。小农户拥有完全的自主权，可以根据市场需求、自身条件和土地特点，自由选择种植作物和规模，确保农业生产的灵活性和多样性。同时，新型农业经营主体通过市场机制获取所需原料，实现资源的高效配置。尽管双方没有形成紧密的组织关系，但通过市场的无形之手，实现了利益的有效协调。

土地承包权与经营权的稳固性。该模式的一个重要特点是不涉及小农户对土地的核心权益——承包权与经营权。这意味着小农户在参与市场交易的同时，仍然牢牢掌握着土地这一生产资料的控制权，土地这一生产资料为他们提供了稳定的生活保障和未来发展的基础。此外，企业与小农户可以事先通过协议明确产品规格、质量标准等，既保证了企业的原料供应稳定性，也为小农户提供了一定的生产指导，促进了农业生产的标准化。

收益来源的单一性与直接性。小农户在此模式下的收益主要且直接来源于农产品的销售。这种单一的收益结构，虽然减少了小农户从其他环节获取额外利润的可能性，但也降低了其参与市场的风险与成本，使得小农户能够更加专注于提升农产品的质量与产量，从而在市场竞争中占据有利地位。同时，这也要求新型农业经营主体在收购农产品时，需给予合理的价格，以维护小农户的生产积极性与持续参与市场的动力。

基于产品贡献的利益协调机制，在实践中催生出了三种主要的利益联结方式，分别是市场买断型、合同契约型和合作型。每一种方式都有其独特之处，适用于不同的市场环境和合作需求。市场买断型以"企业+农户"为典型结构，体现了市场经济的自由竞争原则。双方不签订正式合同，价格随行就市。松散型的联结方式为小农户提供了极大的灵活性，使他们能够迅速对市场变化作出反应，及时调整生产策略。然而，这也要求小农户具备较强的市场判断能力和风险承受能力，以应对价格波动带来的不确定性。合同契约型这种方式主要通过正式的购销合同，为双方交易提供法律保障。合同中明确规定了产品的各项标准、收购价格区间及违约责任，有效降低了交易双方的不确定性，增强了合作的稳定性。从本质上看，这仍是一种基于产品买卖的关系，但合同的引入，使得这种关系更加规范化、可预期，为双方长期合作奠定了基础。合作型以"企业+合作社+农户"模式最为典型，通过合作社这一中介，实现了小农户的组织化提升，增强了其在与企业谈判时的议价能力与话语权。合作社不仅促进了农业技术的交流与推广，还帮助小农户更好地对接市场，降低了交易成本，提高了整体效益。在这种模式下，小农户的利益得到了更为全面的保障，企业与农户之间形成了更为紧密的利益共同体。

从产业协同的层面来看，基于产品贡献的利益协调机制，尤其适合横向拓展型产业链的构建。无论是第一产业与第二产业的相互联动（如农产品加工业），还是第一产业与第三产业的深度融合（如农产品电子商务），乃至一二三产业的全链条协同发展，其核心都在于以农产品为中心，进行产业链的延伸和价值的提升。例如，农产品加工业通过收购小农户的初级农产品，进行深加工，不仅增加了产品的附加值，还推动了农业产业链的升级。农产品电子商务则利用互联网平台，打破了地域限制，拓宽了农产品的销售渠道，使小农户的产品能够直接面向更广泛的消费者群体。而中央厨房直供模式，更是将农业生产与餐饮服务紧密连接，实现了从田间到餐桌的无缝对接，进一步提高了农业产业链的整合效率。

二、基于权能贡献的利益协调

在探讨城乡产业融合的宏大主题中，土地，这一自远古时代起就承载着人类生存与发展基石的角色，其产权结构的演变和权能的释放，无疑成为推动乡村振兴和城市资源下乡的关键环节。马克思关于土地产权的深刻见解，为我们理解这一复杂现象提供了理论基石。土地产权作为一个由终极所有权及其衍生的权能（如占有、使用、处分、收益、出租、转让、抵押等）相互交织而成的权利束，其内在的动态平衡与权能流转，是激发土地潜能、推动经济活动的核心机制。我国土地制度的变迁，犹如一幅波澜壮阔的历史画卷，从私有制的初始形态，历经两权合一的公有制探索，再到两权分离的公有制实践，直至当前步入三权分置的改革新阶段，每一次变革都深刻地影响着城乡关系的格局和产业发展的路径。在这一背景下，农村承包地"三权分置"改革的推行，不仅为土地的规模化经营开辟了新的途径，也为城市先进生产要素向乡村的流动搭建了桥梁，更为新型农业经营主体的培育和发展奠定了坚实的基础，从而为城乡产业融合的深度推进铺设了坚实的制度基石。在这一宏大的框架下，乡村所包含的农用地、集体经营性建设用地、宅基地，作为城乡产业融合中最为核心且特殊的要素，其权能的灵活配置与高效利用，成为激活乡村经济、促进产业融合的关键所在。农用地，作为农业生产的基础，其经营权的流转成为实现其价值的重要途径。农户通过将经营权折价入股，转换为股权，不仅确保了自身获得稳定的股权收益，也为新型农业经营主体发展融合型产业提供了必要的土地资源，实现了双赢的局面。在这种模式下，农户的收益不再局限于传统的农作物产出，而是与产业融合的效益紧密相连，共享发展的红利。自2015年起，我国集体经营性建设用地入市试点的开展，标志着土地权能释放的又一个重要里程碑。试点地区通过允许集体经营性建设用地以出让、转让（包括出售、交换、赠与等多种形式）、出租、作价出资（入股）、抵押等多种方式入市，极大地拓宽了土地使用的边界与效率，使土地资源能够更好地服务于工矿仓储、商业服务乃至商业住宅和普通住宅等多元化需求。这一改革举措，不仅为农户带来了直接的土地收益，更通过产业发展的间接效应，促进了农民收入的多元化增长，为乡村经济的转型升级注入了新的活力。宅基地"三权分置"改革的推进，则进一步释放了宅基地的财产性收益潜力。

基于权能贡献的利益协调机制，其核心在于通过舍弃部分权能，以换取相应的经济回报，从而达到优化土地资源配置、提高利用效率的目的。具体来说，这一机制在实际应用中呈现出以下几种典型的组合情况。其一，农户放弃农地的经营权，转而获得租金收益。在这种模式下，农户将自己承包的土地经营权流转给他人，由经营方定期支付租金。租金的形式可以是固定金额，也可以是固定金额与可变金额相结合。在这种模式下，农户的收益与新型农业经营主体的经营状况没有直接关联，能够确保农户获得稳定的保底收入，为农户提供稳定的经济保障。其二，农户放弃经营权，换取股金收益。在这种模式下，农户将农地按照评估价值折价入股，成为合作社或经营企业的股东，通过股权分享企业的经营利润。这种利益联结方式，将农户的收益与企业的经营效益紧密联系在一起，形成了风险共担、利益共享的紧密型利益共同体。当企业经营状况良好时，农户可以获得更高的分红收益；同时，农户作为企业股东，还享有一定的经营管理参与权，增强了农户在产业发展中的话语权和主动性。其三，农户放弃房屋、厂房等资产的使用权，通过租赁的方式获取收益。在这种模式下，农户或集体经济组织将闲置的房屋建筑、厂房等资产出租给新型农业经营主体，用于农业生产的辅助开发，从而获得稳定的租赁收入。例如，北京市房山区的"第三空间"精品民宿度假区，就是这一模式的成功案例。通过将闲置的农宅与集体建设用地统一经营出租，不仅盘活了乡村的沉睡资产，还促进了农民增收和集体经济的壮大，实现了经济效益与社会效益的双丰收。其四，农户与集体经济组织通过折价入股的方式，将个人与集体的农房、村社区资产等转化为股权，与经营企业建立股份合作关系，进行企业化运作，通过股权获取股金收益。这一模式与租赁模式类似，但不同之处在于其收益获取方式是通过股权而非直接的租金，进一步加深了农户与经营企业的利益联结，促进了资源的优化配置和高效利用。其五，农户直接或通过村集体经济组织将宅基地使用权通过流转、出租、转让、抵押、作价入股等多种方式，获取财产性收益。在保障宅基地集体所有权与农户资格权的基础上，这一模式实现了宅基地使用权的灵活流转，为农户提供了多元化的财产性收入来源，同时也促进了乡村土地资源的合理配置和高效利用，为城乡产业融合的深度推进提供了有力的支撑。

三、基于服务贡献的利益协调

在研究城乡产业融合的多种方法中，基于服务贡献的利益协调机制占据重要地位。这一机制源于服务提供与收益获取之间的动态平衡，不仅有助于资源的合理配置，还能加快城乡经济融合发展进程。服务内容具体分为劳务服务、生产服务和功能服务三大类，笔者将深入探讨它们在城乡产业融合的广阔背景下，如何成为连接城乡、激发乡村经济活力、增进农民福祉的关键因素。

第一，劳务服务。劳务服务是最直接的人力资本投入方式，对城乡产业融合至关重要。农民借助附近的农民合作社或龙头企业的生产活动，以活劳动的形式贡献自己的专业技能和劳动力，从而获得工资性收入。这种服务形式虽不直接产生物质产品，却能满足城乡产业发展对人力资源的需求，推动精神财富与物质财富的双重增长。近年来，乡村振兴战略的深入实施，为乡村经济注入了新的活力，也为农民提供了更多的就业机会。一方面，农民通过流转或折价入股承包的农地，获得租金或股金分红收益；另一方面，龙头企业的进驻和扩张，为当地农民提供了成为企业员工的机会，工资性收入成为农民收入的重要组成部分。这一变化不仅提升了乡村的比较优势，还促进了进城务工人员的回流现象，越来越多的农民选择在户籍所在地就业，享受就近务工带来的便利和收益。据统计，2010年至2019年间，城市进城务工总量中，本地务工人员的比重从36.7%上升至40.1%，而外出务工人员的比重则相应下降，这一趋势反映了乡村经济活力的增强和城乡就业结构的优化。

第二，生产服务。生产服务是农业生产链中的关键环节，其利益协调机制在于农民或农民联合的专业合作社通过提供专业化的生产性服务，实现收益的增值。随着农业现代化的推进，农业生产领域的分工日益细化，市场化交易水平不断提高，部分农民逐渐从传统的家庭式农业生产中解放出来，转向专门从事农业生产服务。这一转变不仅提高了农业生产效率，还催生了专业化的生产服务合作社，如农机专业大户、农资供销专业大户等，它们通过规模经济效应降低生产成本，提高生产效率，成为推动农业产业升级的重要力量。以北京福兴顺农机服务专业合作社为例，该合作社通过提供小麦和玉米的耕、种、管、收、销等全方位服务，不仅保障了农民的土地托管保底收益和增产收益，还通过社员分红和政府补贴，进一步增加了农民的收入来源。合作社与化肥、农药、农业技术、物流、农产品收购等企业签订供销协议，利用规模优势降低生产成本，提高了农业生产的整体效益，展示了生产服务在城乡产业融合中的重要作用。

第三，功能服务。功能服务，特别是乡村提供的生态调节和环境保护功能服务，是基于服务贡献利益协调机制中较为特殊的一类。这类服务主要通过乡村地区的生态系统和自然资源，为全社会提供生态调节和环境保护的公共服务，其价值实现往往依赖于补偿机制的建立。在我国，有许多以生态环境保护为主要任务的乡村地区，如原始森林、自然保护区、生态保护区、人工林场等，这些地区通常被划定为限制或禁止开发的主体功能区，以保护和可持续利用生态系统服务为目标。在这些地区，植树造林、退耕还林还草等生态建设工程是主要任务，它们产生的生态产品与服务，如清新的空气、干净的水源、生物多样性的维护等，具有明显的公共物品和准公共物品属性，其外部性特征显著。因此，这类产品的价值实现需要政府的主导和市场化机制的调节，通过建立合理的补偿机制、调动生态保护积极性的规则与制度安排，确保生态保护者获得合理收益，促进生态产品与服务的可持续供应。具体来说，政府可以通过生态补偿政策、绿色金融支持、生态产品交易市场的建设等措施，为生态保护者提供经济补偿和激励，同时通过市场化机制，引导社会资本参与生态保护与修复项目，形成生态保护与经济发展的良性循环。此外，加强生态产品与服务的价值评估与监测体系建设，也是实现其功能服务价值的关键，通过科学评估生态产品与服务的经济价值，为补偿机制的建立提供科学依据，确保生态保护者的权益得到合理保障。①

---

① 孙思. 都江堰市乡村旅游利益相关者利益协调机制研究[D]. 成都：四川农业大学，2013.

第五节 改进城乡融合发展制度支撑

一、创新土地制度

在城乡融合发展的过程中，土地制度扮演着至关重要的角色。它既是城乡人口自由流动的潜在阻碍，也是推动城乡融合发展的关键因素。因此，深化土地制度改革，以双向城镇化为战略方向，加速土地流转和退出机制的创新，对于构建更加公正、高效、可持续的土地管理体系，以及为城乡人口的合理流动创造顺畅条件，具有深远的理论意义和实践价值。双向城镇化这一理念的提出，旨在突破传统单向城镇化的局限，鼓励并支持有意愿的城镇人口回归乡村，体验田园生活，投身于养老、创业等多元化项目，从而有效缓解城乡人口流动中的梗阻问题，实现人口在城乡之间的自由迁徙和均衡分布。这一过程不仅需要城市对乡村开放，也需要乡村对城市人口的接纳和融合，形成城乡互动的良性循环。

第一，土地流转是土地制度改革的关键所在，其重要性显而易见。地方政府应站在城乡融合发展的高度，积极搭建多层次、多维度的土地流转交易平台。这些平台不仅需具备收集、整理农民土地流转信息的功能，还要为种粮大户及新型农业经营主体提供精准的流转对接服务，有效解决土地流转过程中存在的信息不对称问题，降低交易成本，提高流转效率。在此基础上，制定并实施更为规范的土地交易规则，保障土地流转市场有序运行，是实现土地资源优化配置、增加农民财产性收入的重要举措。在土地流转的金融创新方面，应积极探索农地证券化、土地信托等新型模式，以土地承包经营权作为未来收益的担保，在不改变农民土地承包权的前提下，将土地承包经营权转化为可流通的金融商品，增强土地资产的变现能力，为农民进城提供坚实的经济支撑。与此同时，持续推进农村集体经营性建设用地入市流转的试点工作，地方政府需从宏观层面着手，完善相关政策体系，确保城乡建设用地享有同等权利和价格，允许农村集体经营性建设用地使用权以入股、租赁、转让等多种方式融入其他产业发展，以此增加城乡建设用地的有效供给，推动城乡人口的深度融合。

第二，关于土地的退出与取得。在城乡融合发展的进程中，创新土地退出及取得的机制，是推动城乡人口实现双向流动的重要环节。地方政府需结合实际情况，构建完善的城乡人口双向融合体制机制，特别是要对农村人口进城落户后的土地退出机制以及城市人口回流农村的土地获取机制，进行深入研究和积极创新。对于农村闲置宅基地的处置，需建立科学合理的制度架构。应逐步放宽对农民住房流转的限制，推动宅基地和农民用房使用权的市场化进程，吸引社会资金向农村聚集，将闲置农房转变为养老、旅游、文化等产业的发展依托。在一些条件适宜的地区，可探索开展宅基地财产权抵押贷款，用于支持农民购买城市商品房的部分资金，并建立相应的抵押贷款补偿基金，以解除银行的担忧。对于刚刚进入城市的农民，应准许他们通过出租、转让等方式，盘活闲置的宅基地或农房，将这些资源转让给回流到农村的城市人口，这样既提高了宅基地的利用效率，又减轻了城市的人口压力。对于那些已经在城镇拥有稳定职业和固定收入的农村人口，应采取适当的引导措施，鼓励他们退出农村宅基地，让这些宅基地回归农村集体经营组织，实现宅基地的灵活调配，提升人口融合的经济效益。此外，还应构建完备的承包地与集体用地回收退出机制，将农户闲置的承包地和集体用地流转给种粮大户及新型农业经营主体，以促进土地的规模化经营。在此过程中，不仅要对农户在土地前期的生产性投入进行补偿，还要根据未来市场价格，对退出的承包地和集体用地进行科学评估，将其财产价值与农户在城镇购房联系起来，为农户在城镇购房提供经济支持，从而进一步增强农民向城镇流动的融合力。

　　进一步推进土地制度的改革，其意义重大。土地制度改革不仅对农村土地资源的科学利用有着重要影响，还与城乡人口流动的通畅以及城乡发展的平衡密切相关。借助积极推进土地流转，以及对土地退出与取得机制的创新，能够有力推动城乡人口的双向流动，实现城乡资源的优化整合，为城乡融合发展增添新的动力。在此过程中，地方政府要充分发挥主导作用，制定并健全相关政策，打造公平、透明、高效的土地市场，切实保障农民的合法权益，充分挖掘农村经济的内在潜力，推动城乡一体化进程向更高水平迈进。同时，要高度重视土地制度改革与社会经济发展的相互协调，确保土地制度改革的成果能够广泛惠及农民，促进农村经济的可持续发展，为城乡融合发展提供坚实可靠的制度支撑。通过持续深化土地制度改革，推动城乡人口的合理流动与融合，将为实现乡村振兴、推动城乡一体化发展奠定稳固基石，开启城乡融合发展的崭新篇章。①

————————

　　① 刘晓欣，董伟欣，赵晓静．乡村振兴背景下河北省农村土地制度改革研究[J]．河北开放大学学报，2023，28（6）：47-52.

二、深化户籍制度改革

农村户籍制度改革在城乡融合战略中占据核心地位，它不仅是推动城乡一体化的关键前提，也是实现城乡人口自由流动和合理分布的重要举措。这一改革的目的在于通过区分农村居民的政治身份和经济身份，让农民的公民权利和财产权利各自独立，从而有效打破城乡人口流动过程中的户籍制度壁垒，使下乡市民能够真正融入农村，成为村民。在具体的改革实施路径上，有一个首要原则，那就是新村民不能直接享有宅基地资格、集体收益分配权和承包经营权。农村土地作为集体所有的资源，其宅基地资格权、集体收益分配权和承包经营权，都是基于原集体成员的身份而配置的。这些权利的获得，既有先天因素，也体现了广大农村集体成员长期以来的贡献。因此，对于宅基地资格权、集体收益分配权和承包经营权，不能随意剥夺或转让。当城市居民回流到农村成为新村民时，他们不能直接获得这些相对应的权利，这是对农村原住居民权益的尊重和保护。然而，新村民在农村生活中，应享有与原住居民同等的公民权利。随着户籍制度改革的深入，城市居民回流农村成为新村民，他们理应成为乡村治理的重要参与者和贡献者。因此，有必要向新村民开放同等的公民权利和权限，让他们感受到农村对他们的接纳与欢迎，从而增强新村民的归属感、幸福感和参与感。新村民应拥有居住权、选举权、被选举权、监督权等公民权利，通过民主决策、民主选举、民主管理、民主监督等方式，积极参与乡村治理，为农村的发展贡献力量。在财产权利方面，新村民应享有宅基地使用权、土地经营权和房屋使用权以及其他财产性权利。在"三权分置"的背景下，无论是承包地还是宅基地，其所有权都归集体所有。承包经营权和宅基地资格权属于原集体成员，但土地经营权、房屋使用权和宅基地使用权则可以适当放开。新村民可以通过市场化的方式获得这些权利，以满足他们日常的生产生活需求。这既体现了对农村原住居民权益的尊重，也为新村民在农村的生活和发展提供了必要的保障。农村户籍制度改革的推进，应充分考虑城乡人口流动的实际情况和需求。一方面，要切实维护原住居民的宅基地资格权、集体收益分配权和承包经营权等基本权利，确保他们的合法权益不受侵害；另一方面，也要鼓励通过市场交易方式，让新村民依法获得其他公民权利和财产权利，以满足他们在农村的生活和发展需求。这既有助于促进城乡人口的自由流动和合理分布，也有助于推动城乡一体化进程的深入发展。

随着户籍制度改革的不断推进，农村居民的经济权利将会更加开放、可交易，政治权利也会更加平等。这将为城市与农村人口的相互流动提供更加便捷、高效的制度保障。同时需要进一步完善相关法律法规和政策体系，确保户籍制度改革的顺利实施。比如，可以建立健全农村土地流转市场，推动土地经营权的规范流转；可以完善农村宅基地管理制度，保障新村民的宅基地使用权；可以加强农村社会治理体系建设，提升新村民的参与度和满意度等。此外，农村户籍制度改革还需要与乡村振兴战略、城乡融合发展战略等紧密结合，形成政策合力。通过加强农村基础设施建设、提升农村公共服务水平、推动农村产业升级等措施，为新村民在农村的生活和发展提供更好的环境和条件。同时，也要加强对新村民的培训和引导，帮助他们更好地适应农村生活和发展需求。总之，农村户籍制度改革是推动城乡融合发展的重要举措，也是实现城乡人口自由流动和合理分布的关键环节。通过区分农村居民的政治身份与经济身份、实现农民公民权利与财产权利的独立、保障新村民的合法权益等措施，可以有效打破城乡人口流动中的户籍制度障碍，促进城乡一体化进程的深入发展。①

三、深化农业经营制度改革

农业经营制度改革在推动农业现代化与乡村振兴战略深度融合中起着关键作用，其核心在于协调新型农业经营主体与传统小农户的共同发展，目标是构建一个更为系统、全面且充满活力的农业发展体系。这一改革不仅对农业生产的组织形式和效率产生了深刻影响，还在很大程度上重塑了农民身份的社会认知和职业价值，为农业职业化进程奠定了坚实基础。在改革的大框架内，首要任务是将小农户和新型农业经营主体一同纳入农业职业发展的蓝图，使农民这一角色由传统的身份象征转变为社会经济发展中不可或缺的职业身份。职业农民的范畴包括两大群体：一是作为集体经济组织天然成员的原来的农民，他们自然而然地获得职业农民身份；二是从城市来到农村的新农民，他们通过土地流转、股份合作等市场方式积极参与农业生产，从而获得职业农民的合法身份。这一转变不仅消除了对农民的身份歧视，更提升了农民的职业尊严和社会

① 黄昕，楚德江. 自主退出与职业化准入：城乡融合视域中的农村户籍制度改革研究 [J]. 现代经济探讨，2024(4)：114-124.

地位，让农民成为令人向往的职业选择，进而增强了农民对自身职业的归属感和幸福感。为了巩固农业经营制度改革的成果，构建科学合理的职业晋升规则和农民职业退出机制至关重要。这就要求在政策制定上，既要考虑如何激励农民提升职业技能，又要关注他们的长远生活保障。具体来说，应加大对农村地区社会养老保障体系的支持力度，探索建立职业农民等级与养老保障挂钩的新机制。在有条件的地区，社会保障部门可以根据职业农民的职业技能、培训经历和从业年限等因素，将其划分为不同等级，并据此制定差异化的养老金发放标准。这样既能激发农民提升自我素质、持续学习的动力，又能为他们的晚年生活提供可靠保障。

为了进一步深化农业经营制度改革，还需要顺应时代发展的趋势，积极推动小农户与现代农业实现有机结合。通过运用现代信息技术，打造农业现代化服务平台，为小农户参与现代农业发展创造更多的机会，提供更为广阔的空间。利用技术的力量，让小农户能够更加轻松地获取市场信息，学习先进的农业技术，以此实现农业生产方式的转变升级。

并且，要积极鼓励多种形式的农业生产经营组织创新，如合作经营、家庭经营、企业经营等，为新型农业经营主体的发展提供多方位的支持。这些措施不但能够激活农业发展的内在潜力，还可以容纳更多的参与主体，为城乡人口的双向流动提供源源不断的动力。

在推行农业经营制度改革的过程中，还应该充分意识到产业兴旺在乡村振兴中的基础性作用。乡村产业的蓬勃发展，是吸引和留住人才的核心所在。如果乡村缺乏强大的产业支撑，不仅会导致年轻劳动力外流，还会削弱村民对乡村未来发展的信心。因此，必须加快培育乡村特色产业，促进农业产业链的延伸和价值链的提升，为农民提供更多的就业机会和增收渠道。只有这样，才能为农民从身份农民向职业农民的转变营造良好的外部环境，让农民在乡村振兴的浪潮中真正成为受益者和参与者。

此外，农业经营制度改革还需要注重政策的连贯性和稳定性，确保改革措施能够落地生根并取得成效。政府要加强对农业经营主体的政策引导和扶持，为其提供良好的发展环境和政策支持。同时，鼓励社会各界积极参与农业经营制度改革，形成政府、市场、社会共同推进的良好局面。

四、创新就业制度改革

在我国城镇化建设的宏大进程中，农村剩余劳动力的大规模迁徙，构成了城乡发展画卷中一道独特而亮丽的景观。这一劳动力流动现象，不仅代表着劳动力作为生产要素在城乡之间的优化调配，更深刻地展现了从"离土不离乡"到"离土又离乡"的社会结构转变。

农村劳动力向城市的涌动，不仅是人力资源在地理空间上的转移，更是农村社会分化与城市经济吸引的双向交互作用，为城乡经济社会的深度融合筑牢了根基。然而，城乡二元经济结构的顽固存在，就像一道无形的障碍，阻碍着劳动力市场的统一与公平。就业制度的城乡二元性，致使农村劳动力（尤其是进城务工人员）大多被限制在次级劳动力市场，而城镇居民则更多地在主要劳动力市场享有正规就业的权益。这种分割不仅体现在就业准入、就业培训、就业服务等方面的显著差异，还体现在劳动待遇上的严重不平等。二元就业制度与劳动力市场的分割，无疑降低了劳动力资源的整体配置效率，严重阻碍了城乡融合发展的进程。进入 21 世纪以来，党和政府深刻意识到农业转移人口就业问题的紧迫性和重要性，采取了一系列有力措施，逐步清理并取消了针对进城务工人员的歧视性规定和限制，废除了对企业使用进城务工人员的行政审批和行政收费政策，不断完善进城务工人员转移就业的组织与培训体系，为进城务工人员融入城市生活、返乡创业以及形成城乡劳动力双向流动的良好循环，创造了越来越有利的政策环境。这一系列举措，不仅彰显了政府对进城务工人员群体权益的高度重视，也为构建城乡一体化的劳动力市场体系奠定了坚实的基础。

新时代，要进一步完善就业制度，建立健全城乡一体的劳动力市场体系，这是推动城乡融合发展的关键举措。具体而言，需要从以下几个方面入手。

一是要构建城乡统一的劳动力市场，完善城乡就业政策体系。推动平等竞争、规范有序、城乡统一的劳动力市场形成，这是打破城乡二元就业结构、实现劳动力资源合理配置的必然要求。政府要全面掌握城乡劳动力市场的动态变化，不断完善城乡统一的就业准入、登记、服务、培训及劳动保障的体制机制。公平就业准入制度的建立，是消除劳动力市场用工歧视、尊重体力劳动者的核心环节，政府需要制定并严格执行相关法律法规，确保所有劳动者在就业市场上享有平等的竞争机会，不论其来自城市还是农村。城乡统一的就业登记制度,是实现城乡统一就业的重要制度基础,这一制度应涵盖城市失业人口与农业转移人口中的失业人口,通过统一登记造册,为劳动保障部门提供准确的城乡劳动力就业与企业用工信息,为科学制定就业政策提供可靠依据。城乡统一的就业服务机制,是连接政府与市场的重要桥梁,应构建政府引导与市场运作相结合的就业服务模式,为城乡劳动者提供全方位的求职咨询、职业指导与培训教育服务,为实现平等就业提供有力支撑。城乡统一的劳动保障机制,是保障进城务工人员合法权益、维护劳动力市场公平正义的重要保障,政府要通过签订劳动合同、改善生产生活环境、加强劳动监察等措施,杜绝用工不规范、工作环境恶劣、拖欠工资等现象,确保进城务工人员与城镇就业人员享有同等的劳动报酬与权益。二是要调整劳动力城乡流动趋向,促进农村劳动力转移就业与就地创业。减少农民数量,实现就地市民化,是解决"三农"问题、推动城乡融合发展的重要途径。随着我国城镇化建设进入平稳推进阶段,更多的农村剩余劳动力将从农业生产中解放出来。然而,当前青壮年农民对农业生产的疏离,给农业发展带来了新的挑战。因此,在城乡劳动力流动的战略规划与政策引导上,政府需要根据不同地区农村劳动力的实际情况进行合理规划。对于资源环境较差、农业生产能力薄弱的地区,要鼓励农村剩余劳动力向非农产业转移,向城镇乃至城市集中,这不仅可以缓解农村地区的就业压力,还能为城市经济发展提供充足的劳动力资源。对于农业生产力较强的传统农业大区,要从保障农业生产和粮食安全的大局出发,通过政策引导与制度设计,鼓励当地农民发展现代农业,实现农业生产与非农业生产人口的均衡分布,这不仅可以保证农业生产的稳定与发展,还能为农村地区提供更多的就业机会与收入来源。在实现农村劳动力转移就业与就地创业的过程中,政府要注重提升农民的职业技能与素质,加强农村职业教育与技能培训,为农民提供更多的就业机会与创业空间。同时,要完善农村基础设施建设与公共服务体系,改善农村生产生活条件,提高农村的吸引力与承载力,为城乡劳动力的双向流动创造良好的条件。此外,政府还要加强城乡劳动力市场的信息化建设,建立城乡一体的劳动力市场信息平台,为城乡劳动者提供及时、准确的就业信息与职业培训信息,降低劳动力流动的成本与风险。同时,要加强与企业的合作与交流,推动产学研用深度融合,为城乡劳动力提供更多的就业机会与发展空间。

五、完善乡村金融服务制度

金融，这一现代经济的血脉，其健康状况直接关系到经济体系的稳定与繁荣。在农村这一广袤天地中，农村金融的发展更是成为推动城乡融合、促进乡村振兴的关键力量。在二元经济结构的大背景下，城市与农村市场的割裂，如同一道无形的鸿沟，导致了城乡金融发展的不平衡与不充分，这不仅抑制了农村经济的活力，也阻碍了城乡一体化的进程。从城乡融合发展的视角审视，当前我国农村金融展现出独特的二重性特征。它既是农村经济不可或缺的一部分，专为"三农"服务，又超越了传统金融的范畴，承担起连接城乡经济发展的桥梁作用。这一本质属性，在实践中具体表现为正规金融与非正规金融的并存、城乡金融市场的分割以及农村金融的"边缘化"现象。改革开放以来，尽管我国不断推进农村金融体制改革，但成效并不显著，改革的主要目标仍服务于国家的发展大局，为工业化和城镇化提供资金积累，金融机构在某种程度上扮演了从农村"抽血"的角色，加剧了城乡金融的不平衡。在乡村振兴战略的新时代背景下，实现城乡融合发展，破解城乡二元结构，必须继续深化农村金融服务体系的改革与完善，进一步激发农村经济的内在动力与发展活力。以下是从两个维度出发的具体策略。

一是需大力优化农村金融的管理体制和服务体制，逐步构建起一个涵盖多层次、多元化且规范合理的金融服务体系。乡村振兴战略的深入实施，对农村金融提出了更高层次的要求。构建这样一个适应城乡融合发展需要的金融服务体系，已成为当务之急。在此过程中，凸显农村金融的政策性职能意义重大。政策性金融在我国农村金融体系中具有不可替代的重要地位，它既是政府落实农业政策的有力手段，也是弥补和纠正商业性金融在农村领域存在不足和偏差的关键途径。农村政策性金融机构应始终把解决"三农"问题作为核心要务，将支持农业发展、解决农村问题、提高农民收入作为一切工作的根本出发点和落脚点。在具体实践中，应针对乡村基础设施建设、生态农业等重点领域，给予充分的金融政策性倾斜，为农业农村现代化提供坚实的保障。这不仅需要政策性金融机构在资金方面提供充足支持，更需要在金融服务模式创新、产品创新等方面积极作为，以更好地适应农村经济发展的新需求和新变化。

二是需大力完善农村金融组织体系，促使多种金融机构共生共存、合理分工、功能互补、有序竞争。在乡村振兴战略的推动下，农村金融组织体系应呈现政策性金融、商业性金融、合作性金融以及小额贷款等多种类型的金融机构相互依存、各司其职、优势互补、良性竞争的多层次格局。要构建这样的体系，需要从以下几个方面着力。

首先，要强化商业性银行的主导地位。随着农业规模化经营的不断拓展和产业化水平的持续提升，单靠政策性金融和合作性金融已难以满足农业农村现代化的发展需求。因此，要充分发挥以中国农业银行、农村信用社等为代表的商业银行在城乡融合发展中的关键作用。商业银行应凭借其雄厚的资金实力和广泛的服务网络，为农村地区提供更全面、更高效的金融服务，满足农村经济发展的多元化需求。其次，要支持新型农村金融机构的发展。随着国家对金融管制的逐步放松，农村地区涌现出了一批新型金融机构。这些机构根据监管的不同，大致可分为两类：一类是经监管机构审批成立的新型金融机构，如村镇银行、贷款公司、资金互助社等；另一类是自发形成的民间新型金融主体，如典当行、小额贷款公司、互联网金融等。新型农村金融机构的出现，有助于解决农村金融机构网点覆盖率低、服务不到位以及市场竞争不充分等问题，推动金融服务体系向投资多元化、治理灵活化、服务高效化的方向转变。对于这些新型金融机构，政府应给予积极的支持与引导。一方面，要完善相关法律法规，为新型金融机构的发展提供法律保障；另一方面，要加强监管力度，确保新型金融机构规范运营，防范金融风险。同时，还应鼓励新型金融机构创新，开发适合农村特点的金融产品和服务模式，以更好地满足农村经济发展的需求。最后，要规范、引导和监管乡村非正规金融借贷。非正规金融在一定程度上作为正规金融的补充，在农村金融市场中发挥着重要作用。然而，非正规金融也存在诸多风险和问题，如利率过高、合同不规范、缺乏监管等。因此，政府要加大对非正规金融的规范、引导和监管力度。具体而言，政府可以通过加大金融执法力度、制定有效政策引导、建立存款保险体系等措施，积极规范非正规金融借贷行为。同时，要加强对非正规金融机构的监管和风险防范工作，确保农村金融市场的稳定与安全。此外，政府还应积极引导非正规金融机构向正规化、合法化方向发展，为农村金融市场增添新活力。[①]

---

① 王刘娟，莫丽萍. 服务乡村振兴视角下农村金融供给侧管理研究[J]. 现代农业研究，2022，28(2)：124-126.

六、优化进城务工人员权益保障制度

(一)推进进城务工人员平等就业和同工同酬

在中国特色社会主义进入新时代的背景下，国家发展进入崭新阶段。在这一阶段，确保同工同酬原则的深入实践意义重大，这不仅是健全社会主义民主与法治体系的内在要求，也是切实保障全体人民根本利益的关键所在。《中华人民共和国劳动法》第四十六条明确规定，工资分配要遵循按劳分配原则，实行同工同酬，这一法律规定为促进社会公平正义奠定了坚实基础。党的十八届三中全会通过的《中共中央关于全面深化改革若干重大问题的决定》进一步强调，要维护农民生产要素权益，保障进城务工人员与城镇员工同工同酬的权利，这无疑是对新时代社会公正理念的有力诠释。从内部因素来看，提升进城务工人员群体的自我维权意识和能力，是实现同工同酬目标的重要环节。进城务工人员作为城市建设的重要力量，要增强其权益保障意识，需要通过持续的教育和引导来实现。具体来说，应在法制教育、文化熏陶、思想道德建设等方面多下功夫，让进城务工人员在签订劳动合同之前，能够对合同条款进行全面了解，提前预判并避免可能出现的薪酬不公及支付延迟等问题。此外，增强进城务工人员在遭遇不公时的证据收集能力和维权能力也至关重要，这需要政府和社会各界提供必要的法律援助和培训，确保进城务工人员在维权过程中有法可依、有据可查。同时，随着现代工业生产模式的转变，进城务工人员群体需要不断提升自身技能，以适应自动化、现代化的生产需求。通过技能培训、职业教育等方式，帮助进城务工人员在专业领域深入钻研，提升个人价值，从而在劳动力市场中获得更加公平的待遇。在制度层面上，解决同工同酬问题的根源在于破除城乡二元结构，这是推动社会整体协调发展的关键所在。城乡二元结构的存在，是造成城乡发展差距以及居民身份地位悬殊的根源。所以，打破这一结构，改革户籍制度，消除城乡界限，是确保农民和市民在就业中获得同等报酬的根本办法。这就需要政府制定并推行一系列政策举措，比如推动城乡一体化发展，优化资源配置，促进公共服务均等化，以此来缩小城乡差距，实现社会公平。全面贯彻落实"人民性"发展方针，是新时代中国发展历程中必不可少的理念指引。习近平新时代中国特色社会主义思想，根植于马克思主义发展理论，始终立足于人民立场，探索人类自由解放的路径，致力于构建一个没有压迫、没有剥削、人人平等的理想社会。这一思想为同工同酬的实践提供了坚实的理论基础和价值导向。在企业的经营管理中，管理人员应坚持平等原则，平等对待每一位员工，不论其身份背景如何，都要保障其合法权益，建立健全社会保障和服务管理体系。这就要求企业不仅要遵守法律法规，还要积极承担社会责任，为员工提供良好的工作环境和发展机会，确保同工同酬原则得以切实落实。政府及相关部门在这一过程中的监管职责不可忽视。一方面，要构建完善的监管机制，加强对企业执行同工同酬情况的监督检查，保证政策的有效实施；另一方面，要开通便捷的投诉举报渠道，为进城务工人员等弱势群体提供便利的维权途径，及时受理并处理各类劳动纠纷，维护劳动市场的公平正义。同时，政府还应通过政策引导和激励，鼓励企业实行更加公平合理的薪酬制度，营造良好的市场环境。

(二)健全进城务工人员基本住房保障制度

党的十八届三中全会提出了赋予农民更多财产权利的构想，旨在通过推进城乡要素的平等交换以及公共资源的均衡配置，为城镇化的健康发展构建坚实稳固的体制机制框架。这一战略不仅强调了中国特色新型城镇化道路的重要性，更凸显了以人为本这一城镇化的核心理念，即城镇化进程中，必须充分考虑并满足人的基本需求，尤其是住房需求。面对当前城镇住房供需紧张的现实状况，制定并实施一系列针对性强、操作性强的政策措施显得极为关键。深化户籍制度与土地制度的改革，是促进城乡融合、缓解住房压力的关键环节。打破户籍壁垒，实现城乡住房市场的有机融合，是推进城镇化的必然要求。土地制度的改革同样不可或缺，它关系到土地资源的合理配置与高效利用，是城镇化进程中不可或缺的基础支撑。只有将户籍制度与土地制度的改革协同推进，才能有效促进城乡住房市场的协调发展，为城镇化注入新的活力。建立健全基本住房保障制度，是确保农村进城人口获得基本住房的重要举措。政府应适时出台相关政策，为弱势群体提供住房保障，同时鼓励有能力的居民通过自身努力购买住房。租购并举的住房制度，既满足了不同收入层次居民的住房需求，又缓解了城镇住房压力。在此过程中，政府的财政补贴与就业指导服务发挥着至关重要的作用。财政补贴能够减轻居民的经济负担，提高其购房或租房的能力；而就业指导服务则能帮助居民找到适合自己的工作，提升其收入水平，从而为其解决住房问题提供有力支持。此外，盘活已有存量住房、提高现有住房利用率，是解决住房问题的另一重要途径。无论是城市还是乡村，都存在一定数量的闲置住房。对这些住房的合理利用，不仅可以满足部分居民的住房需求，还能有效缓解住房紧张状况。党中央与国务院《关于建立健全城乡融合发展体制机制和政策体系的意见》中提出的宅基地制度改革，为盘活农村闲置住房提供了政策依据。通过探索宅基地所有权、资格权、使用权"三权分置"，可以激活农村住房市场，促进城乡住房资源的优化配置。在推进城乡住房融合的过程中，构建住房产权均等、市场统一、制度均衡的城乡住房融合机制至关重要。这一机制应保障城乡居民在住房权利上的平等地位，消除城乡住房市场的分割与壁垒，实现住房资源的自由流动与高效配置。同时，还应加强对住房市场的监管与调控，防止房价过快上涨与住房投机行为的发生，确保住房市场的健康发展。为了实现这一目标，政府应充分发挥其主导作用，制定并完善相关法律法规与政策体系。一方面，要加大对违法违规行为的打击力度，维护住房市场的秩序与公平；另一方面，要加强住房保障体系建设，为低收入群体提供必要的住房支持。此外，还应加强城乡规划与建设管理，优化住房布局与结构，提高住房的宜居性与舒适度。社会各界也应积极参与城乡住房融合的建设与发展。企业可以投资建设住房项目，为城乡居民提供更多的住房选择；金融机构可以提供住房贷款等金融服务，支持居民购房或租房；科研机构可以加强对住房市场的研究与分析，为政府决策提供科学依据；媒体可以加强宣传与引导，提高居民对住房问题的认识与重视程度。

(三)确保进城务工人员子女享受公平教育

在当今中国社会的发展蓝图中，维护社会公平正义、构建社会主义和谐社会已成为时代前进的主旋律，而进城务工人员随迁子女的教育不平等问题，就像一曲不和谐的片段，在社会进步的交响乐中显得格外突出，引发了全社会的广泛关注和深刻反思。解决这一问题，不仅关系到个体的命运和家庭的幸福，更牵系着社会的和谐稳定与国家的长远发展，是新时代中国面临的一项重大而紧迫的任务。

首先要从户籍制度方面着手。户籍制度作为历史遗留下来的制度性障碍，长期以来阻碍着城乡之间的交流，成为实现教育公平的一大阻碍。进城务工人员群体虽然身处城市，但他们子女的教育权益却因户籍限制而难以得到充分保障。因此，深化户籍制度改革，成为解决这一难题的关键所在。户籍制度的改革并非一蹴而就，需要政府以巨大的决心和勇气，逐步放宽甚至最终取消户籍限制，实现城乡户籍的一体化管理。这一改革不仅是对既有利益格局的调整，更是对社会公平理念的践行，旨在确保每一个孩子，无论来自哪里，都能在同一片蓝天下享有平等的教育资源。对户籍制度的放松，意味着对教育资源的重新配置和优化，要求政府在教育规划、资金投入、师资配备等方面做出相应的调整，以确保教育资源能够均衡分布，惠及所有儿童。这不仅是对教育公平原则的坚守，也是对人力资源优化配置的推动，有助于构建更加开放、包容的社会结构，为国家的长远发展奠定坚实的基础。其次要从教育管理体制方面入手。在户籍制度逐步改革的背景下，教育管理体制的创新显得尤为重要。教育公平的实现，不能仅仅依靠户籍制度的变革，还需要在教育体系内部寻求突破。中小学教育管理体制的改革，是解决教育不平等问题的有效途径。这需要政府、教育部门及社会各界共同努力，打造一个既公平又高效的教育生态环境。政府要发挥主导作用，加大对进城务工人员子弟学校和民办私立学校的扶持力度，不仅在资金和硬件设施上给予支持，更要关注其教学质量、教育理念、资源分配及师资力量等核心要素。通过政策引导和资金激励，鼓励这些学校提升教学质量，缩小与公立学校的差距，实现教育的均衡发展。教育部门则需要根据当地实际情况，精准施策，将进城务工人员随迁子女纳入教育规划，确保他们享有与当地儿童同等的受教育机会。这包括建立完善的学籍管理制度，实现电子学籍信息的全国联网，确保每一个学生的教育轨迹可追溯、可管理，从而消除因户籍差异带来的教育不公。再次要从进城务工人员群体方面入手。在追求教育公平的道路上，进城务工人员群体自身的作用不可忽视。他们是教育公平的直接受益者，也是推动这一进程的重要力量。进城务工人员对子女教育的重视程度，直接影响到子女的学习态度和未来选择。因此，提高进城务工人员群体的教育意识，激发他们的内在动力，是确保教育公平得以实现的关键一环。政府和社会要加强对进城务工人员群体的教育和培训，提高他们的文化素养和教育认知，让他们认识到教育对于子女成长的重要性，从而主动参与子女的学习生活，为子女创造良好的家庭学习环境。同时，通过宣传教育，增强进城务工人员群体的维权意识，让他们懂得如何利用法律武器，保护子女受教育的合法权益，不让任何一个孩子因经济困难或社会偏见而失去接受教育的机会。最后要打造多元共治的局面。教育公平的实现，是一项系统工程，需要政府、学校、家庭及社会各界的共同参与和努力。政府要制定更加灵活多样的教育政策，鼓励社会力量参与教育事业，形成政府主导、社会参与的多元化教育供给格局。学校要秉持开放包容的教育理念，积极接纳进城务工人员随迁子女，为他们提供个性化的教学服务，促进其全面发展。同时，社会各界也要发挥监督和支持作用，通过媒体宣传、公益项目等形式，提高公众对教育公平的认识，营造全社会关心和支持进城务工人员随迁子女教育的良好氛围。企业可以开展教育援助项目，为贫困家庭的孩子提供学习用品、奖学金等支持；非营利组织可以组织志愿者，为进城务工人员子女提供课后辅导、心理辅导等服务，帮助他们更好地融入城市生活，享受学习的乐趣。

（四）完善进城务工人员社会保障体制机制

在新时代的前进道路上，构建完善的进城务工人员社会保障制度，是社会发展的内在必然要求，也是实现社会公平正义、促进人的全面发展的关键一环。这一任务的艰巨性，源于进城务工人员群体所具有的特殊性，他们既是城市建设的主力军，又常常由于高流动性以及维权意识相对较弱等原因，面临着社会保障缺失的状况。因此，打造一个既能契合进城务工人员实际需求，又能切实保障其权益的社会保障制度，成为新时代赋予我们的重大使命。

一是在政策制度的制定上，针对进城务工人员群体的特点，国家需制定专门的进城务工人员社会保障法律，通过法律明确他们应享有的社会保障权利，确保这些权利不受侵犯。这部法律要充分考虑进城务工人员的流动性，精心设计灵活且便捷的社会保障转移接续机制，使进城务工人员在城乡之间以及不同地区之间的流动不会成为其享受社会保障的阻碍。同时，要加强对进城务工人员法律法规的培训，提升进城务工人员的法律意识和维权能力，让他们能够主动了解并有效运用法律武器，保护自己及家人的社会保障权益，防止他们成为社会保障制度的边缘群体。二是在发展理念的引领上，国家发展的核心在于促进人的全面发展，这就要求在社会保障制度的设计中，必须坚持"以人为本"的理念，对进城务工人员这一特殊群体实施特殊政策。社会保障体系要涵盖医疗保险、养老保险、失业保险、生育保险等多个方面，并且要根据进城务工人员的具体需求进行有针对性的差异化设计。比如，对于那些将城市工作视为临时性安排、未来计划回归乡村的进城务工人员，应将其纳入实名制农村基本养老保障体系，确保他们年老回乡后能获得基本的生活保障；而对于决定在城市长期定居的进城务工人员，则需要关注其住房、医疗、子女教育等问题，通过提供住房补贴、优化医疗资源分配、保障子女受教育权利等措施，帮助他们真正融入城市生活。在医疗保险和养老保险的实施上，要体现灵活性和公平性。医疗保险的报销比例可以根据进城务工人员的收入水平进行合理调整，既体现对低收入群体的倾斜，也鼓励高收入群体积极参与；养老保险的缴纳金政策则要考虑进城务工人员的身体状况和工资待遇情况，确保制度的可持续性和公平性。三是在社会发展的推进上，在推进进城务工人员公平享有社会保障的过程中，各级政府要发挥主导作用，加大工作力度，将进城务工人员社会保障问题与缓解社会发展不均等问题紧密结合起来。这就要求政府转变观念，从全局出发，合理布局和统筹城乡公民社会保障制度建设，确保进城务工人员能够平等地享受国家提供的社会保障服务。同时，社会各界也应积极参与，形成政府主导、社会共治的良好局面。媒体要加大宣传力度，提高公众对社会保障制度公平性的认识，营造全社会关心和支持进城务工人员社会保障的良好氛围。企业要承担起社会责任，为进城务工人员提供必要的社会保障，确保其合法权益不受侵害。非营利组织和社会团体则可以发挥自身优势，为进城务工人员提供法律援助、职业培训等服务，帮助他们更好地融入社会。

此外，建立健全进城务工人员社会保障制度还需注重制度的可持续性和创新性。随着经济社会的发展，进城务工人员的需求也在不断变化，社会保障制度要随之调整和完善。这就要求在制度设计上保持开放性和灵活性，及时吸收新的理念和做法，不断创新社会保障制度的内容和形式，以适应进城务工人员群体的新需求。建立健全进城务工人员社会保障制度，不仅是对进城务工人员权益的保障，也是推进中国特色社会主义发展的必然要求。这一制度的建立和完善，有助于缩小城乡差距，促进城乡一体化发展；有助于提升进城务工人员的归属感和幸福感，增强社会的凝聚力和稳定性；有助于推动经济社会的持续健康发展，为实现中华民族伟大复兴的中国梦奠定坚实的基础。

参 考 文 献

[1]周慧，方城钧.城乡融合发展的科学内涵与内在逻辑[J].财贸研究，2023，34(9)：17-23.

[2]邹心平.论城乡统筹、城乡一体化、城乡融合概念的歧见及使用[J].老区建设，2019(12)：16-21.

[3]朱喜群.中国城乡一体化实现路径研究[D].苏州：苏州大学，2015.

[4]黄胤鳞，姜洋.中国式现代化进程中的城乡融合发展：生成逻辑、运行阐释与价值追求[J].当代经济管理，2024，46(3)：14-25.

[5]张呈秋.成渝地区双城经济圈城乡融合发展水平测度及影响因素研究[D].重庆：重庆工商大学，2021.

[6]刘真.中国城乡融合发展的理论逻辑和实践路径研究[D].长春：吉林大学，2020.

[7]程明，方青，吴波.城乡融合赋能共同富裕：逻辑关联、理论阐释与实践进路[J].西南金融，2023(11)：104-144.

[8]张春波.中国特色城乡融合发展的理论与实践研究[D].长春：吉林大学，2022.

[9]文丰安.中国式现代化视域下城乡融合发展的逻辑演进与实践路径[J].学习与探索，2023(7)：70-79.

[10]张延曼.新时代中国特色城乡融合发展制度研究[D].长春：吉林大学，2020.

[11]朱鹏华，侯风云.新中国城乡关系演进的逻辑、轨迹和规律[J].福建论坛（人文社会科学版），2022(3)：67-81.

[12]段锴丰，施建刚，吴光东等.城乡融合系统：理论阐释、结构解析及运行机制分析[J].人文地理，2023，38(3)：1-10，68.

[13]高帆.中国式现代化的内在逻辑:一个基于城乡融合发展的考察[J].复旦大学学报(社会科学版),2023,65(5):1-12.

[14]龙花楼,徐雨利,郑瑜晗等.中国式现代化下的县域城乡融合发展[J].经济地理,2023,43(7):12-19.

[15]李宁.城乡融合发展驱动共同富裕的内在机理与实现路径[J].农林经济管理学报,2022,21(4):473-480.

[16]马嘉爽.新时代城乡融合发展实证研究[D].长春:吉林大学,2019.

[17]杨炳乾.地方财政支出对城乡融合水平的影响研究[D].沈阳:辽宁大学,2023.

[18]代兴梅,朱伽豪,汪昊莹.中国式现代化视域下城乡融合发展的对策建议[J].农业经济,2023(11):100-104.

[19]杨爱君,宋李毅.县域城乡融合推进乡村生态振兴的路径研究[J].农业经济,2023(4):37-38.

[20]杨骞,金华丽.新时代十年中国的城乡融合发展之路[J].华南农业大学学报(社会科学版),2023,22(3):127-140.

[21]刘家宝.中国城乡融合发展理论研究[D].长春:长春理工大学,2020.

[22]李小红,段雪辉.城乡融合发展中乡村主体性激活路径研究[J].理论探讨,2023(4):89-94.

[23]文军,陈雪婧.城乡融合发展中的不确定性风险及其治理[J].中国农业大学学报(社会科学版),2023,40(3):18-33.

[24]马骏.共同富裕视域下城乡高质量融合发展论析[J].求索,2023(2):119-129.

[25]刘牧晨."十四五"时期合肥市城乡融合发展研究[D].合肥:安徽建筑大学,2023.

[26]彭伟明.产业结构升级对城乡融合发展的影响研究[D].合肥:安徽财经大学,2021.

[27]肖延玉.互联网对城乡融合发展的影响研究[D].信阳:信阳师范学院,2022.

[28]苏春红,李真.财政分权、支出偏向与城乡融合发展[J].经济问题探索,2022(6):107-123.

[29] 周佳宁，秦富仓，刘佳等. 多维视域下中国城乡融合水平测度、时空演变与影响机制[J]. 中国人口·资源与环境，2019，29(9)：166-176.

[30] 谢恒. 成渝统筹城乡国家综合配套改革试验区发展研究[D]. 沈阳：辽宁大学，2014.

[31] 周凯. 中国城乡融合制度研究[D]. 长春：吉林大学，2012.

[32] 韩超，杨洁. 发达国家城乡融合发展理论与实践研究[J]. 郑州轻工业学院学报(社会科学版)，2019，20(1)：63-68.

[33] 杨淑敏. 黑龙江省城乡融合发展的基本公共服务均等化研究[D]. 哈尔滨：哈尔滨商业大学，2022.

[34] 黄锋. 中外城乡规划基本法律制度比较研究[D]. 苏州：扬州大学，2011.

[35] 张岚珂. 借鉴德国城乡空间整备经验的乡村规划研究[D]. 重庆：重庆大学，2021.

[36] 张冬瑾. 中国城乡经济融合发展的制度创新研究[D]. 长春：东北师范大学，2022.

[37] 韩道铉，田杨. 韩国新村运动带动乡村振兴及经验启示[J]. 南京农业大学学报(社会科学版)，2019，19(4)：20-27，156.

[38] 陈业宏，朱培源. 从韩国"新村运动"解锁乡村振兴新思路[J]. 人民论坛，2020(2)：72-73.

[39] 翟一鸣. 城乡融合视域下的乡村人居环境建设模式初探[D]. 济南：山东大学，2021.

[40] 刘义强. 再识"新村运动"：跨越农村现代化关键阶段的韩国案例[J]. 南京社会科学，2017(2)：83-90.

[41] 金俊，金度延，赵民. 1970—2000年代韩国新村运动的内涵与运作方式变迁研究[J]. 国际城市规划，2016，31(6)：15-19.

[42] 宋鑫. 我国城乡规划实施的法律保障制度研究[D]. 武汉：华中师范大学，2013.

[43] 刘旭辉，李璐璐，李攀. 上海超大城市农业农村现代化的路径探索[J]. 江南论坛，2023(7)：15-18.

[44] 海骏娇，王振. 上海城乡融合发展综合评价[J]. 上海经济，2022(2)：41-55.

[45]王振. 五大新城发力构建上海城乡融合发展新格局[J]. 上海农村经济, 2021(4): 4-6.

[46]姚路萱. 农村人居环境整治助推城乡融合: 上海赵巷和睦村村庄建设实践 [J]. 上海农村经济, 2022(12): 28-29.

[47]胡立刚. 创自治共治载体　树"宝善治"品牌[N]. 农民日报, 2022-11-26 (004).

[48]丁胜, 韦幼青. 贵州城乡融合发展中的社会治理体系建设研究[J]. 贵阳市 委党校学报, 2018(6): 1-8.

[49]李小梅. 新时代贵州城乡融合发展及乡村治理研究[D]. 贵阳: 贵州财经大 学, 2022.

[50]梁鹏. 乡村振兴战略下河南省城乡融合发展路径研究[J]. 农业经济, 2022 (7): 40-41.

[51]金东. 城乡融合背景下河南县域经济高质量发展研究[J]. 中共郑州市委党 校学报, 2022(5): 81-85.

[52]宋文姬. 甘肃城乡融合发展研究[J]. 产业创新研究, 2023(6): 84-86.

[53]李红霞, 汤瑛芳. 甘肃省城乡融合发展路径研究[J]. 甘肃农业科技, 2021, 52(10): 91-98.

[54]张燕. 习近平关于城乡融合发展重要论述在粤港澳大湾区的实践[D]. 广州: 中共广东省委党校, 2023.

[55]梁梦宇. 新时代城乡融合发展的理论逻辑与实现路径研究[D]. 长春: 吉林 大学, 2022.

[56]李国良, 赵瑞超. 农村职业教育助力城乡融合发展行动路向研究[J]. 中国 职业技术教育, 2023(12): 69-76.

[57]罗平. 新时代中国城乡产业融合机制论[D]. 成都: 四川大学, 2023.

[58]王薇, 刘惠. 乡村振兴背景下城乡融合耦合协调发展的现状和策略研究: 以 示范区 11 省份为例[J]. 农业经济, 2023(7): 92-94.

[59]李慧娟. 新时代中国特色社会主义城乡融合发展体制构建研究[D]. 呼和浩 特: 内蒙古师范大学, 2020.

[60]牛志勇. 城乡融合背景下人口双向流动与融合制度体系构建[J]. 农业经济, 2023(3): 96-98.

［61］李源峰. 乡村振兴战略下中国城乡融合发展研究［D］. 武汉：武汉大学，2022.

［62］彭林园. 农村劳动力转移与土地流转制度协同机制构建［J］. 农业经济，2019（11）：73-74.

［63］丁宁. 中国特色城乡关系：从二元结构到城乡融合的发展研究［D］. 长春：吉林大学，2020.

［64］王文彬. 城乡融合的共享发展机制研究［D］. 武汉：华中科技大学，2022.